증권투자의 길잡이

남두(南斗) : 남두육성(南斗六星)

은하의 중심인 사수자리에 있는 국자모양의 여섯 개의 별로서, 인간의 탄생을 결정하는 별로 알려져 있다.

증권투자의 길잡이

최 정 일

남두도서

□ 머 리 말

최근 증권시장이 활황장세를 보이자 투자자뿐만 아니라 모든 국민들의 관심이 증권시장으로 모이고 있습니다. 이럴 즈음에 또 한 권의 저서를 출간하면서 여러 투자자 곁으로 다가서고 있습니다.

지난 1995년도에는 기술적 분석으로 1996년도에는 기술적 지표로 이후 캔들차트 등에 관한 저서를 발표하면서 많은 투자자들과 가까이할 수 있었습니다. 그동안 증권투자의 길잡이가 되고 성공투자에 어울리는 기술적 분석을 담아보고자 노력해 왔습니다.

대학에 몸을 담고 학생들에게 이론을 강의하는 입장에서 실무에 관한 저서를 발표하게 되었습니다. 요즘은 이론과 실무가 따로 없습니다. 대학에서도 이론만 강의할 것이 아니라 실무를 병행하여 강의하는 것이 바람직하다고 생각합니다.

〈증권투자의 길잡이〉는 지난 저서 중에서 일부를 수정 보완하여 출간하는 것입니다. 그동안 증권사 임직원이나 각 금융기관의 펀드

매니저를 대상으로 강의해 오면서 증권투자에 꼭 필요한 부분이라 판단되어 다시 정리해 보았습니다.

주식을 처음 공부하는 학생들이나 초보투자자로부터 주식투자의 경험이 많은 전문투자자에 이르기까지 쉽게 공부할 수 있도록 정리하였습니다. 여러분의 꿈을 이루는 데 큰 도움이 될 것입니다.

이 책이 모든 분들에게 기쁨을 주었으면 합니다. 끝으로 이 책이 나오기까지 수고해 주신 모든 분들께 진심으로 감사드립니다.

단풍이 붉게 물든 늦은 가을에

최 정 일

□ 차 례

□ 본문에 들어가기에 앞서

1. 캔들차트의 역할

무엇을 사고 무엇을 팔 것인가? 언제 사고 언제 팔 것인가? 또한 현재주가의 위치가 적정수준인가? 오늘의 대량거래는 무엇을 의미하는가? 그리고 오늘의 캔들차트 모양을 어떻게 해석할 것인가? 우리가 주식투자를 하면서 끊임없이 생각하는 질문들이다. 과연 이런 문제들은 영원히 해결할 수 없는 질문이란 말인가?

캔들차트는 17C 이후 일본에서 가장 널리 사용되어 온 기술적 분석이다. 서양의 바차트(bar chart)는 주로 시장의 추세를 파악하는 데 유용하지만 일본에서는 한 개 또는 두세 개의 캔들차트를 이용하여 시장의 초기변화를 찾고자 노력하였다.

한 개 또는 두세 개의 캔들차트를 분석함으로써 향후 시장의 변화를 초기에 발견할 수만 있다면 캔들차트의 유용성은 매우 높다고 볼 수가 있다. 제비가 나는 것을 보고 봄이 온 걸 알 수 있고 나뭇잎이 떨어지는 것을 보고 가을이 온 걸 알 수 있다는 속담처럼 긴 하락 끝에 상승반전형 캔들차트가 나타나면 상승전환을, 긴 상승 끝에 하락반전형 캔들차트가 나타나면 하락전환을 미리 예상해 볼 수도 있다.

2. 캔들차트의 역사

17C부터 일본에서는 세계 최초로 기술적 분석을 사용하면서 쌀 선물시장을 거래하였다. 이 당시 쌀 선물시장은 전쟁의 역사와 함께 시작되었다. 도쿠가와 이에야스 장군이 세키가하라 전투에서 승리함으로써 한 세기에 걸친 막부들 간의 내전이 마감되고 새로운 에도 시대가 시작되었다.

도쿠가와 이에야스는 전 일본을 통일한 다음 모든 영주들에게 에도에서만 거주하도록 명령하였다. 영주들이 그들의 관할지역을 통치하고자 할 때에 가족들은 에도에 인질로 남아야 했다. 그 당시 영주들은 관할지역에서 세금으로 쌀을 받아 오사카 항구의 쌀 창고에 저장하였다.

에도 안에 머물고 있던 영주들은 서로 그들만의 세력의 우월함을 과시하기 위하여 쌀을 팔아가며 갖가지 호화스런 사치생활을 유지하였다. 호사스런 사치생활의 경쟁은 끝이 없이 이루어졌으며 몇몇 영주들은 이 사치생활을 유지할 수가 없어 앞으로 생산될 쌀까지도 미리 팔아야만 했다. 따라서 미래의 쌀이 창고증권으로 발행되어 이차시장에서 거래가 되었다. 즉 세계 최초의 선물시장이 이렇게 탄생되었다.

이 당시 쌀 선물시장을 통하여 많은 거래가 이루어지는 과정에서 일본의 기술적 분석이 처음으로 시작되었다. 이 무렵 쌀 선물시장에서는 홈마라는 가장 유명한 거래인이 있었으며 캔들차트는 홈마가 사께다 항구에서 살았기 때문에 사께다 전법이라 부르기도 하였다. 그 이후 캔들차트는 계속 변화되어 왔고 메이지 시대(18C 후반) 이후에는 더욱 발전되었다.

3. 기술적 분석의 이론 및 역사

기술적 분석에 관해서 동서양을 막론하고 많은 이론들이 발표되었다. 17C부터 일본에서 기술적 분석이 처음으로 사용되었다고 앞서 보았지만 일반적으로 기술적 분석의 창시자는 미국의 찰스 다우(Charles Dow)로 알려져 왔다. 찰스 다우는 19세기 말부터 20세기에 걸쳐 다우이론을 발표하였다. 다우이론을 통해서 주식시장은 제멋대로 움직이는 것이 아니라 주식시장의 전반적인 흐름은 장기·중기·단기 추세와 같이 세 종류의 주기적인 변동에 의해 영향을 받는다는 가설을 정립하였다.

엘리어트(Elliott)는 1939년 'Financial World'지를 통해 '주가

는 상승 5파와 하락 3파에 의해 끝없이 순환한다'는 가격 순환법칙을 주장하였다. 이 법칙의 요점은 주가는 연속적인 파동에 의해 상승하고 다시 하락함으로써 상승 5파와 하락 3파의 8개 파동으로 구성된 하나의 사이클을 형성하며, 이후에는 새로운 상승 5파와 하락 3파에 의해 또 다른 사이클을 형성한다는 것이다. 큰 사이클인 주순환파(primary cycle)를 완성하기까지는 보통 3년 정도가 소요된다고 하였다.

사께다 전법은 일본 도쿠가와(德川) 시대의 홈마가 창출한 이론을 구체화하여 실전에 적용시킨 전통적 투자기법으로, 주가의 기본적인 패턴을 분석하는 데 필수적인 과정이 되고 있다. 이 사께다 전법은 3산(三山), 3천(三川), 3공(三空), 3병(三兵), 3법(三法)으로 구성되어 있다.

4. 주가차트의 종류

주가차트는 크게 선차트(line chart)와 점차트(point chart)로 구분한다. 선차트에는 선차트와 미국식의 바차트(bar chart) 그리고 일본식의 캔들차트(candlesticks chart)로 구분한다. 점차트에는 Point & Figure Chart와 주가와 거래량 상관곡선 그리고 Equivolume Chart 등이 있어 시계열을 무시하고 주가만을 나타내어 선차트와 구분하고 있다. 이 책에서는 캔들차트의 여러 가지 패턴들에 관해 설명할 것이다.

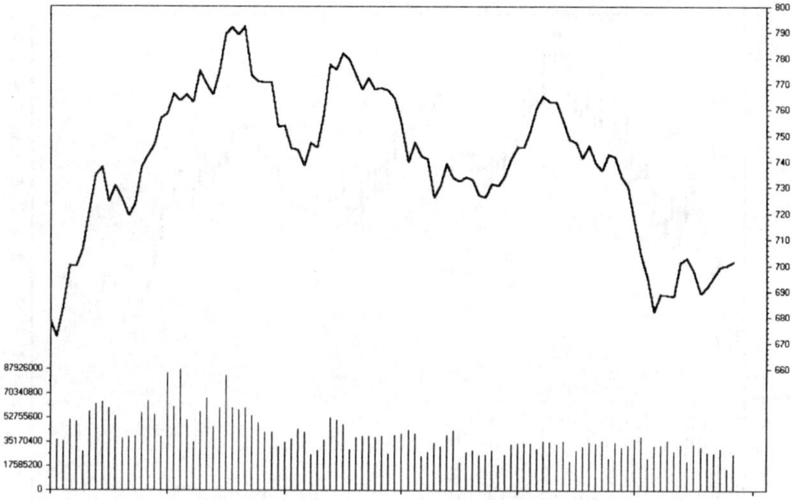

[그림 1] 종합주가지수 : 선차트

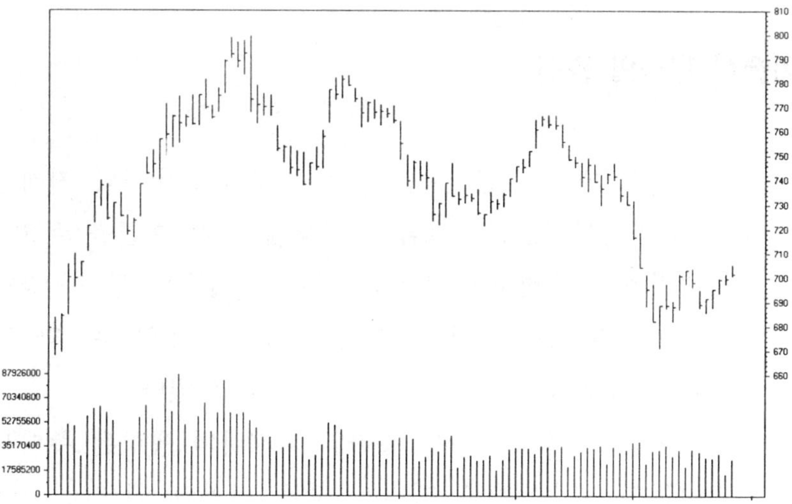

[그림 2] 종합주가지수 : 바차트

[그림 3] 종합주가지수 : 캔들차트

5. 기술적 분석의 원리

주식시장 내에서 일어나는 모든 정보들이 주가와 거래량에 모두 반영되어 있다는 효율적 시장에 근거 이론을 두고 있다. 주가가 상승하고 하락하는 모든 요인들은 정치 · 경제 · 사회 · 문화의 영향을 받기보다는 주식시장 내의 수요와 공급의 상호작용에 의해 영향을 받는다고 보고 있다.

즉 주가차트에 나타나는 주가와 거래량의 동향은 주식시장 참가자들의 매수 · 매도 행위가 모두 반영된 것으로 판단할 수가 있다. 따라서 주가차트를 연구하는 것만으로도 충분한 의미가 있다고 볼 수 있다.

주가움직임은 일정기간 일정 추세선을 따라 움직이려는 경향이 있다. 한번 추세선이 형성되면 그 추세선을 따라 일정기간 계속해서 움직이려는 힘이 강하기 때문이다. 따라서 주가의 추세변화를 미리 예측하여 이에 적절한 매매전략을 수립하기 위해서는 무엇보다도 진행 중인 추세선을 찾는 것이 우선되어야 한다.

주가움직임은 과거・현재・미래에도 계속 반복해서 움직일 것이다. 차트 상에 나타나는 주가움직임을 자세히 분석해 보면 그 당시 시장 참가자들의 투자심리를 파악할 수가 있다. 주가움직임은 주식투자가들의 투자판단에 의해 비롯된 것이므로 주가움직임을 잘 분석하면 그 당시의 투자가들의 투자심리를 알아낼 수 있다. 따라서 과거의 주가움직임을 분석해 보면 투자가들의 투자심리가 쉽게 변하지 않기 때문에 현재와 미래에도 계속해서 유사한 움직임이 반복될 것으로 예상할 수가 있다.

제 1 장

캔들차트의 개요

1. 캔들차트의 역사

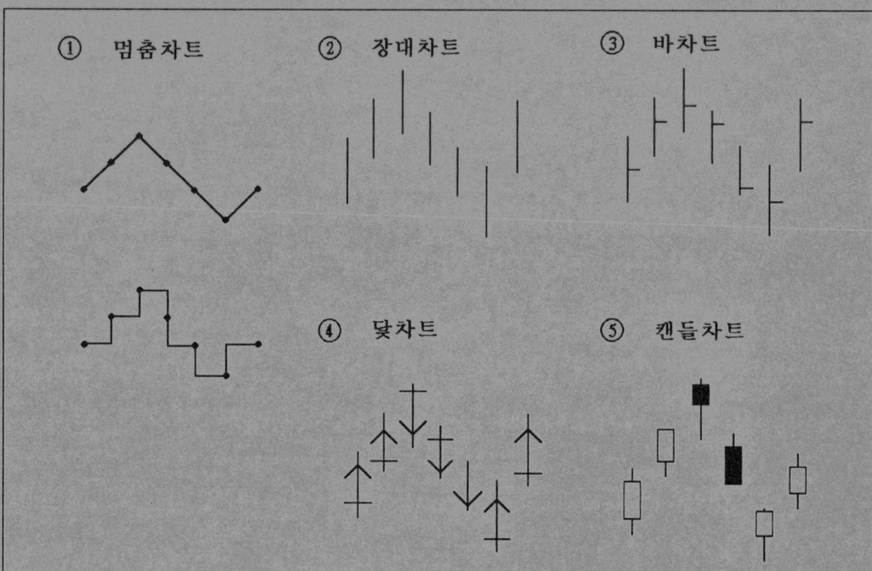

[그림 1-1] 캔들차트의 변화과정

캔들차트의 변화과정을 살펴보면 다음과 같다.

① **멈춤차트**(stopping chart) : 점차트, 선차트 또는 별차트라 부르기도 한다. 멈춤차트는 차트의 초기형태로 오직 종가만을 연결하여 그리며 종가를 대각선 또는 수평으로 연결하여 그렸다.

② **장대차트**(pole chart) : 장대와 비슷한 모양을 하고 있으며 장중의 고가와 저가를 연결함으로써 멈춤차트와 차별화를 두었다. 따라서 장대차트는 주가의 이동방향을 보여줄 뿐만 아니라 장중 주가변동을 보여주기도 한다.

③ **바차트**(bar chart) : 장대차트의 고가와 저가 그리고 멈춤차트의 종가를 결합하여 만든 차트이다. 주가움직임의 추세변화를 보는 데 유익한 차트이다.

④ **닻차트**(anchor chart) : 닻의 모양을 하고 있으며 장중 고가와 저가뿐만 아니라 시가와 종가까지도 포함하고 있다. 차트 변화에 매우 중요한 변화를 주었다. 종가가 시가보다 높으면 닻차트의 화살선은 위로 향하고 있으며 종가가 시가보다 낮으면 화살선은 아래로 향하게 된다.

⑤ **캔들차트**(candlestick chart) : 캔들차트는 닻차트의 다음단계로서 장중 시가, 고가, 저가, 종가를 모두 포함하고 있다. 대략 19C 중반 메이지 시대 초기부터 시작된 것 같다.

종가가 시가보다 낮으면 검은색 몸통으로 표현하며 종가가 시가보다 높으면 흰색 몸통으로 표시한다. 따라서 수요와 공급 상태를 나타냄으로써 분석을 용이하게 하였다.

2. 캔들차트의 구조

캔들차트의 구조에 대해서 살펴보도록 하자.

캔들차트는 직사각형 부분과 그 위·아래 가는 그림자(shadows)로 구성되어 있다.

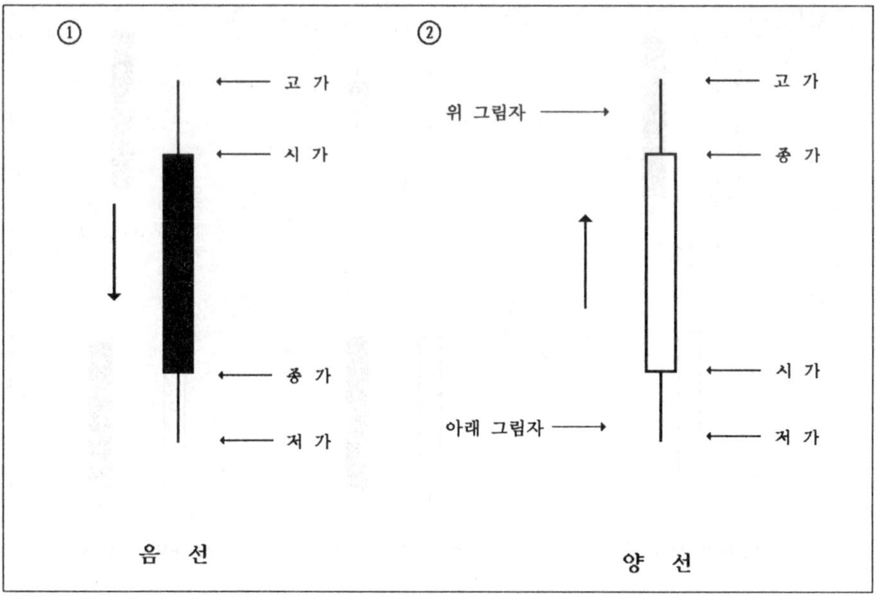

[그림 1-2] 캔들차트의 구조

캔들차트의 직사각형 부분을 몸통(body)이라고 부르는데 장중 시가(open)와 종가(close) 사이의 거래범위를 나타낸다. 몸통이 양선이면 종가가 시가보다 높은 상승신호를, 몸통이 음선이면 종가가 시가보다 낮은 하락신호를 나타낸다. 몸통의 위·아래 그림자는 장중 고가(high)와 저가(low)를 나타낸다. 몸통 위에 있는 그림자를 위 그림자(upper shadow)라 하며 몸통 아래에 있는 그림자를 아래 그림자(lower shadow)라 한다.

3. 캔들차트의 종류

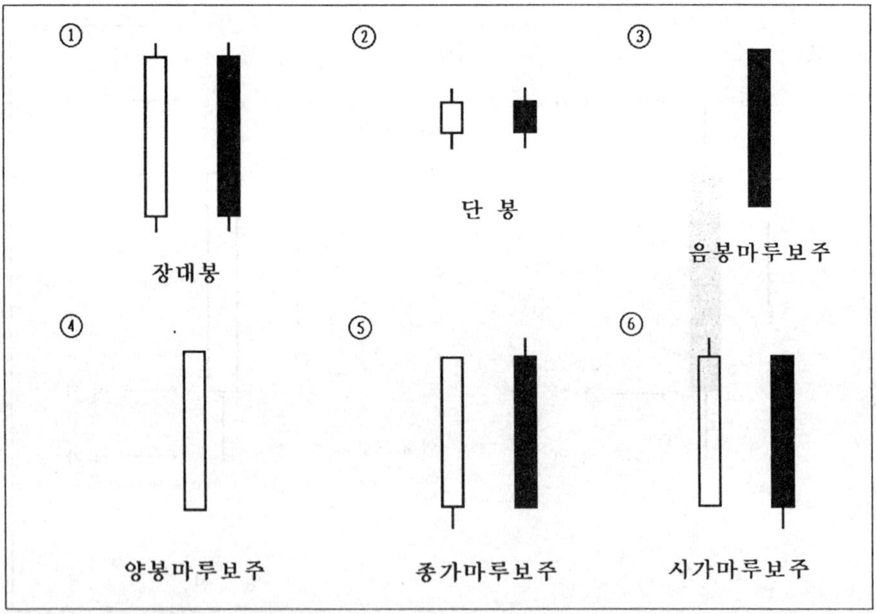

[그림 1-3] 캔들차트의 종류

① Long Days

Long Days는 장중 시가와 종가의 등락폭을 뜻하는 표현으로 캔들차트의 몸통 길이가 길다는 것이다. 즉 Long Days는 장중 큰 폭의 주가등락으로 시가와 종가 사이에 많은 차이가 있음을 뜻한다. 시가와 종가 사이에 차이가 얼마나 생겨야 Long Days라 부를 수 있을까 하는 문제는 가장 최근에 생긴 차트를 보고 비교하여 결정할 수가 있을 것이다.

② Short Days

Short Days는 Long Days와 같은 개념으로서 장중 시가와 종가의 등락폭을 뜻하는 표현으로 캔들차트의 몸통 길이가 짧다는 것이다. 즉 Short Days는 장중 등락폭이 작아 시가와 종가 사이에 차이가 별로 없음을 뜻한다.

③ Black Marubozu

Black Marubozu는 그림자가 어느 한쪽에도 없는 긴 음선을 뜻하며 매우 취약한 하락장세를 반영한다. Black Marubozu는 종종 하락지속형으로 또는 하락추세가 진행되는 도중 출현하여 상승반전형으로 작용하기도 한다.

음선인 Black Marubozu는 지속되어 온 하락추세가 약해지고 있음을 보여준다. 긴 음선은 하락추세의 마지막 투매로 판단할 수 있다. 즉 Black Marubozu가 종종 상승반전형의 첫 번째 날 출현하는가 하는 이유가 될 수 있다.

④ White Marubozu

White Marubozu는 그림자가 어느 한쪽에도 없는 긴 양선을 뜻하며 매우 강한 상승장세를 반영한다. White Marubozu 경우는 Black Marubozu와는 반대로 종종 상승지속형으로 또는 상승추세가 진행되는 도중 출현하여 하락반전형으로 작용하기도 한다.

⑤ Closing Marubozu

Closing Marubozu는 몸통의 종가에 그림자가 전혀 없는 경우로서 음선이나 양선이나 관계가 없다. 만일 양선이라면 종가에 위 그림자가 없는 경우이고 만일 음선이라면 종가에 아래 그림자가 없는 경우이다. 음선 Closing Marubozu는 약세시장을 반영하고, 양선 Closing Marubozu는 강세시장을 반영하고 있다.

⑥ Opening Marubozu

Opening Marubozu는 몸통의 시가에 그림자가 전혀 없는 경우로서 음선이나 양선이나 관계가 없다. 만일 양선이라면 시가에 아래 그림자가 없는 경우이고 만일 음선이라면 시가에 위 그림자가 없는 경우이다. 음선 Closing Marubozu는 약세시장을, 양선 Closing Marubozu는 강세시장을 반영하고 있지만 Opening Marubozu는 Closing Marubozu만큼 강하게 작용하지는 않는다.

제 2 장

얼 레

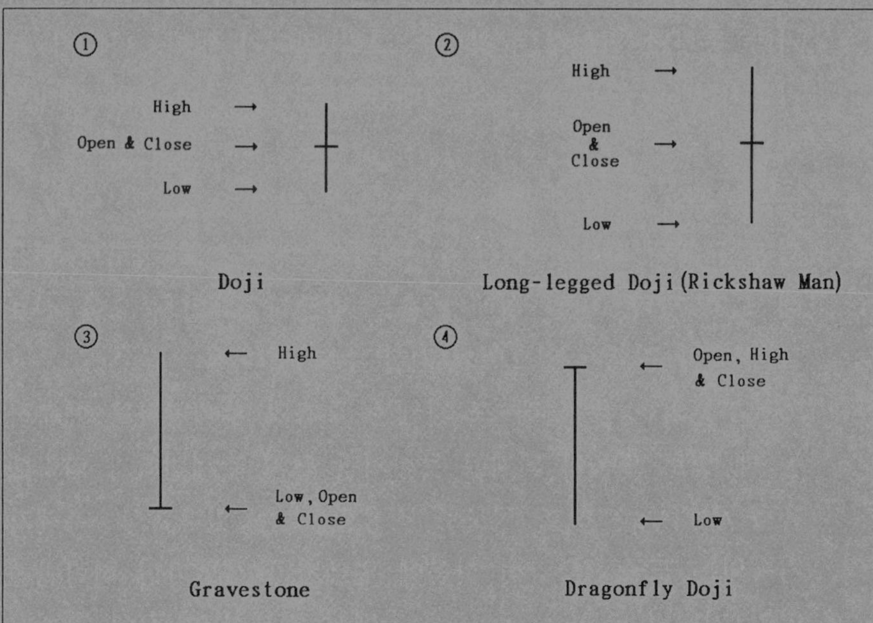

[그림 2-1] 얼레의 여러 종류 1

1. 개 요

(1) 얼 레

얼레는 몸통이 매우 작고 시가와 종가가 일치하는 경우에 발생한다. 시가와 종가가 일치하거나 또는 시가와 종가가 거의 일치할 정도로 매우 근접한 경우에 얼레가 발생한다. 그림자의 길이는 매우 다양하게 나타난다.

완벽한 얼레는 시가와 종가가 일치해야만 한다. 그러나 시가와 종가가 일치하는 경우는 그리 많지가 않다. 따라서 시가와 종가의 차이가 최소 거래단위 정도의 차이라면 얼레로 포함할 수도 있다.

오랫동안 얼레 발생에 대한 해석이 많이 있었지만 이에 엄격한 규칙은 없으며 오직 주가향방에 대한 신호 정도로 인식해 오고 있다. 만일 얼레가 홀로 발생하였다면 중요한 신호로 인식할 필요가 없으며 무시할 수도 있다.

대부분의 경우 얼레 그 자체는 주가의 추세변화를 예측하는 데 별로 도움이 되지는 못하지만 단지 추세변화가 임박했음을 알려주는 신호 정도로 작용할 수는 있다. 상승추세가 지속되는 도중 긴 양선 다음에 얼레가 발생했다면 하락반전형인 저녁별(evening star : 제4장에서 자세히 언급)이 출현한 것으로 판단할 수가 있어 중요한 의미를 줄 수가 있다.

일반적으로 얼레는 하락추세의 바닥에서보다 상승추세의 고점에서 발생하였을 경우 추세전환 신호로 더 유익하게 작용한다.

(2) Long-legged 얼레

Long-legged 얼레는 시가와 종가가 당일 거래 중간에 위치하며 위·아래 그림자를 가지고 있다. 매수세력과 매도세력이 서로 확신을 갖지 못하고 뇌동매매하고 있음을 보여주고 있다. 하루 중에 급상승했다가 급하락했거나 또는 급하락했다가 급상승했을 경우 종가가 시가와 일치하거나 또는 근접해서 형성되는 경우이다. 만일 시가와 종가가 당일 거래범위의 중간에 위치할 경우 이를 Long-legged 얼레라 부른다.

(3) 비석형

비석형(gravestone)은 여러 얼레 중 하나로서 당일 종가와 시가가 저가에 근접하거나 일치하는 경우에 형성된다. 비석형에 관한 여러 가지 표현이 있지만 전투에서 죽은 병사들의 무덤을 뜻하고 있다. 만일 긴 위 그림자가 매우 길면 길수록 비석형은 더욱 더 하락전환될 가능성이 높아진다. 시가 이후 장중에 상승세를 보이다가 종가가 장중 저가인 시가와 일치하거나 또는 근접해서 마감할 경우에 형성된다.

비석형이 상승추세의 고점에서 출현하였을 경우에는 유성형(shooting star : 제4장에서 언급)과 유사하게 작용을 한다. 단지 유성형과 차이가 있다면 유성형은 작은 몸통을 가지고 있지만 비석형은 거의 몸통을 가지고 있지 않다는 점이다.

비석형에 관한 다른 의견으로는 비석형은 고점에서가 아닌 저점에서만 형성된다는 것이다. 다른 말로 표현하면 상승 이후 하락반전신호가 아니라 횡보국면이나 하락 이후 바닥에서 출현하여 상승반전신호로 작용한다는 설명이다.

(4) 잠자리 얼레

잠자리 얼레(dragonfly doji)는 시가와 종가가 장중 고가와 일치하는 경우에 형성된다. 여러 종류의 얼레처럼 잠자리 얼레도 주로 주가의 전환시점에서 출현한다. 잠자리 얼레는 제3장에서 언급할 해머나 행잉맨의 특별한 경우로서 몸통이 거의 없다. 만일 잠자리 얼레가 하락추세의 막바지에서 출현하게 되면 급속한 상승반전형으로 작용하게 된다.

(5) 큰 떨림 캔들

큰 떨림 캔들(high-wave candle)은 작은 몸통과 작은 몸통보다 훨씬 더 긴 위·아래 그림자를 가지고 있다. 큰 떨림 캔들은 상승과 하락이 불확실할 경우에 즉 매수세와 매도세 사이에 균형이 팽팽한 경우에 주로 발생한다. 큰 떨림 캔들의 몸통 색깔은 중요하지가 않으며 실제로 그림자의 크기도 중요하지가 않다.

(6) 점 얼레

점 얼레(four price doji)는 시가 · 고가 · 저가 · 종가가 모두 같을 경우에 발생한다. 점 얼레는 유동성이 매우 적은 경우로서 종가 이외에는 어떤 시세도 성립되지 않을 때 형성된다. 이와 같은 상황은 향후 주가향방을 전혀 예측할 수 없게 만들어 준다.

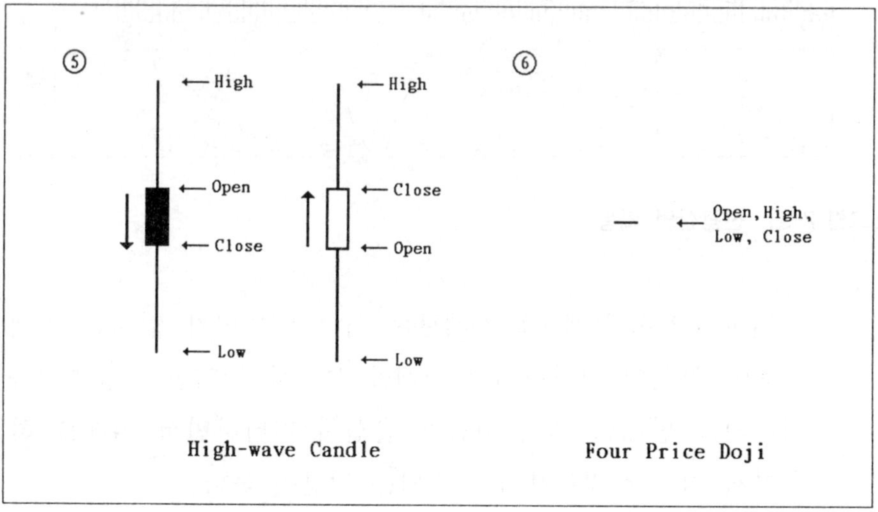

[그림 2-2] 얼레의 여러 종류 2

2. 사 례

① 사례 1

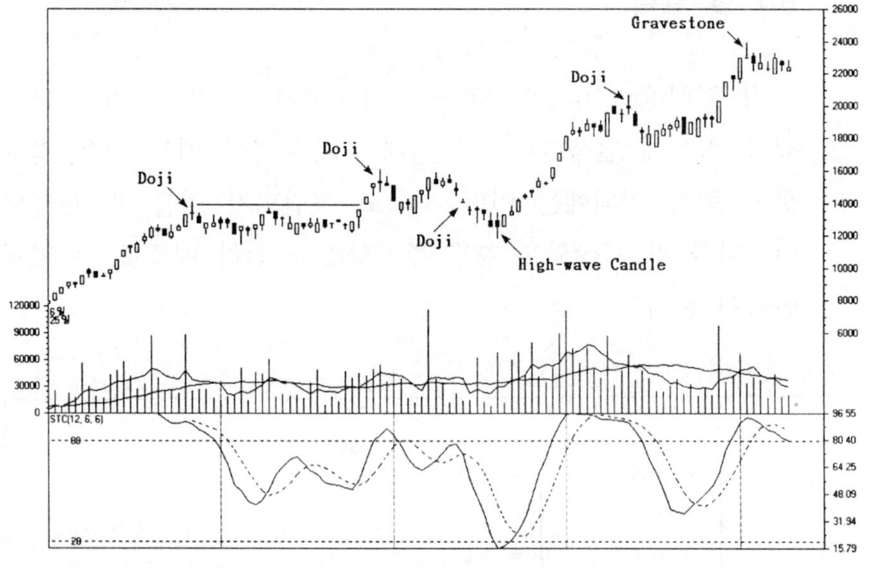

[그림 2-3] 신광산업 일봉

일반적으로 얼레 그 자체로는 커다란 의미가 없지만 얼레 다음에 양선이 나타나면서 얼레를 상회하게 되면 상승추세가 지속되고 반대로 얼레 다음에 음선이 나타나면서 얼레를 하회하게 되면 하락추세가 지속되는 경향이 높다.

그림의 좌측을 보면 8,000원대에서 상승하기 시작한 주가가 14,000원대까지 상승한 이후 얼레가 출현하면서 상승세가 더 이상 지속되지를 못하고 하락세로 전환되고 있다. 이 시점 이후 Stochastics 지표도 과열권에서 벗어나 하락세로 전환되고 있다. 한 달 가까이 이 가격대가 저항선으로 작용하고 있다.

중앙 부분을 보면 16,000원대에서 얼레가 발생하면서 추가 상승을 억제하고 있으며 이후 큰 폭의 하락 갭을 만들면서 얼레가 발생하고 있다.

중앙 하단을 보면 12,000원대에서 긴 위·아래 그림자를 갖는 큰 떨림 캔들이 출현하고 있고 이후 양선이 연속적으로 나타나면서 추세가 상승전환되고 있다. 이 시점 이후 거래량이 증가하고 있으며 Stochastics 지표도 침체권에서 벗어나면서 큰 폭으로 상승하고 있다.

우측 상단에서는 20,000원대에서 얼레가 출현하면서 상승세를 잠시 멈추고 있으며 또한 24,000원대에서 긴 위 그림자를 갖는 비석형이 출현하면서 상승세를 저지시키고 있다.

얼레 출현으로 주가 추세가 전환되는 시점을 전후하여 거래량이 증가 또는 감소하고 있으며 Stochastics 지표도 상승추세에서 하락추세로 또는 하락추세에서 상승추세로 전환되고 있음을 볼 수 있다.

② 사례 2

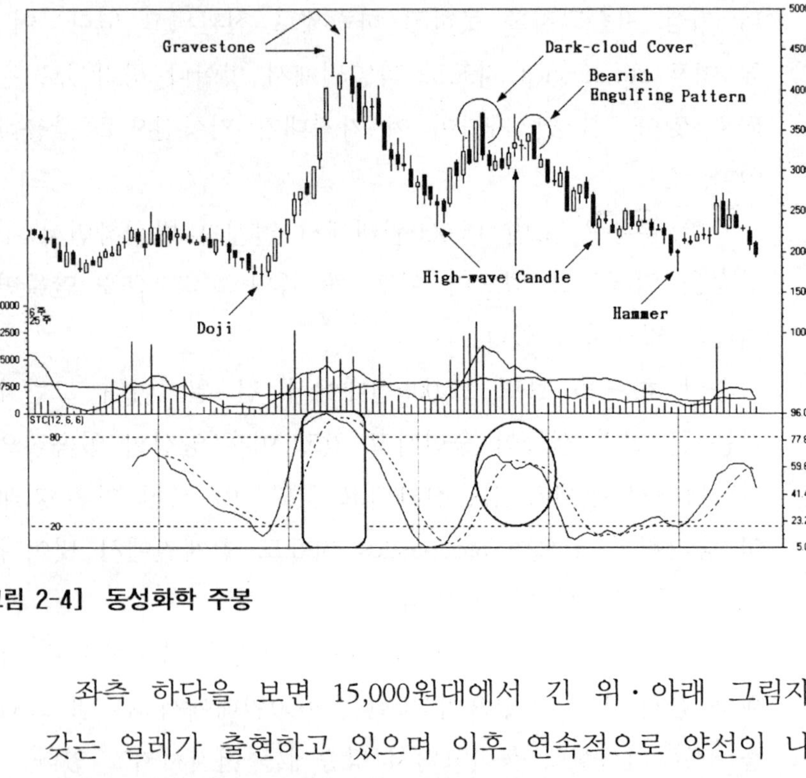

[그림 2-4] 동성화학 주봉

좌측 하단을 보면 15,000원대에서 긴 위·아래 그림자를 갖는 얼레가 출현하고 있으며 이후 연속적으로 양선이 나타나면서 큰 폭의 주가상승이 나타나고 있다. 이 시점을 전후로 거래량이 큰 폭으로 증가하고 있으며 Stochastics 지표도 급속하게 상승전환하고 있다.

중앙 상단을 보면 40,000원대를 돌파한 이후 긴 위 그림자를 갖는 비석형이 연속 출현하고 있다. 이 시점 이후 거래량이 감소하고 있으며 Stochastics 지표도 하락전환하고 있어 향후 주가하락을 미리 예고해 주고 있다.

③ 사례 3

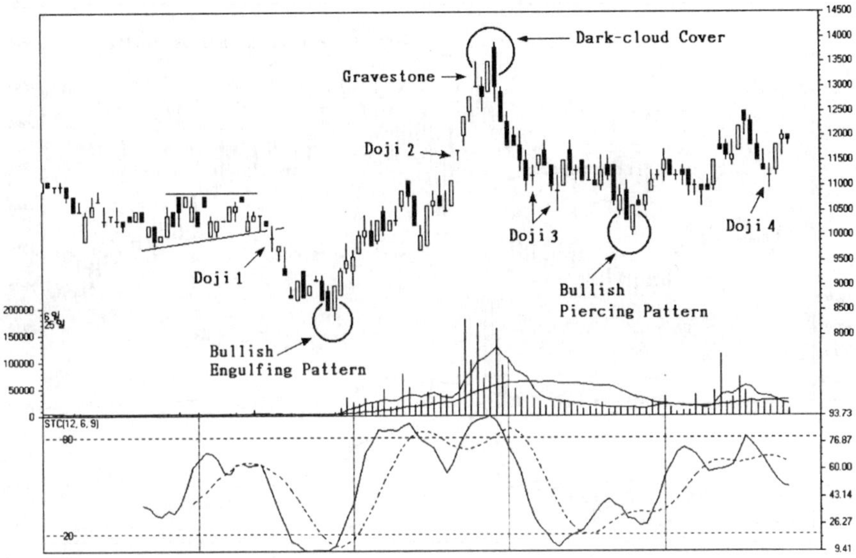

[그림 2-5] 한국전장 일봉

좌측을 보면 10,000원대에서 긴 위·아래 그림자를 갖는 얼레가 출현하면서 단기 지지선을 하향이탈하고 있다. 이 시점에서 Stochastics 지표가 급속히 하락전환하고 있다.

중앙 부분을 보면 11,000원대를 돌파하는 상승 갭이 발생하고 있으며 이어서 작은 얼레가 출현하면서 상승추세를 가속화시키고 있다. 이 시점 이후 거래량이 급속히 증가하고 있으며 Stochastics 지표도 급속히 재반등하면서 상승세를 유지하고 있다. 이후 우측을 보면 11,000원대를 전후하여 긴 위·아래 그림자를 갖는 얼레가 출현하고 있다.

④ 사례 4

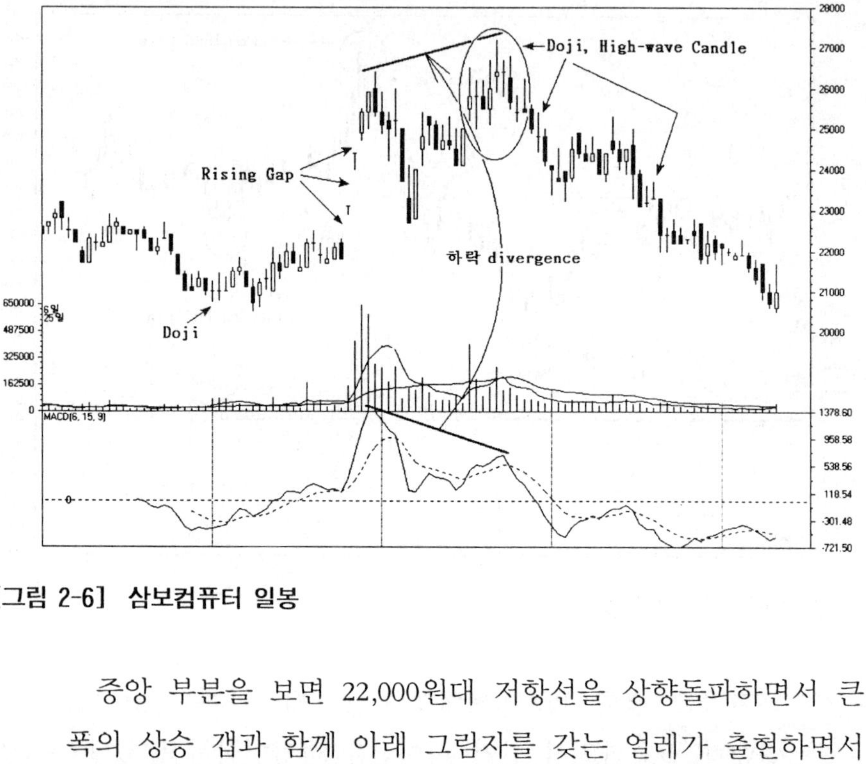

[그림 2-6] 삼보컴퓨터 일봉

중앙 부분을 보면 22,000원대 저항선을 상향돌파하면서 큰 폭의 상승 갭과 함께 아래 그림자를 갖는 얼레가 출현하면서 큰 폭으로 상승하고 있다. 이 시점에서 거래량이 큰 폭으로 증가하고 있으며 MACD 지표도 급반등하고 있다. 중앙 상단을 보면 한 달 가까이 주가의 고점은 높아가는데 MACD의 고점은 낮아지면서 하락 다이버전스가 발생하고 있다. 이 발생과정에서 거래량도 큰 폭으로 감소하고 있다. 좌측을 보면 하락하는 도중 얼레와 큰 떨림 캔들이 발생하고 있고 다음에 음선이 연속으로 나타나면서 하락세가 가속화되고 있다.

⑤ 사례 5

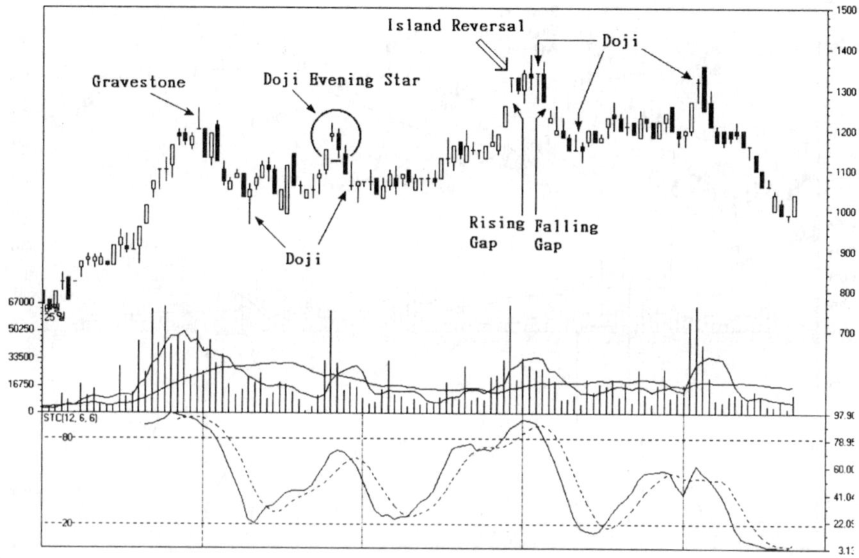

[그림 2-7] 대아리드선 일봉

좌측을 보면 7,000원대에서 12,000원대까지 큰 폭 상승한 이후 긴 위 그림자를 갖는 비석형이 출현하면서 상승세가 멈추고 하락세로 반전되고 있다. 이 시점 이후 거래량이 감소하고 있으며 Stochastics 지표의 추세도 하락하고 있어 향후 주가하락에 대한 가능성이 높아지고 있다. 이후에도 얼레가 빈번하게 출현하고 있으며 얼레 다음에 양선이 형성되면 상승세가 나타나고 음선이 형성되면 하락세가 나타나고 있다. 중앙 상단을 보면 12,000원대를 상향돌파하며 상승 갭과 하락 갭이 발생하면서 섬꼴반전(island reversal)을 형성하고 있다.

⑥ 사례 6

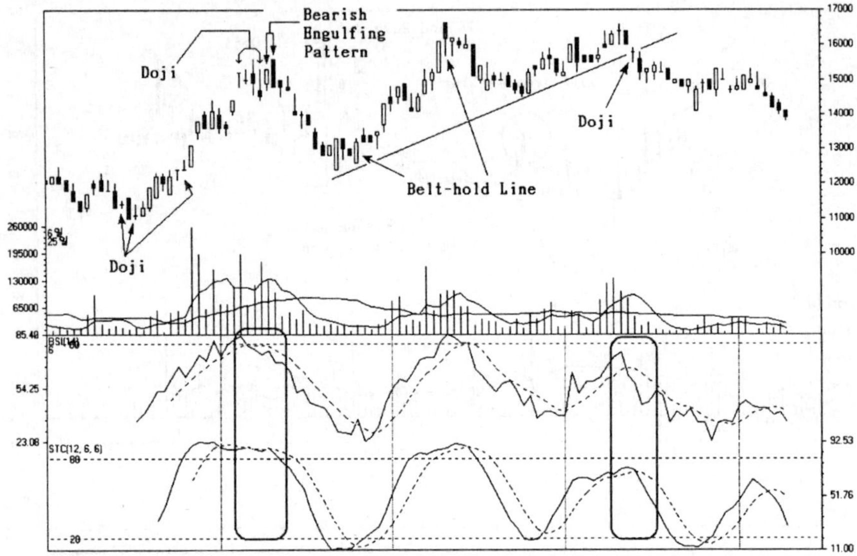

[그림 2-8] 신일건업 일봉

좌측 상단을 보면 큰 폭 상승을 보인 이후 얼레와 큰 떨림 캔들이 연속으로 나타나면서 매수세과 매도세 사이에 힘의 균형이 맞서고 있는 모습을 보여주고 있다. 장중 큰 폭의 주가등락으로 시장참가자들이 매우 불안하고 긴장되어 있는 투자심리를 반영하고 있다. 이후 거래량이 감소하고 있고 RSI와 Stochastics 지표가 하락세로 전환되고 있어 점점 매수세가 실종되고 있음을 보여주고 있다. 중앙 부분을 보면 상승추세를 보이면서 저점들을 연결한 상승지지선이 형성되어 있다. 이후 위·아래 그림자를 갖는 얼레가 출현하면서 지지선을 하향이탈하고 있다.

⑦ 사례 7

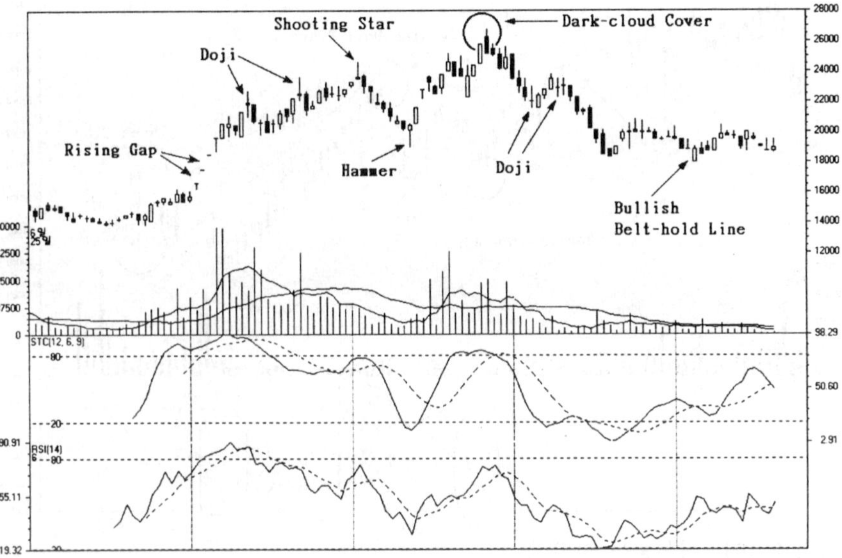

[그림 2-9] 청구 일봉

좌측을 보면 상승 갭이 연속으로 발생하며 상승세가 지속되는 도중 긴 위·아래 그림자를 갖는 얼레와 유성이 출현하면서 단기고점을 형성하고 있다.

중앙 우측부분을 보면 26,000원대를 고점으로 하락하는 도중 22,000원대에서 얼레가 연속해서 출현하면서 일시적으로 하락세가 멈추고 있으나 이 시점을 전후하여 이미 거래량이 큰 폭으로 감소하고 있었으며 Stochastics와 RSI 지표가 하락세를 보이고 있어 주가의 하락추세가 계속 이어지고 있다.

⑧ 사례 8

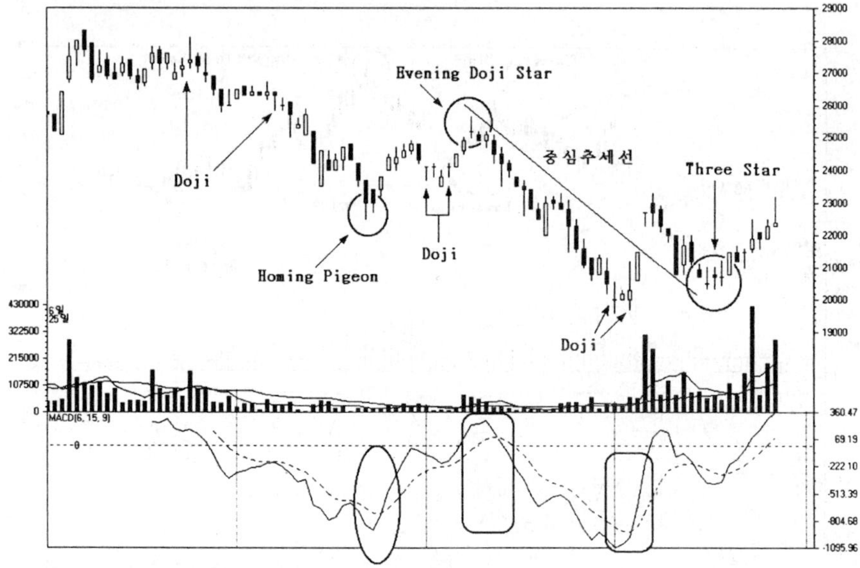

[그림 2-10] 삼성물산 일봉

좌측을 보면 얼레가 연속으로 출현하고 있다. 이 시점을 전후하여 거래량이 지속적으로 감소하고 있으며 MACD 지표도 하락세가 이어지고 있어 당분간 주가하락이 지속되리라 예상해 볼 수 있다. 중앙 상단을 보면 25,000원대를 고점으로 얼레를 포함한 +저녁별이 출현하면서 추세가 하락전환하고 있다. 큰 폭의 하락세가 나타난 이후 20,000원대를 저점으로 긴 위·아래 그림자를 갖는 얼레가 출현하면서 하락세가 멈추고 있다. 좌측 하단을 보면 저항선에서 지지선으로 역할이 변경된 중심추세선과 3개의 얼레가 나타나면서 Three Star가 형성되어 있음을 볼 수 있다.

⑨ 사례 9

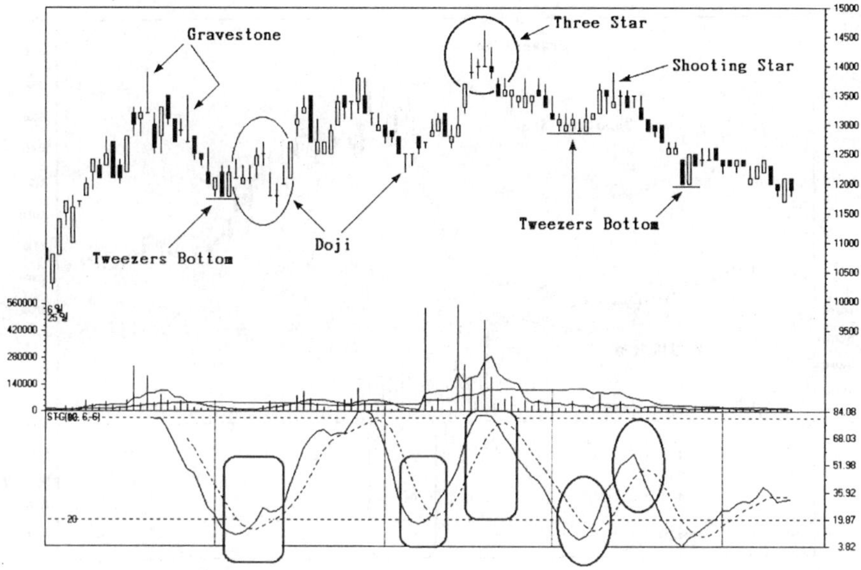

[그림 2-11] 쌍용 일봉

좌측 상단을 보면 13,500원대를 전후하여 긴 위 그림자를 갖는 비석형이 출현하면서 추세가 하락전환되고 있다. 좌측 하단에서는 얼레가 연속으로 형성되면서 하락세가 멈추고 상승세로 전환되고 있으며 이 시점 이후 거래량이 증가하고 있다. Stochastics 지표도 상승반전하고 있어 주가의 상승전환에 대한 기대감을 높여주고 있다. 중앙 상단부분에서는 14,500원대를 고점으로 긴 위·아래 그림자를 갖는 얼레가 연속 출현하면서 Three Star를 형성하고 있다. 이 시점 이후 거래량이 급속히 감소하고 있으며 Stochastics 지표도 하락전환되고 있어 주가하락 가능성을 높여주고 있다.

⑩ 사례 10

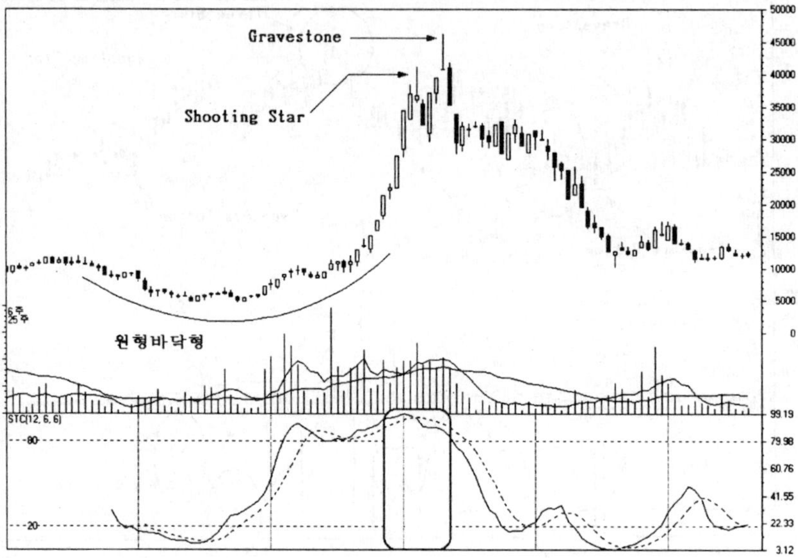

[그림 2-12] 베네데스 주봉

좌측 하단을 보면 5,000원~10,000원대 사이에서 등락을 거듭한 주가가 커다란 원형바닥형을 형성한 이후 긴 양선을 연속해서 만들면서 큰 폭으로 상승하고 있다.

중앙 상단에서 40,000원대를 고점으로 유성이 출현한 데 이어 또 다시 반전형인 긴 위 그림자를 갖는 비석형이 출현하면서 하락세로 급반전되고 있다. 이 시점 이후 거래량이 급속하게 감소하고 있으며 Stochastics 지표도 하락전환하면서 강한 하락세를 보이고 있어 향후 주가하락에 대한 가능성을 매우 높여주고 있다.

⑪ 사례 11

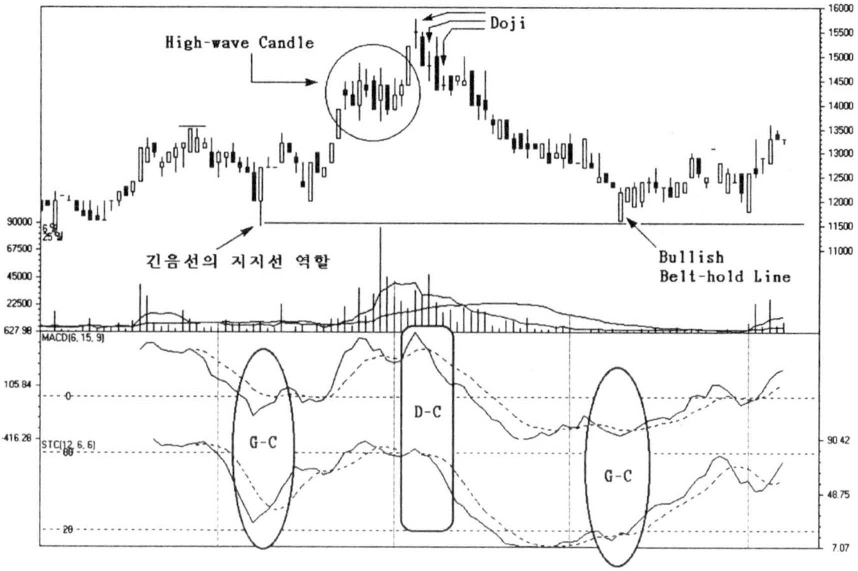

[그림 2-13] 삼익스프레스 일봉

좌측 하단을 보면 11,500원대를 저점으로 긴 아래 그림자를 갖는 양선이 출현하면서 하락세가 저지되고 있다. 이때 발생한 긴 아래 그림자가 이후 지지선으로 작용하고 있음을 볼 수 있다. 중앙 부분을 보면 14,500원대를 전후하여 다수의 큰 떨림 캔들이 출현하면서 주가흐름이 큰 폭으로 흔들리고 있으며 이어 15,500원대를 고점으로 긴 위·아래 그림자를 갖는 얼레와 긴 음선이 연속 출현하면서 하락을 가속화시키고 있다. 이 시점 이후 거래량이 감소하고 있으며 MACD 지표도 급속히 하락하고 있다.

⑫ 사례 12

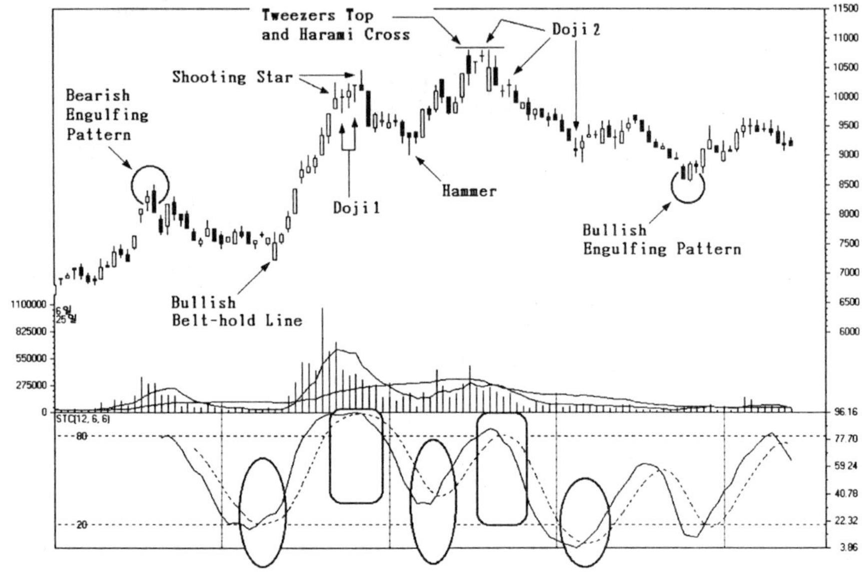

[그림 2-14] 전북은행 일봉

좌측 하단을 보면 긴 양선의 상승절단형이 출현하면서 상승세로 반전되고 있다. 이후 거래량이 큰 폭으로 증가하고 있으며 Stochastics 지표도 상승세로 전환되고 있어 주가상승이 예상되고 있다. 중앙 좌측상단을 보면 10,000원대까지 상승한 이후 유성과 얼레가 연속으로 출현하며 시장의 매수세가 매도세로 전환되고 있음을 보여주고 있다. 이후 거래량이 감소하고 있으며 지표도 하락전환되고 있다. 중앙 우측상단을 보면 얼레가 연속으로 나타나면서 상승세를 멈추게 하거나 또는 하락세를 가속화시키거나 또는 하락세를 멈추게 하는 역할을 하고 있다.

⑬ 사례 13

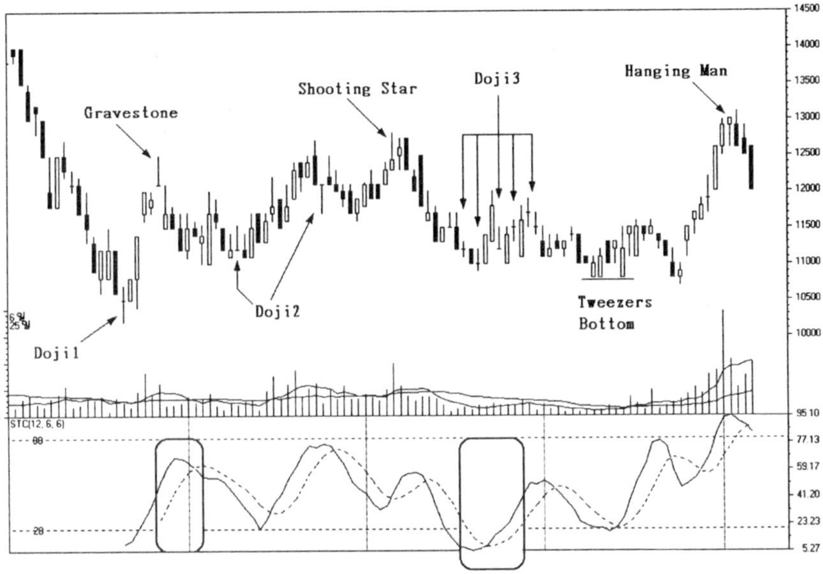

[그림 2-15] **하나증권 일봉**

좌측 하단을 보면 10,000원대까지 큰 폭으로 하락한 이후 긴 위·아래 그림자를 갖는 얼레가 출현하면서 하락세가 진정되고 상승세로 전환되고 있다. 그러나 곧이어 12,000원대에서 비석형이 출현하면서 더 이상 상승세가 지속되지 못하고 있다. 이후 다수의 얼레가 나타나고 있다. 커다란 의미를 부여할 수는 없지만 하락폭 과다에 따라 시장참가자들이 방황하고 있는 모습을 보여주고 있다. 이 시점에서는 거래량의 움직임과 Stochastics 등 지표의 움직임을 살펴보면서 방향성을 확인해야 한다.

⑭ 사례 14

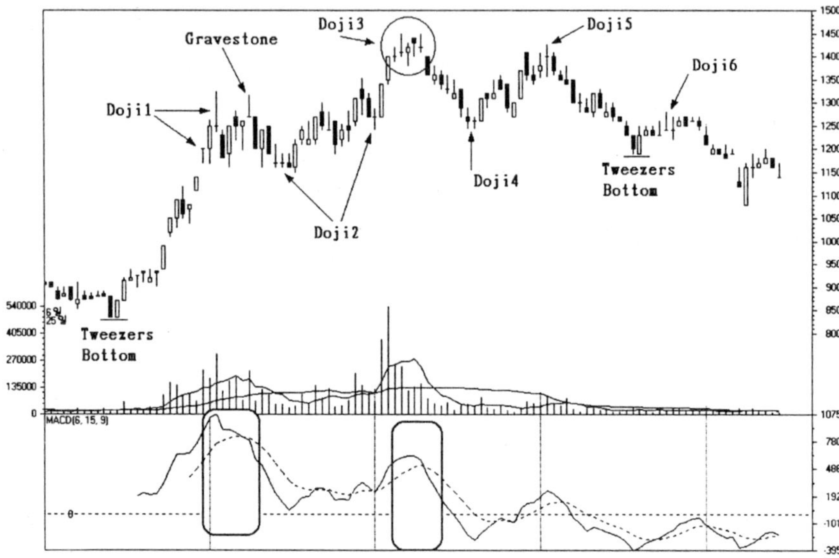

[그림 2-16] 신한굿모닝증권 일봉

좌측을 보면 8,000원대에서 집게형저점이 출현하면서 바닥을 확인한 이후 거래량 증가와 함께 상승하기 시작한 주가가 12,500원대에서 긴 위 그림자를 갖는 얼레와 비석형이 출현하면서 상승세가 멈추고 있다. 이 시점 이후 거래량이 감소하고 있으며 MACD 지표도 하락반전하고 있어 현 주가가 과열되어 있음을 보여주고 있다. 중앙 부분에서는 14,000원대를 전후하여 얼레가 연속으로 나타난 이후 긴 음선이 이어지고 있어 하락에 대한 가능성을 높여주고 있다. 물론 이 시점 이후 거래량이 감소하고 있으며 MACD 지표도 하락전환하고 있다.

⑮ 사례 15

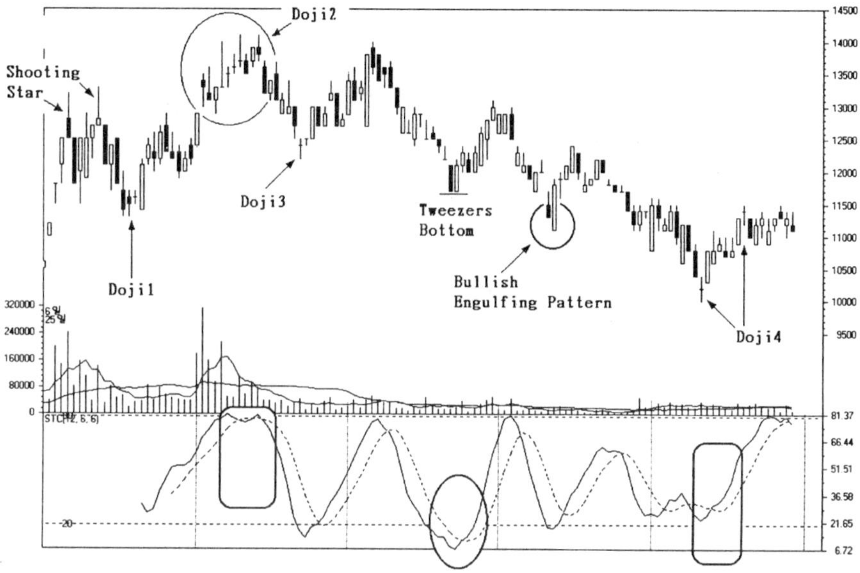

[그림 2-17] NH증권 일봉

좌측 상단을 보면 13,500원대를 넘어서면서 비석형과 얼레가 연속으로 나타나며 상승세가 멈추고 있다. 이 과정에서 거래량이 큰 폭으로 감소하고 있으며 Stochastics 지표도 하락 전환하고 있다. 이후 12,000원대에서 얼레가 나타나면서 하락세가 멈추고 상승세로 전환되고 있지만 상승하는 과정에서 거래량이 수반되고 있지 않아 직전고점 14,000원대를 상향돌파하지 못하고 다시 하락하고 있다. 우측 하단에서는 10,000원대까지 하락한 이후 긴 위·아래 그림자를 갖는 얼레가 출현하면서 하락세가 멈추고 상승세로 전환되고 있다.

제 3 장

반전형 패턴

캔들차트의 반전형 패턴들은 단일 캔들차트 또는 두 개 이상의 캔들차트로 구성되어 있다. 때로는 5개 이상의 캔들차트로 구성되기도 한다. 제3장에서 선정된 반전형 패턴들은 그 패턴들의 중요성이나 예측능력이 우수해서가 아니라 그래프 상에서 자주 볼 수 있는 빈도수가 높은 패턴들을 중심으로 설명하였다.

대부분 캔들차트들은 반전형 패턴으로 작용을 하고 있다. 또한 상승반전형 패턴들은 그와 유사한 하락반전형 패턴들을 가지고 있다. 장악형의 경우는 상승장악형과 하락장악형과 같이 이름을 동일하게 분류하고 있다. 반면 하락반전형 패턴으로 작용하는 흑운형과 상승반전형 패턴으로 작용하는 관통형은 서로 유사한 모양을 하고 있지만 서로 다른 이름을 가지고 있다.

제3장에서 다루고자 하는 반전형 패턴의 종류는 다음과 같다.

- 우산형 : 해머와 행잉맨
- 장악형 : 상승장악형과 하락장악형
- 흑운형과 관통형

1. 우산형 : 해머와 행잉맨

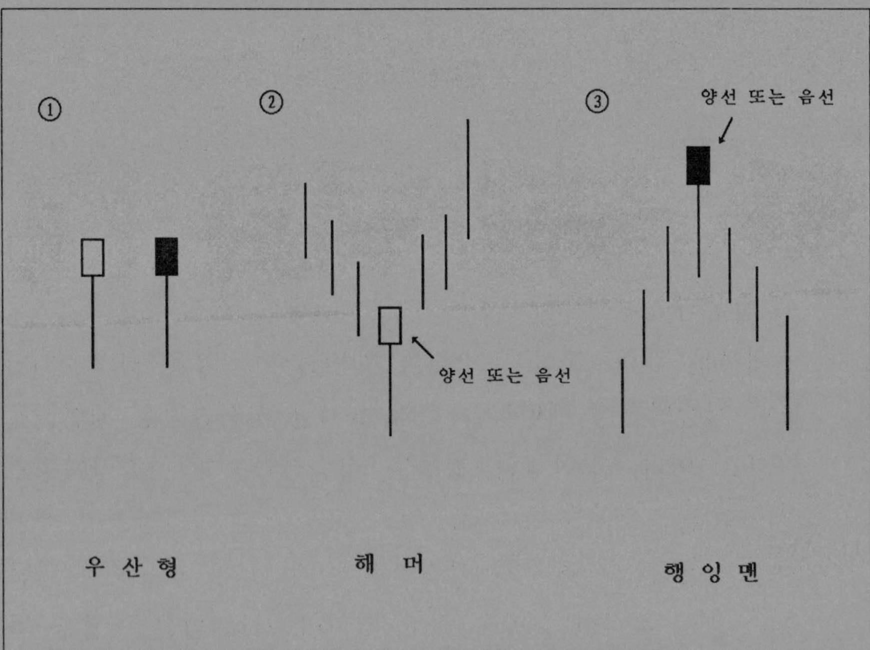

[그림 3-1] 우산형 : 해머와 행잉맨

(1) 요 약

우산형(umbrella)은 [그림 3-1] ①과 같이 몸통의 윗부분에 위 그림자가 거의 없고 몸통 밑에 긴 아래 그림자가 몸통 길이의 두 배 이상인 우산모양의 형태를 말한다.

[그림 3-1] ②와 같이 하락장에서 나타나는 우산형을 해머(hammer)라 하며, 이 형태는 과다매도 상태를 나타내고 시장이 거의 바닥권에 위치하고 있음을 암시하고 있어 향후 상승반전될 가능성이 높다.

[그림 3-1] ③과 같이 상승장에서 나타나는 우산형을 행잉맨(hanging-man)이라 하며, 이 형태는 과다매수 상태를 나타내고 시장이 거의 정상권에 위치하고 있음을 암시하고 있어 향후 하락장세로의 반전 가능성이 높다. 특히 장기상승장세의 꼭대기에서 이 형태가 나타나면 더 이상의 매수를 삼가야 할 것이다.

우산형이 하락하는 도중에 나타나면 해머라 판단하고 상승세로 전환을, 상승하는 도중에 나타나면 행잉맨이라 판단하고 하락세로 전환을 예상해 볼 수 있다. 따라서 해머가 시장의 바닥에서 나타나면 매입하고 행잉맨이 시장의 꼭대기에서 나타나면 매도해야 한다.

(2) 분석법

해머와 행잉맨은 다음과 같은 특징이 있다.

① 몸통이 장중 거래범위 중 윗부분에 위치하고 있다. 즉, 장중 고점 가까이에 종가가 형성된다. 이때 몸통의 색깔은 중요하지가 않다.

② 긴 아래 그림자의 길이는 몸통 길이의 두 배 이상이 된다.

③ 위 그림자는 거의 없거나 또는 전혀 없을 수 있다.

(3) 사 례

① 사례 1

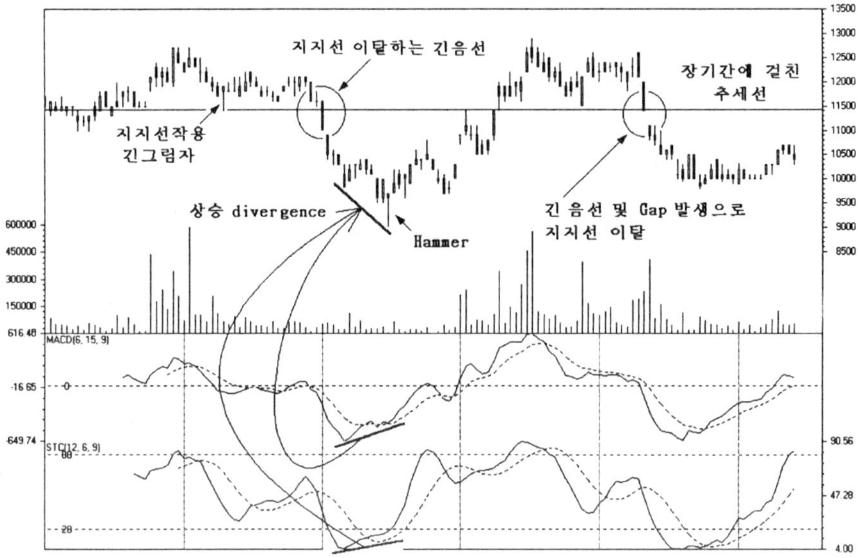

[그림 3-2] 한미은행 일봉

중앙 하단을 보면 주가의 저점은 큰 폭으로 하락하고 있는데 비해 MACD와 Stochastics의 저점은 높아지고 있어 상승 다이버전스가 발생하고 있다. 막바지에 해머가 출현하면서 9,000원대 저점이 확인되었고 이후 상승반전된 주가가 12,500원대까지 약 50%가량 큰 폭 상승하였다.

11,500원 전후하여 장기간에 걸쳐 '지지선→저항선→지지선'으로 작용한 추세선을 볼 수 있다.

② 사례 2

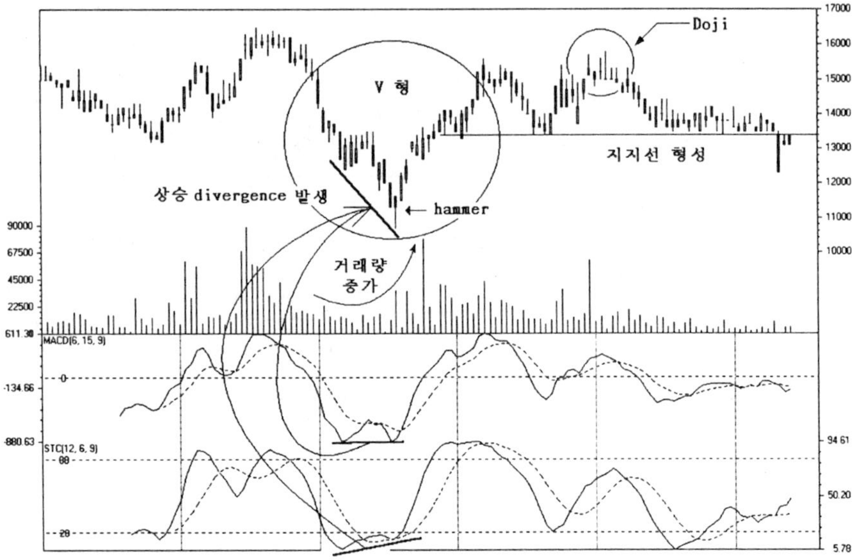

[그림 3-3] 리젠트종금 일봉

중앙 부분을 보면 주가의 저점은 현저하게 낮아지는 데 비해 MACD와 Stochastics의 저점이 소폭 높아지는 상승 다이버전스가 발생하고 있다. 이때 역시 해머가 출현하면서 저점이 확인되고 이후 큰 폭의 주가상승세가 나타나고 있다.

해머 출현 이후 주가움직임이 전반적으로 V형 반전패턴을 형성하고 있어 주가의 급변현상이 나타나고 있다.

우측을 보면 13,000원대에서 약 2개월가량 지지선이 형성되어 있음을 볼 수가 있다.

③ 사례 3

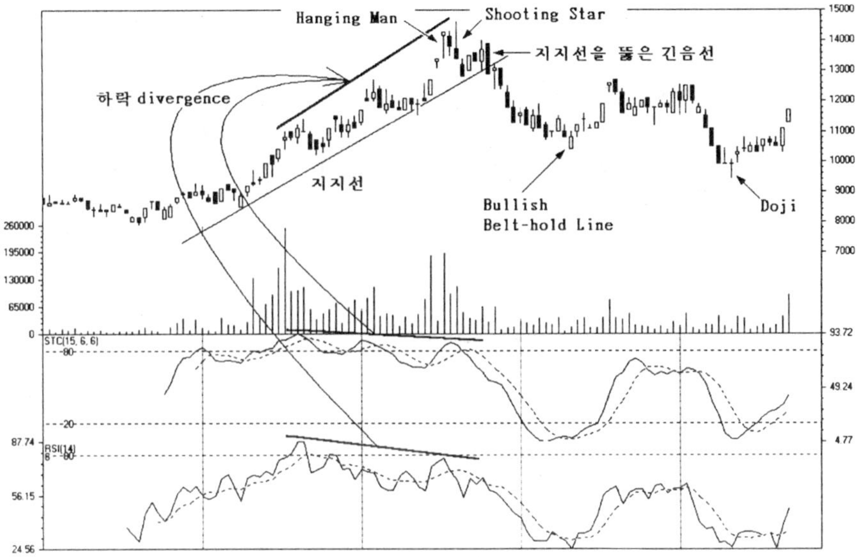

[그림 3-4] 고려산업 일봉

중앙 좌측상단을 보면 한 달여에 걸쳐 주가의 고점은 점점 높아지고 있는 데 비해 Stochastics와 RSI 지표의 고점은 소폭 낮아지고 있어 향후 주가하락이 예고되는 하락 다이버전스가 발생하고 있다. 상승 막바지에 행잉맨이 출현하면서 주가의 상승세가 멈추고 하락세로 반전되고 있으며 이어 유성이 나타나면서 하락 가능성을 더욱 높여주고 있다.

참고로 중앙 좌측상단을 보면 상승지지선이 형성되어 있으며 상승 끝부분에 긴 음선이 출현하면서 지지선을 하향이탈하고 있다.

④ 사례 4

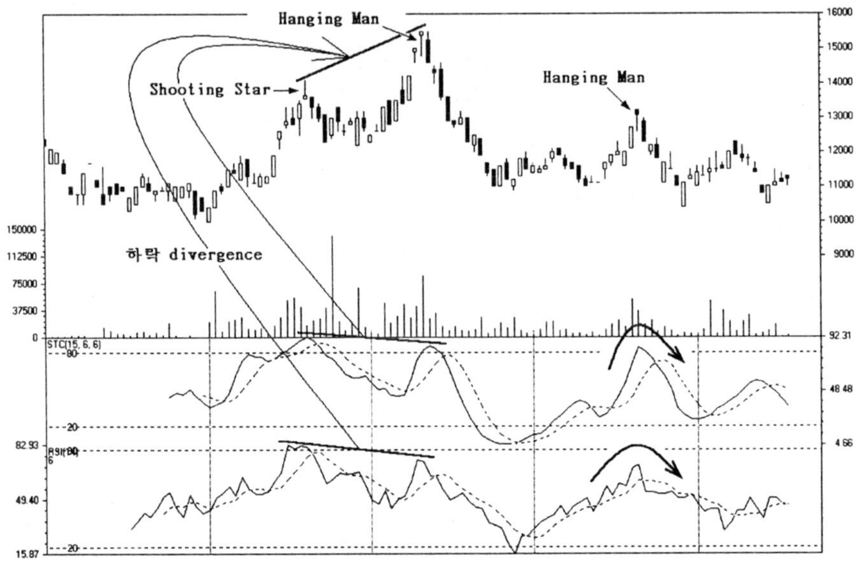

[그림 3-5] 신무림제지 일봉

중앙 상단을 보면 유성과 행잉맨으로 형성된 고점은 상승하고 있으나 동일시점에서 Stochastics와 RSI의 고점이 소폭 낮아지는 하락 다이버전스가 발생하고 있어 향후 주가하락이 예고되고 있다. 행잉맨 출현 이후 4월 초부터 시작된 주가상승이 마무리되고 하락세로 반전되고 있다.

일반적으로 일정기간 주가상승이 지속된 이후에 행잉맨이 출현하면 하락반전될 가능성이 높아지며 이 시점을 전후하여 각종 지표가 하락반전하면서 데드크로스가 발생하면 하락 가능성은 더욱 높아진다.

⑤ 사례 5

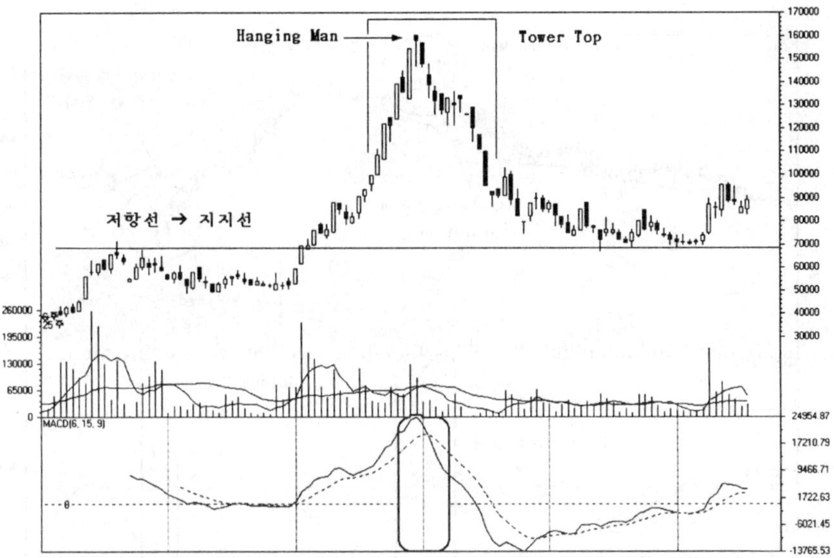

[그림 3-6] 녹십자 주봉

좌측에서 중앙부분을 보면 50,000원대에서 횡보국면을 보이던 주가가 거래량 증가와 더불어 상승하기 시작하여 160,000원대까지 큰 폭으로 상승하고 있다.

상승 막바지에 행잉맨이 출현하면서 상승세가 더 이상 지속되지 못하고 하락세로 반전되고 있으며, 동일시점에서 MACD 지표도 하락반전되면서 데드크로스가 발생하고 있어 향후 주가하락 가능성을 더욱 높여주고 있다.

68,000원대에서 '저항선→지지선'의 추세선이 장기간에 걸쳐 형성되어 있음을 볼 수 있다.

⑥ 사례 6

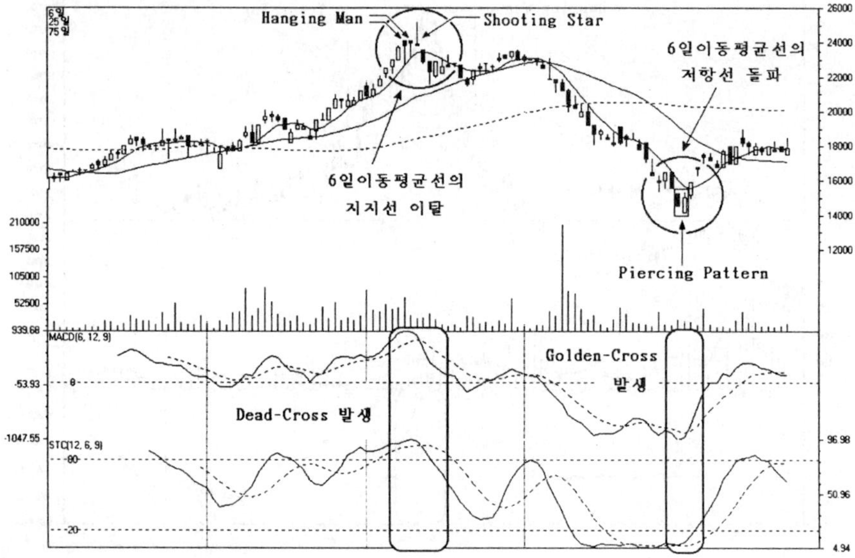

[그림 3-7] 일신석재 일봉

좌측에서 중앙부분을 보면 16,000원대 주가가 6일과 25일 이동평균선의 지지를 받으며 24,000원대까지 지속적으로 상승하고 있다. 그러나 상승 막바지에 행잉맨이 연속 출현하고 유성이 출현하면서 이동평균선을 하향 이탈하고 있다. 이후 14,000원대까지 약 40%가량 하락하였다.

행잉맨이 출현하는 시점을 전후하여 MACD와 Stochastics에서 데드크로스가 발생하고 있어 주가의 하락반전 가능성을 더욱 높여주고 있다.

⑦ 사례 7

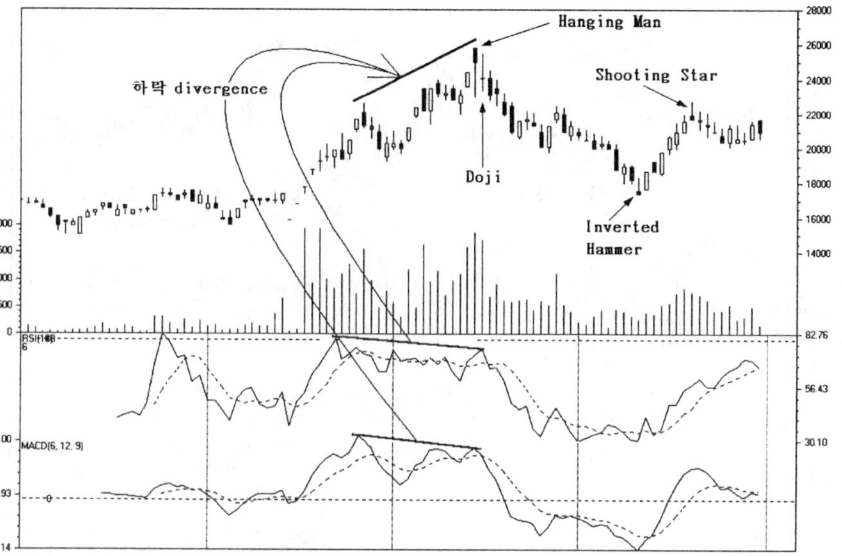

[그림 3-8] 엔케이텔레콤 일봉

중앙 상단을 보면 상승하던 주가가 25,000원대에서 행잉맨이 출현하면서 상승세를 마무리하고 하락세로 전환되고 있다. 또한 동일시점에서 하락 다이버전스가 출현하면서 상승에너지가 분산되고 있음을 볼 수 있다.

행잉맨 출현 이후 RSI와 MACD 지표가 본격적으로 하락하고 있으며 우측 하단에서 반전 해머가 나타나며 주가의 하락세를 멈추고 있다.

⑧ 사례 8

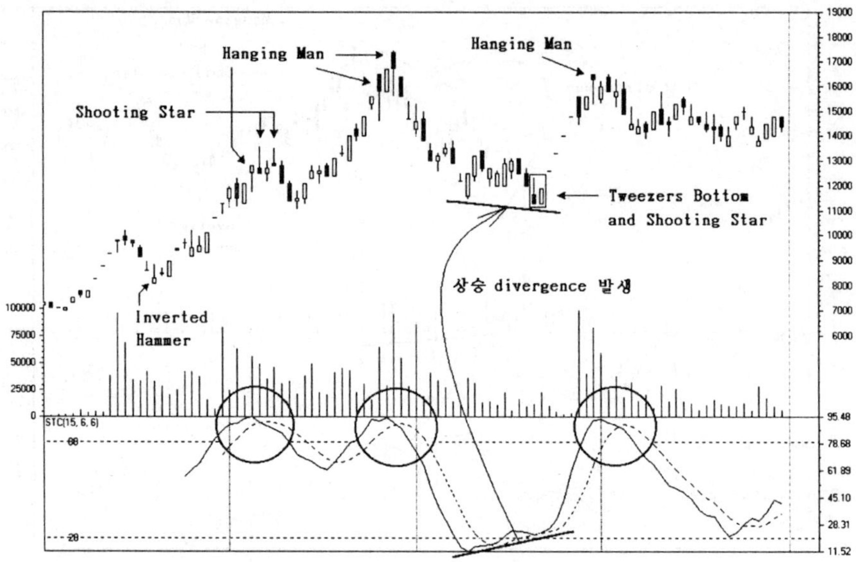

[그림 3-9] 신호전자 일봉

좌측에서 중앙부분을 보면 7,000원대 주가가 17,000원대까지 2개월여 만에 약 130%가 상승하는 강세장이 연출되었다.

그러나 16,000원대를 넘어서면서 행잉맨이 연속으로 출현하고 있다. 행잉맨의 출현으로 상승세가 약해지며 곧바로 하락세 반전되었다.

이 시점에서 Stochastics도 하락반전하면서 데드크로스가 발생하고 있어 향후 주가하락을 입증하는 듯하다.

⑨ 사례 9

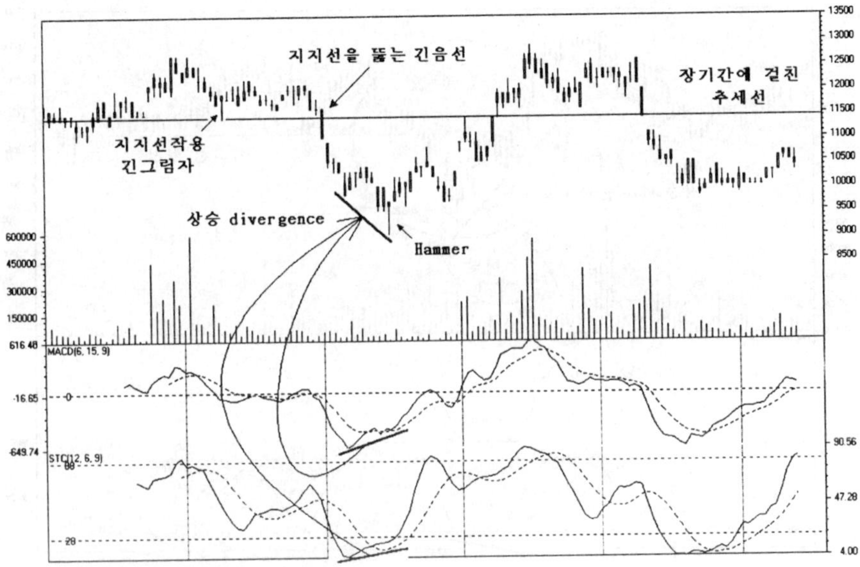

[그림 3-10] 한미은행 일봉

중앙 하단을 보면 단기간에 걸쳐 상승 다이버전스가 발생하고 있다. 해머가 출현하면서 9,000원대 저점이 확인되고 상승세로 반전되고 있다.

해머 출현시점을 전후하여 MACD와 Stochastics 지표에서는 이미 저점을 확인하고 상승반전하고 있어 향후 주가상승에 대한 가능성을 더욱 높여주고 있다.

참고로 11,500원대에서 장기간에 걸쳐 형성된 '지지선→저항선→지지선→저항선'의 추세선을 볼 수 있다.

⑩ 사례 10

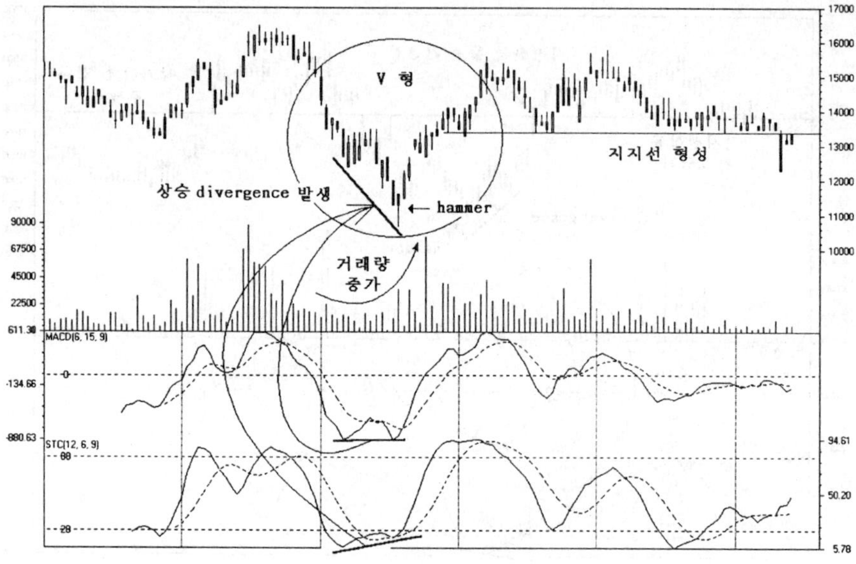

[그림 3-11] 리젠트종금 일봉

중앙 하단을 보면 주가의 급락현상과 급등현상이 교차하면서 V형 반전패턴을 보여주고 있다.

하락 막바지에 해머가 출현하며 주가가 하락추세에서 상승추세로 급반전되고 있으며, 또한 상승 다이버전스가 마무리되면서 주가의 상승세가 나타나고 있다.

2. 장 악 형

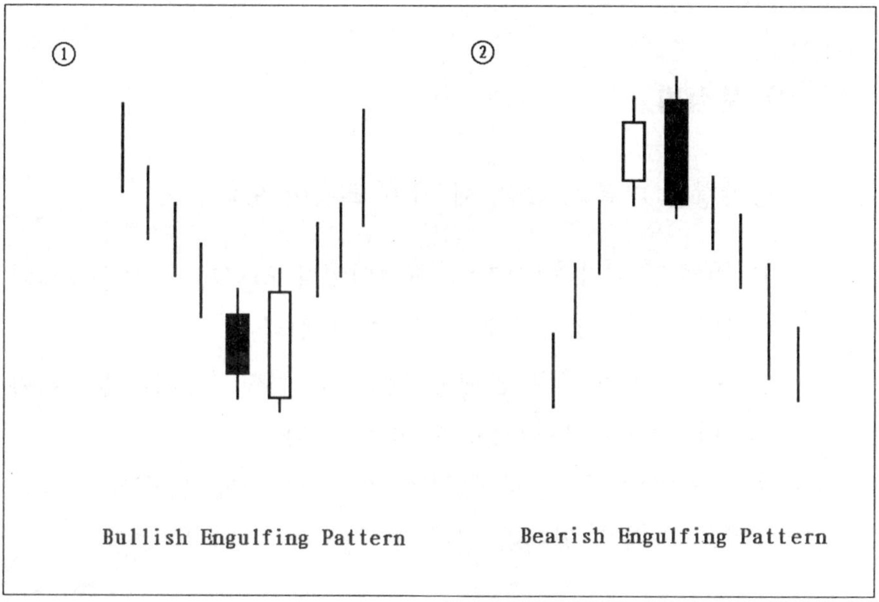

[그림 3-12] 장악형 : 상승장악형과 하락장악형

(1) 요 약

장악형(engulfing pattern)은 서로 상반된 색깔의 몸체로 구성되어 반전신호로 작용하고 있으며 상승장악형(bullish engulfing pattern)과 하락장악형(bearish engulfing pattern) 두 가지가 있다. 상승장악형은 [그림 3-12] ①과 같이 하락장세에서 형성되며 양선이 음선을 둘러싸고 있고, 하락장악형은 [그림 3-12] ②와 같이 상승장세에서 형성되며 음선이 양선을 둘러싸고 있다.

(2) 분석법

장악형은 다음과 같은 세 가지 특징이 있다.

① 비록 추세가 단기간에 형성되었다 하더라도 상승추세와 하락추세가 명확하게 설정되어야 한다.
② 두 번째 형성된 몸체는 앞선 첫 번째 몸체를 장악해야 한다. 이때, 그림자는 무시해도 된다.
③ 장악형의 두 번째 몸체는 앞선 첫 번째 몸체와 반대색깔을 가지고 있어야 한다.

물론 예외가 존재하고 있어, 첫 번째 형성된 몸체가 매우 작아 얼레에 가까울 경우에는 예외로 인정한다. 또한 하락추세에서 작은 음선몸체가 매우 큰 양선몸체에 의해 장악된 경우 상승전환으로 예상할 수 있으며, 상승추세에서 작은 양선몸체가 매우 큰 음선몸체에 의해 장악된 경우 하락전환으로 예상해 볼 수 있다.

(3) 패턴분석

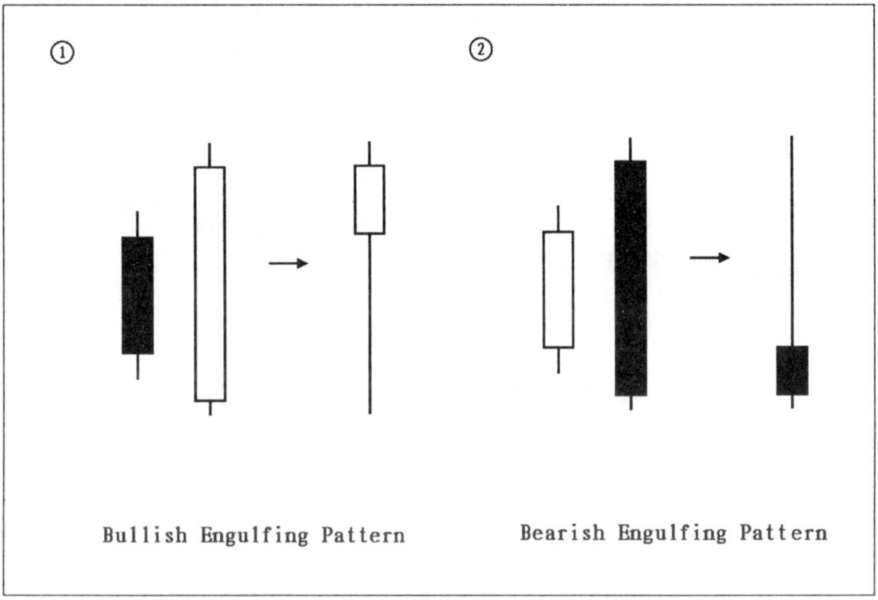

[그림 3-13] 장악형의 패턴분석 : 상승장악형과 하락장악형

상승장악형은 주가의 상승전환시점을 나타내는 해머형으로 변경할 수 있다. 또한 하락장악형은 주가의 하락전환시점을 나타내는 유성형으로 변경할 수가 있으며 만일 몸통이 매우 작다면 비석형으로도 변경될 수가 있다.

즉, 두 개의 캔들차트로 구성된 상승장악형과 하락장악형은 그 역할을 충분히 수행하는 단일 캔들차트로 축소될 수 있다.

(4) 사 례

① 사례 1

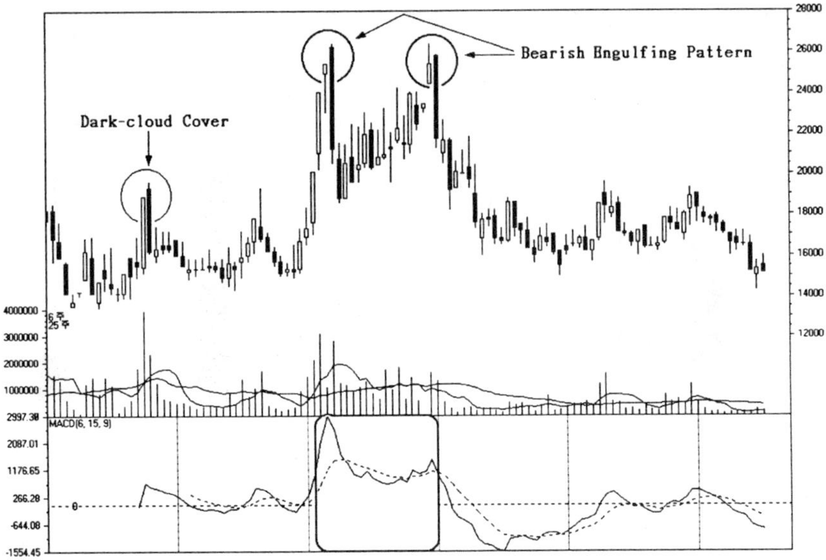

[그림 3-14] 충방 주봉

중앙 상단을 보면 하락장악형이 발생하며 주가는 26,000원대를 고점으로 하락반전하고 있다. 동일시점에서 MACD지표가 하락반전하며 주가의 하락 가능성을 높여주고 있다.

일반적으로 하락장악형이 발생하는 시점에서 지표가 하락반전하는 경우라면 향후 주가의 하락 가능성은 더욱 높아진다고 할 수가 있다. 같은 방법으로 상승장악형이 발생하는 시점에서 지표가 상승반전하는 경우라면 향후 주가의 상승 가능성 역시 더욱 높아진다고 할 수가 있다.

② 사례 2

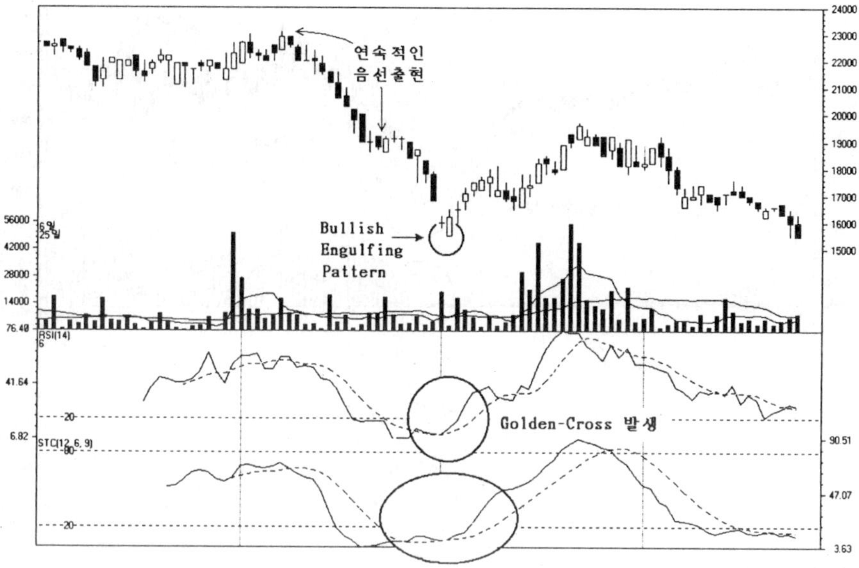

[그림 3-15] 태림포장 일봉

중앙부분을 보면 23,000원대 주가가 연속으로 12개의 음선이 출현하면서 하락폭이 커지며 15,000원대까지 하락하고 있다. 하락하는 도중 작은 얼레가 연속으로 발생하고 있으며 하락 막바지에는 긴 양선이 출현하며 작은 얼레를 장악하면서 하락세가 상승세로 전환되고 있다.

상승장악형이 발생한 동일시점에서 RSI와 Stochastics의 지표가 골든크로스 발생에 이어 침체권에서 벗어나며 상승반전되고 있어 주가의 상승추세의 가능성을 높여주고 있다.

③ 사례 3

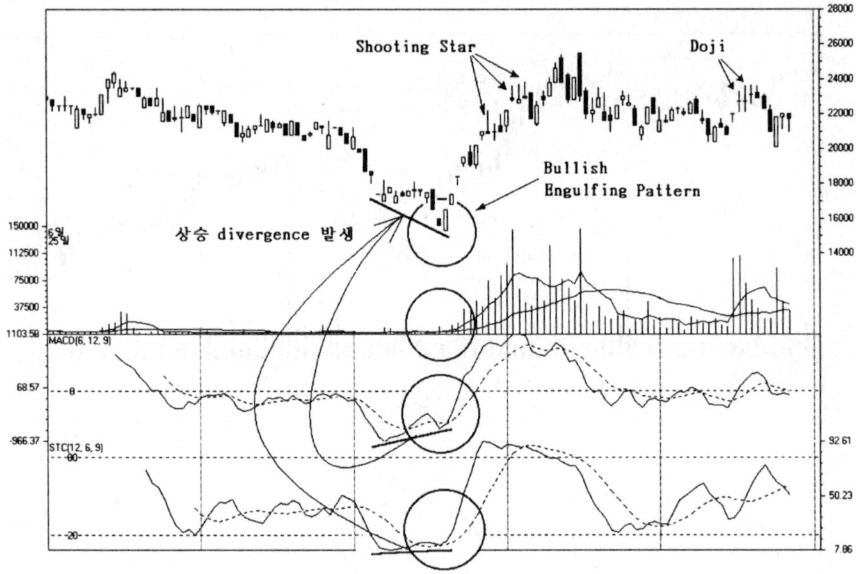

[그림 3-16] 한솔케미언스 일봉

중앙 하단을 보면 주가의 저점은 하락하고 있지만 MACD와 Stochastics의 저점은 점점 높아지고 있어 상승 다이버전스가 발생하고 있다. 이 시점 이후 거래량의 증가세가 현저하게 나타나고 있으며 거래량의 이동평균선에서 골든크로스가 발생하고 있다. 상승 다이버전스가 마무리되는 14,000원~15,000원대에서 상승장악형이 나타나며 주가는 상승반전하게 되고 25,000원대까지 급상승하게 된다. 그러나 20,000원대를 넘어서면서 유성형이 빈번하게 발생하고 있고 이로 인해 주가의 상승세가 더 이상 이어지지 못하고 있다.

④ 사례 4

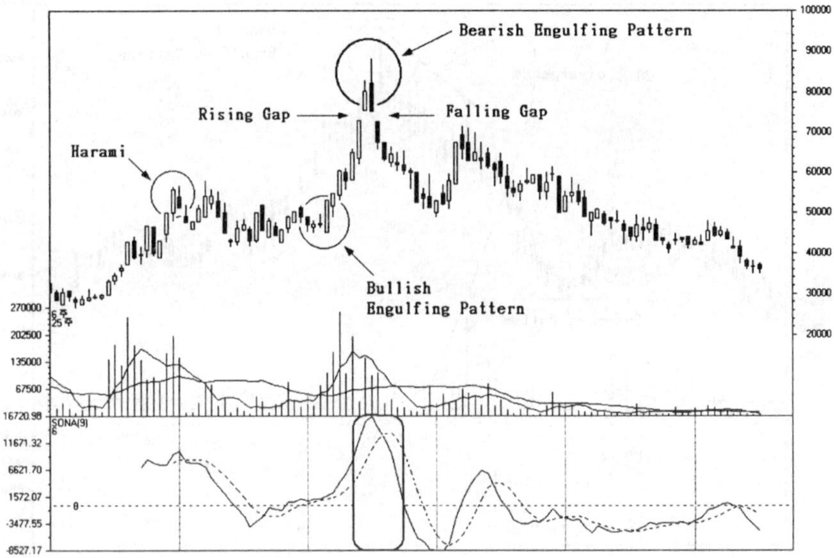

[그림 3-17] 동양철관 주봉

중앙 부분을 보면 40,000원대 주가가 상승장악형이 발생하면서 급상승하기 시작하여 7주 후에 약 100%가량 상승하며 80,000원대 주가를 형성하였다.

상승 막바지를 보면 상승갭이 발생하며 급상승한 주가가 2주에 걸쳐 하락장악형을 형성하였고 이어 하락갭이 발생하면서 주가가 50,000원대까지 급하락하고 있다.

동일시점에서 Sonar 지표도 데드크로스가 발생하면서 하락세로 반전되고 있어 주가의 하락 가능성을 높여주고 있다.

⑤ 사례 5

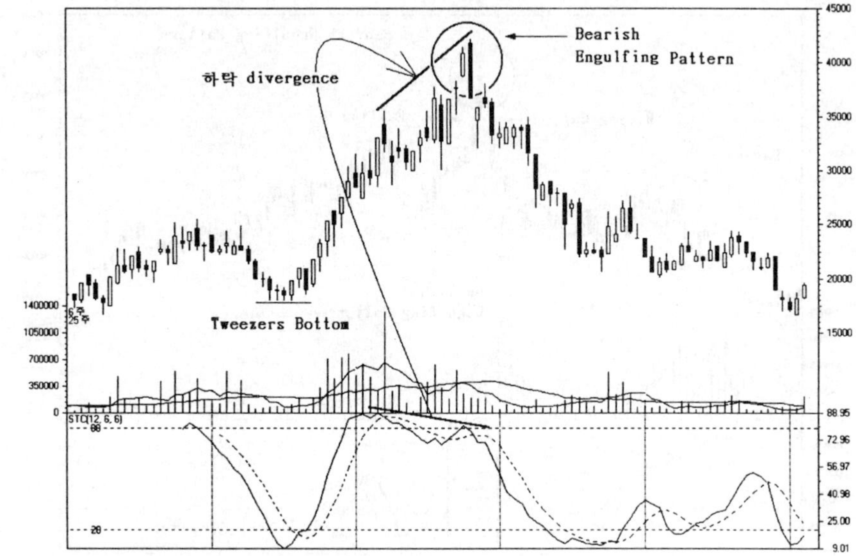

[그림 3-18] 제일엔지니어링 주봉

중앙 하단을 보면 18,000원대에서 집게형저점을 형성한 주가가 상승하기 시작하여 약 6개월 후에 40,000원대까지 상승하였다. 상승과정을 보면 주가의 고점은 높아가고 있으나 동일시점에서 Stochastics의 고점은 낮아지고 있어 하락 다이버전스가 발생하고 있음을 볼 수 있다.

상승세의 막바지에서 하락장악형이 발생하고 있으며 이후 주가는 20,000원대까지 큰 폭으로 하락하였다. 거래량도 급속히 하락하고 있어 매수세가 소멸되고 있음을 보여주고 있다.

⑥ 사례 6

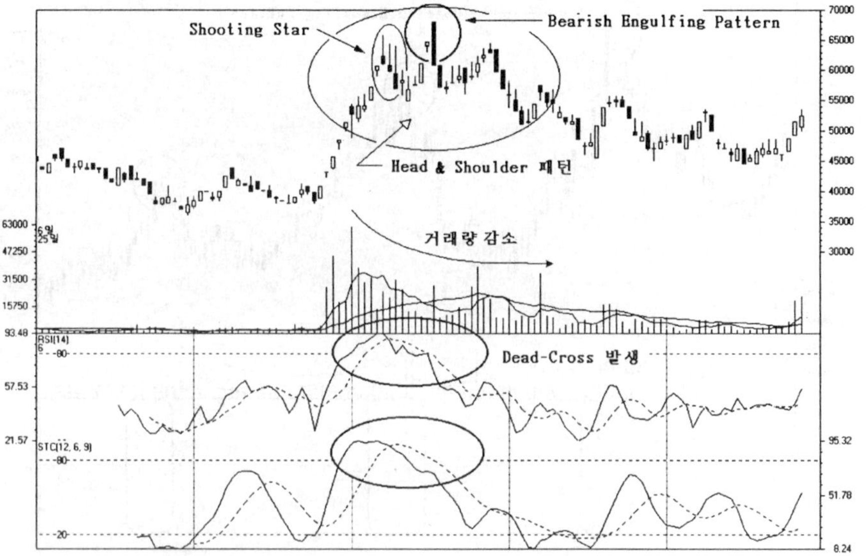

[그림 3-19] 오리엔트 일봉

중앙 상단부분을 보면 1개월에 걸쳐 거래량이 감소하며 헤드 앤 숄더형이 형성되고 있다. 왼쪽어깨 부근에 유성이 연속으로 발생하고 있으며 머리 부근에 작은 양선에 이어 긴 음선이 발생하면서 하락장악형이 형성되고 있다. 이후 68,000원대 주가가 한 달 만에 45,000원대까지 하락하였다.

RSI와 Stochastics 지표를 보면 하락장악형이 발생한 시점을 전후하여 데드크로스 발생과 더불어 하락반전하고 있어 향후 주가의 하락 가능성을 더욱 높아주고 있다.

⑦ 사례 7

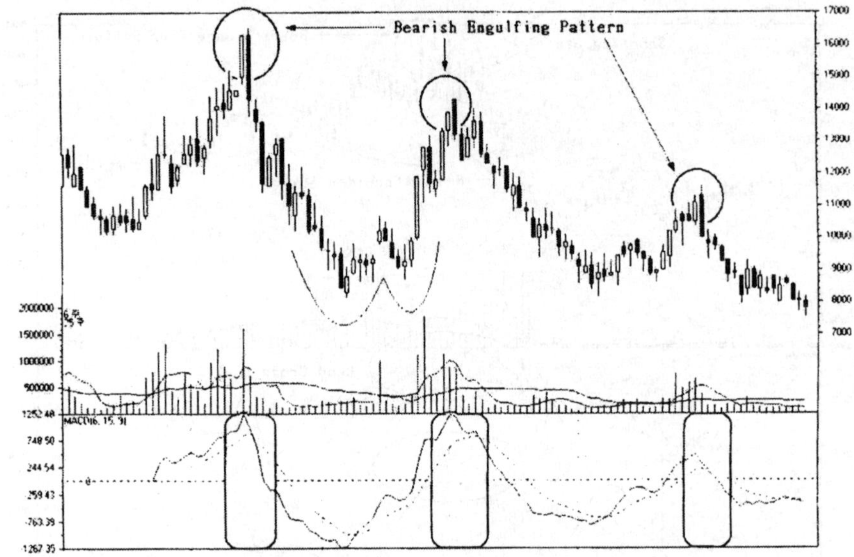

[그림 3-20] 신한 주봉

세 번의 고점을 형성하며 상승 막바지에 연속해서 하락장악형이 발생하고 있으며 더불어 주가의 상승세가 멈추고 하락세로 반전되고 있다.

동일시점에서 MACD 지표를 살펴보면, 데드크로스가 발생하면서 하락반전되고 있으며 하락장악형 발생 이후 주가의 하락 가능성을 더욱 높여주고 있다.

중앙 하단부를 보면 16,000원대 주가가 8,000원대까지 급락한 이후 이중바닥형을 형성하며 재반등을 시도하고 있다. 이 시점에서 MACD가 상승반전하는 모습을 볼 수 있다.

⑧ 사례 8

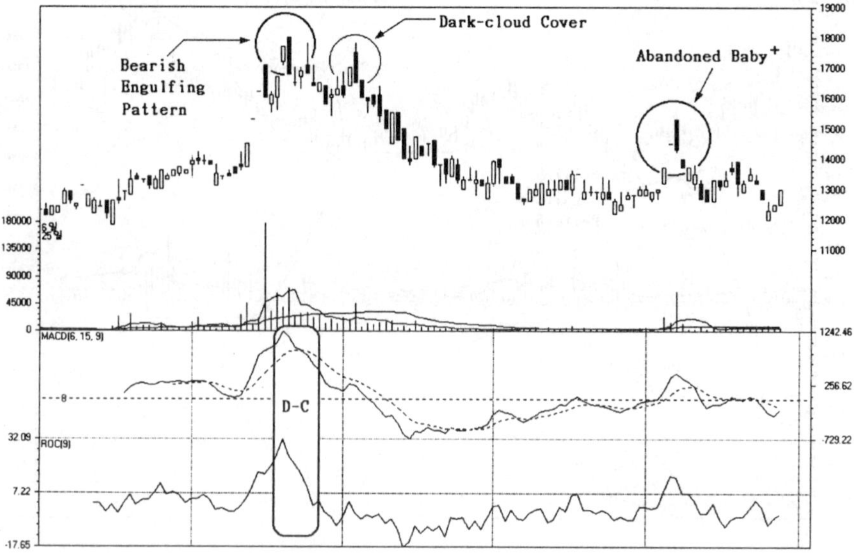

[그림 3-21] 삼익스프레스 일봉

좌측을 보면 12,000원대 주가가 한 달여 만에 17,000원대까지 약 40%가량 급상승한 후 하락장악형이 발생하면서 상승세를 멈추고 있다. 이때 MACD 지표도 급상승 이후 하락세로 반전되며 데드크로스가 발생하고 있다. ROC 역시 급상승 이후 하락반전되고 있어 향후 주가의 하락 가능성을 높여주고 있다. 10여 일 후 재차 반등을 시도한 주가가 흑운형을 만나면서 본격적으로 하락하기 시작하여 상승 직전의 가격대인 12,000원대를 다시 형성하였다.

⑨ 사례 9

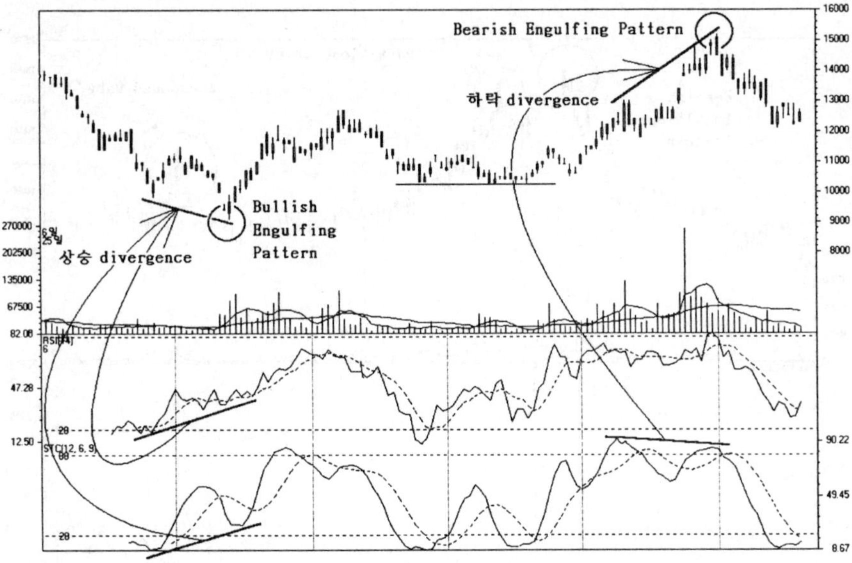

[그림 3-22] 삼삼종금 일봉

좌측 하단을 보면 주가의 저점이 낮아지는 가운데 RSI와 Stochastics의 저점이 높아지는 상승 다이버전스가 발생하면서 상승장악형이 형성되고 있다.

우측 상단을 보면 주가의 고점이 현격하게 높아지고 있는 도중 Stochastics의 고점이 소폭이나마 낮아지는 하락 다이버전스가 발생하면서 하락장악형이 형성되고 있다.

일반적으로 상승장악형이 발생한 이후에는 주가의 상승반전이, 하락장악형이 발생한 이후에는 주가의 하락반전이 나타나고 있다.

⑩ 사례 10

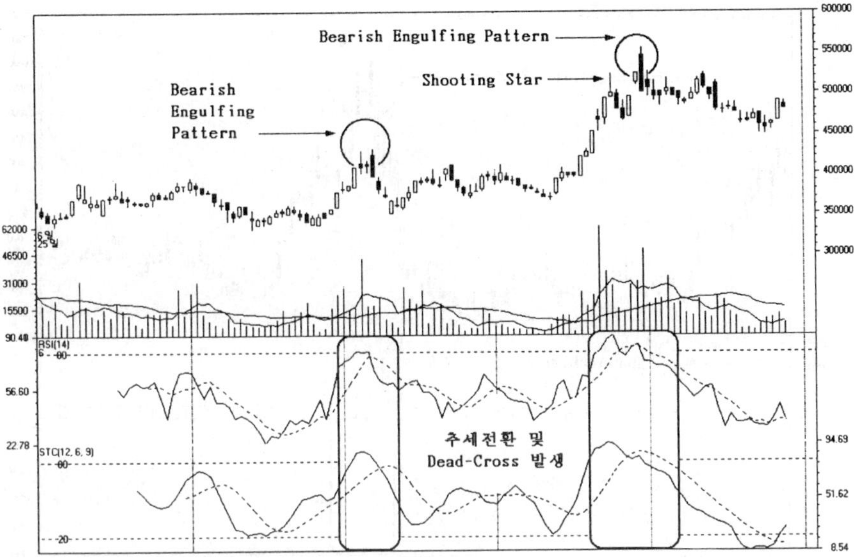

[그림 3-23] 삼성화재보험 일봉

중앙 부분을 보면 330,000원대에서 저점을 형성한 주가가 상승하기 시작한 10일 후 상승 막바지에서 400,000원대 고점을 형성하며 하락장악형을 형성하였다. 이후 370,000원대를 전후하여 조정을 거친 주가가 재상승하기 시작하면서 2주 후 550,000원대까지 상승하였다. 그러나 상승 도중 유성과 하락장악형을 만나면서 상승세가 하락세로 전환되고 있다.

동일시점에서 RSI와 Stochastics 지표가 하락반전되면서 데드크로스가 발생하고 있어 향후 주가의 하락반전 가능성을 높여주고 있다.

⑪ 사례 11

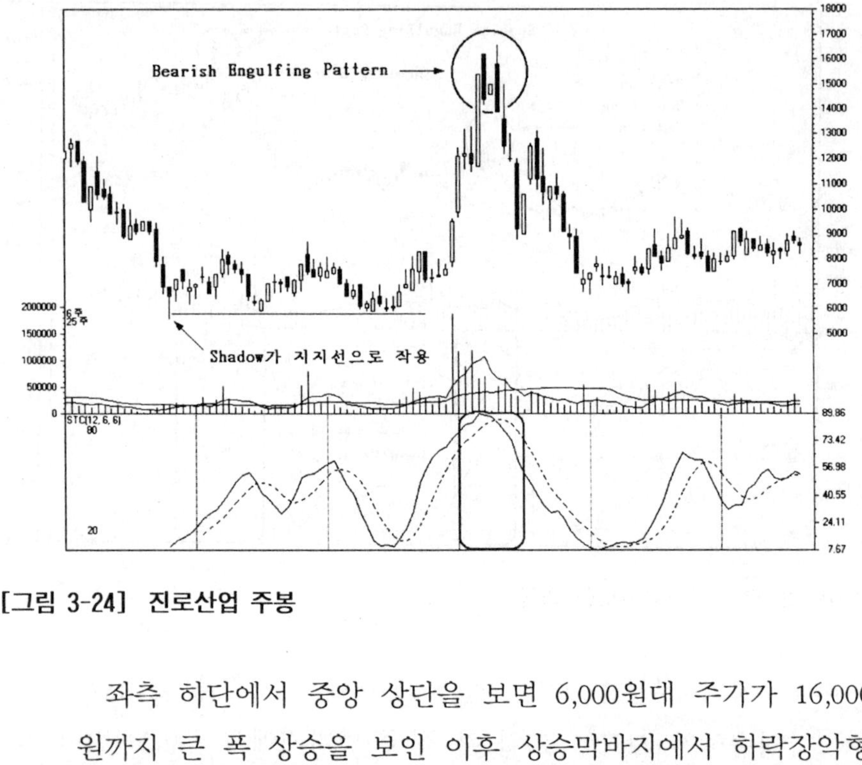

[그림 3-24] 진로산업 주봉

좌측 하단에서 중앙 상단을 보면 6,000원대 주가가 16,000원까지 큰 폭 상승을 보인 이후 상승막바지에서 하락장악형이 출현하고 있다. 긴 양선에 이어 음선이 나타나고 있고 작은 양선에 이어 긴 음선이 연속해서 나타나면서 주가가 하락세로 반전하고 있다. 동일시점에서 Stochastics 지표도 하락반전하면서 데드크로스가 발생하고 있어 향후 주가하락 가능성을 높여주고 있다. 참고로 좌측 하단을 보면 급격한 하락세가 멈추면서 발생한 긴 아래 그림자가 장기간 지지선으로 작용하고 있음을 볼 수 있다.

3. 흑운형과 관통형

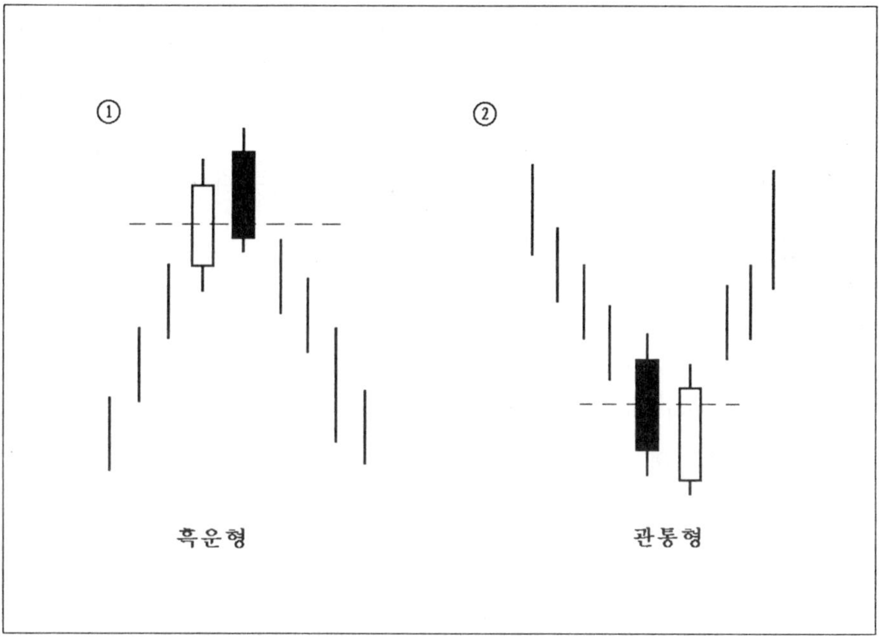

[그림 3-25] 흑운형과 관통형

(1) 요 약

흑운형(dark-cloud cover)과 관통형(piercing pattern)은 중요한 반전신호이다. 흑운형은 상승추세에서 하락전환신호로, 관통형은 하락추세에서 상승전환신호로 나타난다.

흑운형은 시장에서 상승세력이 약화되었음을 의미한다. 흑운형은 [그림 3-25] ①과 같이 두 개의 캔들차트로 이루어지는데 첫 번째는 강한 양선이고 두 번째는 음선으로 앞선 양선의 고점 위(위 그림자를 포함)에서 시가가 형성된다. 일반적으로 두 번째 종가는 첫 번째 양선의 저가를 하향하지 않고 근접한 수준에서 형성된다.

이때 두 번째 종가가 첫 번째 양선의 저가에 많이 근접하면 할수록 하락 가능성은 더욱 높아진다. 그러나 만일 두 번째 음선이 첫 번째 양선의 50% 이상을 하향하지 못할 경우에는 하락장세가 확인될 때까지 기다리는 것이 바람직하다.

흑운형이 상승에서 하락으로 전환될 때 나타나는 패턴이라면 관통형은 하락에서 전환될 때 나타나는 패턴이다. 즉 관통형은 흑운형의 반대경우로서 양선의 종가가 앞선 음선의 범위 안에 있게 된다. 이 패턴은 시장에서 하락세력이 약화되면서 저가의 매입세력이 새로이 생성되고 있음을 의미한다.

관통형은 [그림 3-25] ②와 같이 두 개의 캔들차트로 이루어지는데 첫 번째는 음선이고 두 번째는 긴 양선으로 앞선 음선의 저점 아래(상위 그림자를 포함)에서 시가가 형성된다. 일반적으로 두 번째 종가는 첫 번째 음선의 고가를 상향하지 않고 근접한 수준에서 형성된다.

이때 두 번째 종가가 첫 번째 음선의 고가에 많이 근접하면 할수록 상승 가능성은 더욱 높아진다. 이상적인 관통형은 두 번째 양선이 첫 번째 음선의 50% 이상을 상향하여 겹치는 경우이다.

흑운형은 관통형에 비해 더욱 신뢰도가 높다고 볼 수 있다. 또한 관통형은 상승장악형과 비교될 수 있는데 바닥에서 상승장세로의 전환 가능성이 관통형에 비해 상승장악형의 경우가 훨씬 더 높다고 볼 수 있다.

(2) 분석법

흑운형의 특징은 다음과 같다.

① 첫째 날은 상승이 지속되는 가운데 긴 양선이 출현한다.
② 둘째 날은 첫째 날의 고가보다 높은 가격으로 시가가 시작되는 음선이다.
③ 둘째 날의 종가는 첫째 날 양선의 중간 이하와 저가 사이에서 형성된다.

관통형의 특징은 다음과 같다.

① 첫째 날은 하락이 지속되는 가운데 긴 음선이 출현한다.
② 둘째 날은 첫째 날의 저가보다 낮은 가격에서 시가가 형성되는 양선이다.
③ 둘째 날의 종가는 첫째 날 양선의 중간 이상과 고가 사이에서 형성된다.

(3) 패턴분석

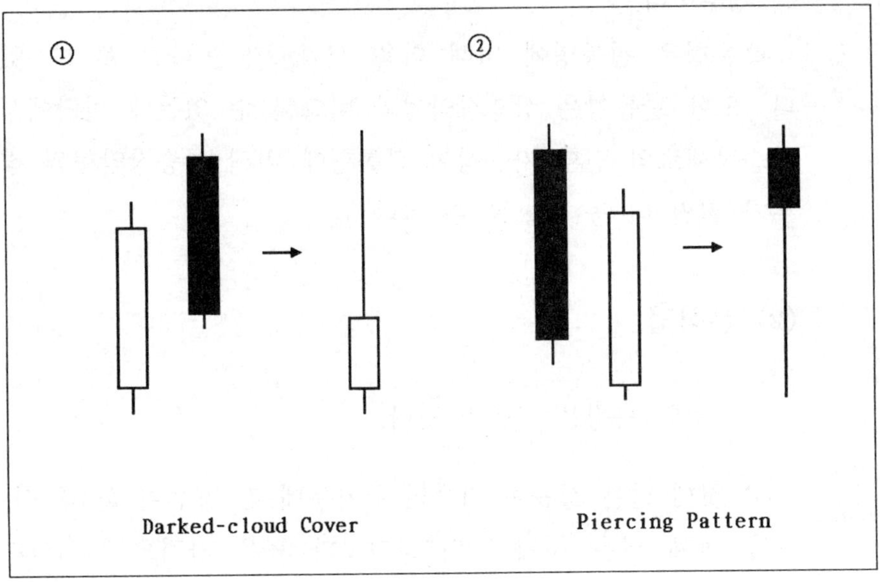

[그림 3-26] 흑운형과 관통형의 패턴분석

흑운형은 주가의 하락전환시점을 나타내는 유성형으로 변경될 수가 있으며 만일 두 번째 음선이 길게 나타나 첫 번째 양선을 포개버리면 완벽한 하락전환신호인 비석형으로 변경될 수도 있다.

관통형은 주가의 상승반전 및 상승전환시점을 나타내는 해머형으로 변경될 수 있다. 두 개의 캔들차트로 구성된 관통형이 단일 캔들차트로 축소 변경되었다 하더라도 그 역할은 충분히 수행할 수가 있다.

(4) 사 례

① 사례 1

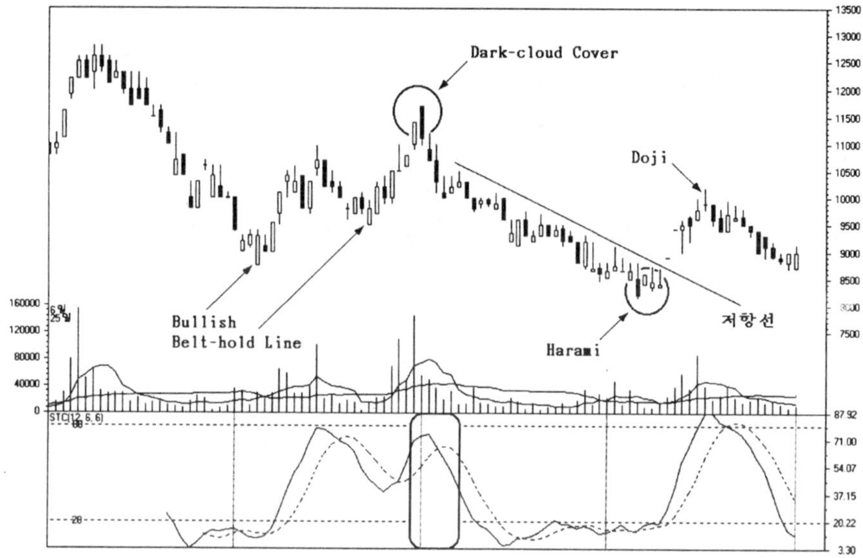

[그림 3-27] 삼애실업 일봉

중앙 상단을 보면 11,000원대까지 상승한 주가가 긴 양선에 이어 긴 음선의 흑운형을 만나면서 상승세가 멈추고 있다. 이후 하락폭이 점점 커지면서 8,000원대까지 하락하고 있다. 동일시점에서 Stochastics 지표를 보면 상승세가 하락세로 반전되고 있어 흑운형 출현이 하락반전을 예고하는 패턴임을 알 수가 있다. 좌측 및 중앙 하단을 보면 상승절단형이 나타나면서 하락세가 상승세로 전환되고 있음을 볼 수 있다.

② 사례 2

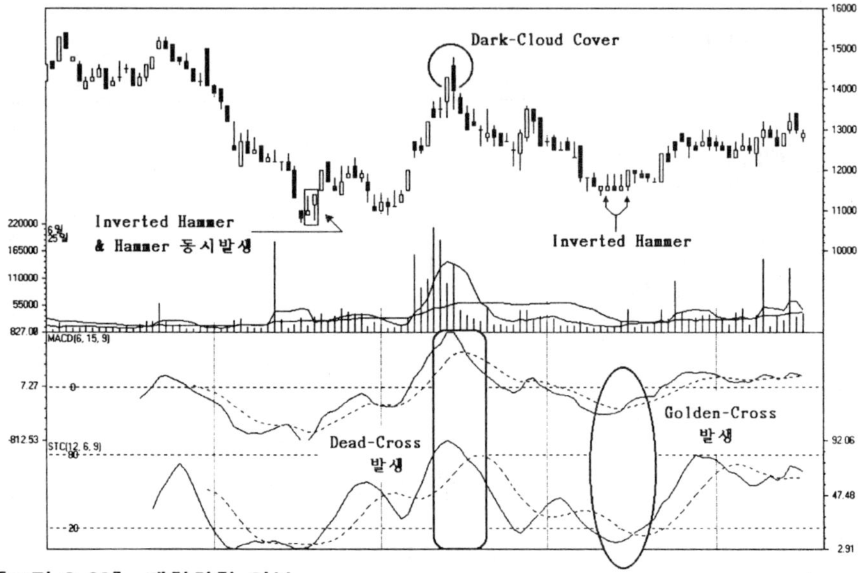

[그림 3-28] 제철화학 일봉

중앙 상단을 보면 10,000원대 주가가 상승하기 시작하여 10일 만에 14,000원대까지 상승하였으나 긴 양선 위로 검은 음선이 덮치면서 흑운형이 출현하고 있다. 이 시점 이후 거래량이 급속히 감소하고 있고 MACD와 Stochastics 지표가 하락반전하며 데드크로스가 발생하고 있어 주가의 하락이 예고되고 있다. 좌측 하단을 보면 해머가 나타나고 있고 우측 하단을 보면 반전 해머가 나타나면서 더 이상 주가하락이 지속되지 못하고 상승세로 전환되고 있다. 이 시점 이후 거래량도 소폭이나마 증가하고 있고 MACD와 Stochastics 지표도 골든크로스가 발생하며 상승하고 있다.

③ 사례 3

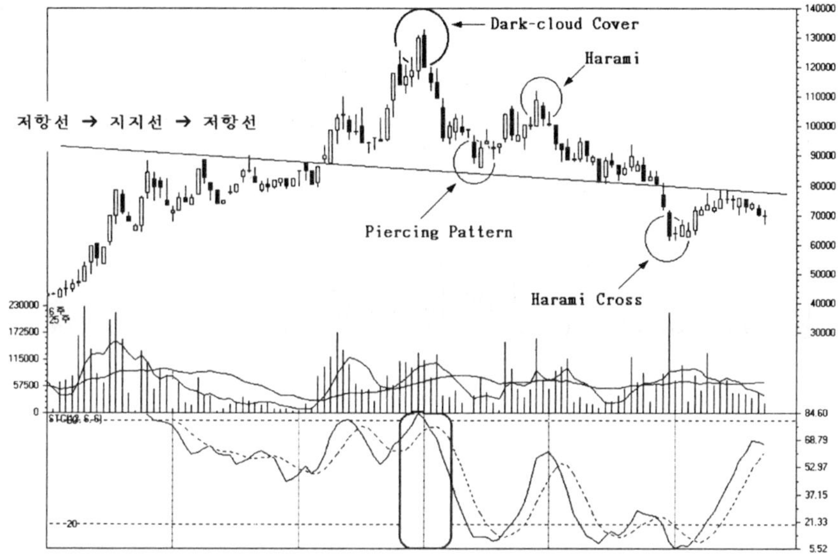

[그림 3-29] 금강고려화학 주봉

좌측 하단에서 중앙 상단을 보면 40,000원대를 저점으로 상승하기 시작한 주가가 약 1년 후에 120,000원대를 기록하는 폭발적인 상승세를 보였다. 이 시점에서 긴 양선 위로 긴 음선이 덮치면서 하락세가 상승세를 압도하듯이 음선이 연속적으로 형성되고 있다. 이후 흑운형이 출현하면서 하락하기 시작한 주가가 80,000원대에서 긴 음선에 이어 긴 양선의 관통형을 만나면서 겨우 하락세가 멈추고 있다.

장기간에 걸쳐 '저항선→지지선→저항선'으로 작용한 추세선의 형성을 볼 수 있다.

④ 사례 4

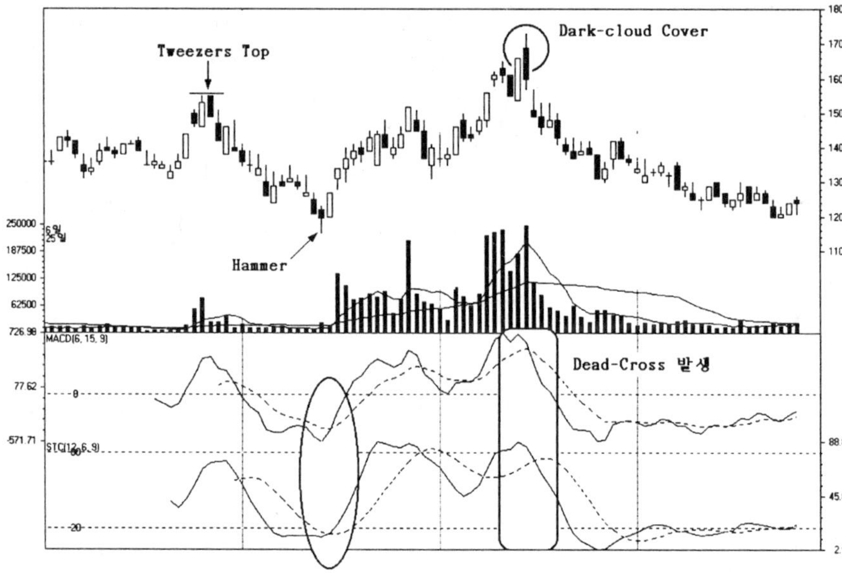

[그림 3-30] 한별텔레콤 일봉

중앙 좌측 하단을 보면 12,000원대에서 해머가 출현하면서 상승세로 전환된 주가가 거래량 증가와 더불어 한 달 후 16,000원대까지 급상승하고 있다. 그러나 긴 양선을 억누르는 긴 음선이 나타나면서 흑운형이 출현하고 있다. 이 시점 이후 거래량이 급속히 감소하고 있으며 MACD와 Stochastics 지표가 하락반전하면서 데드크로스가 발생하고 있다.

따라서 흑운형 출현시점을 전후하여 거래량 변화를 점검하고 보조지표들의 추세변화를 비교·검토하면서 주가하락 가능성을 분석해야 하겠다.

⑤ 사례 5

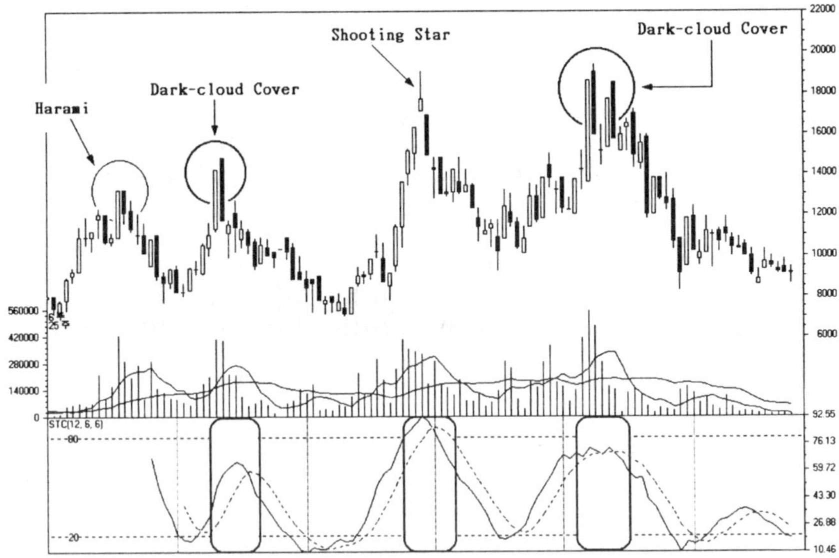

[그림 3-31] 한주전자 주봉

두 번째와 네 번째 봉우리를 보면 흑운형이 출현하면서 주가가 상승세에서 하락세로 반전되고 있다. 이 시점 이후 거래량이 감소하고 있으며 Stochastics 지표도 하락반전하고 있어 주가의 하락세가 예고되고 있다. 세 번째 봉우리에서는 유성형이 나타나면서 상승세가 급반전되고 있으며 동일시점에서 Stochastics 지표도 급반전되고 있어 향후 주가의 하락을 쉽게 예측해 볼 수가 있다. 일정추세가 진행되는 도중 반전형 패턴이 출현하였다면 동일시점에서 보조지표들의 움직임을 파악해 보고 신중하게 반전패턴의 의미를 분석해 보는 것이 바람직하다.

⑥ 사례 6

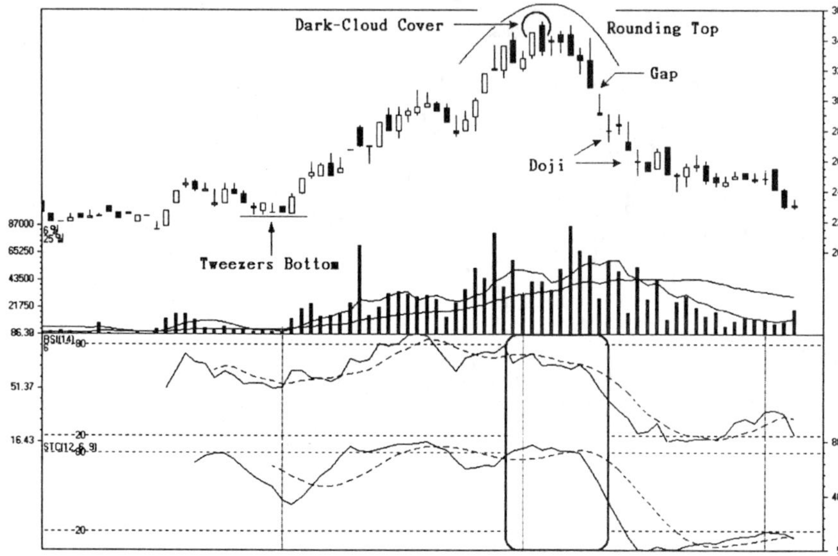

[그림 3-32] 신흥 일봉

중앙 상단을 보면 상승하던 주가가 둥그런 원형천정을 그리면서 완만하게 하락세로 반전하고 있다. 하락세로 전환되는 34,000원대 정점에서 긴 양선을 억누르는 긴 음선이 나타나면서 흑운형이 출현하고 있어 조만간 주가하락을 예고해 볼 수가 있다. 더불어 이 시점을 전후하여 RSI와 Stochastics 지표가 하락하고 있어 주가하락에 대한 가능성은 높아지고 있다. 좌측 하단을 보면 집게형저점이 나타나면서 주가하락이 멈추고 상승세로 반전되고 있으며 이후 거래량이 큰 폭으로 증가하고 있다.

⑦ 사례 7

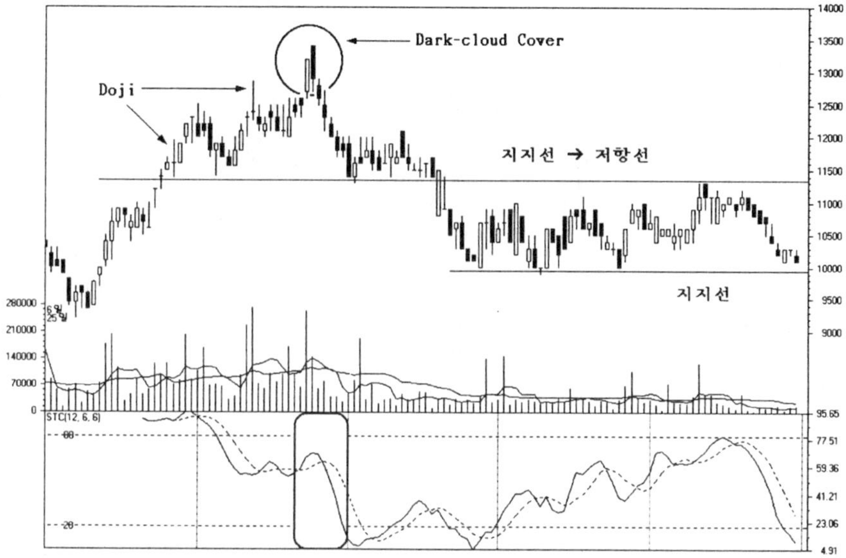

[그림 3-33] 극동건설 일봉

좌측 하단에서 상단부분에 걸쳐 9,000원대에 저점을 형성한 주가가 약 40여 일 후 13,000원대까지 큰 폭으로 상승하였다. 이때 긴 양선에 이어 긴 음선의 흑운형이 출현하면서 상승세가 마무리되고 있다. 이후 거래량 감소세가 현저하고 음선이 연속 나타나면서 주가하락을 재촉하고 있다. 이 시점에서 Stochastics 지표도 하락세로 반전되고 있어 당분간 주가 하락이 지속될 것으로 판단된다. 11,500원대에서 '지지선→저항선'으로 작용한 추세선이 형성되어 있으며 또한 10,000원대에서 형성된 지지선을 볼 수 있다.

⑧ 사례 8

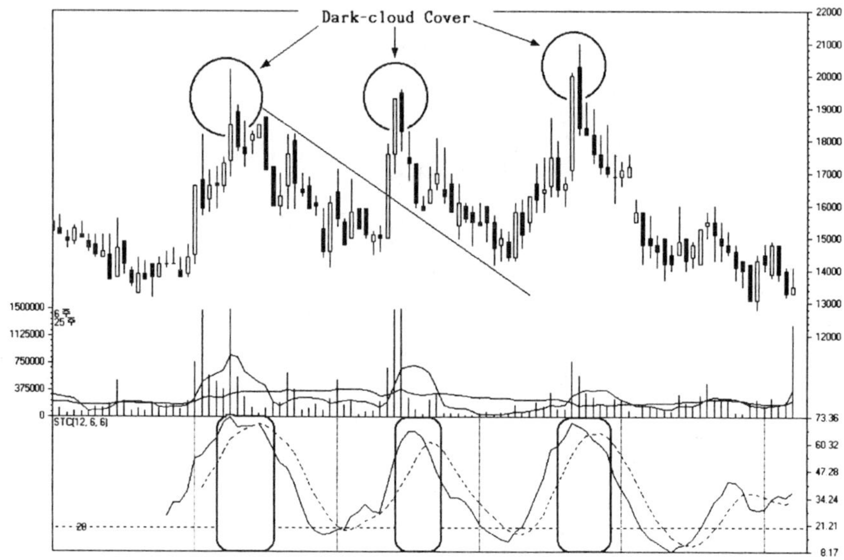

[그림 3-34] 하나은행 주봉

세 개의 봉우리를 보면 고점에서 연속으로 흑운형이 출현하고 있다. 이 과정에서 주가가 13,000원~14,000원대를 저점으로 20,000원대를 고점으로 등락을 보이고 있다. 고점에서 흑운형을 형성한 이후에는 거래량이 급속히 감소하고 있으며 Stochastics 지표가 더 이상 상승하지 못하고 하락세로 반전하면서 데드크로스가 발생하고 있어 조만간 주가하락을 예고하고 있다. 따라서 일정기간 상승세가 지속된 이후 흑운형이 출현하게 되면 곧이어 상승세가 마무리되고 하락세로 전환되리라 예고해 볼 수 있다.

⑨ 사례 9

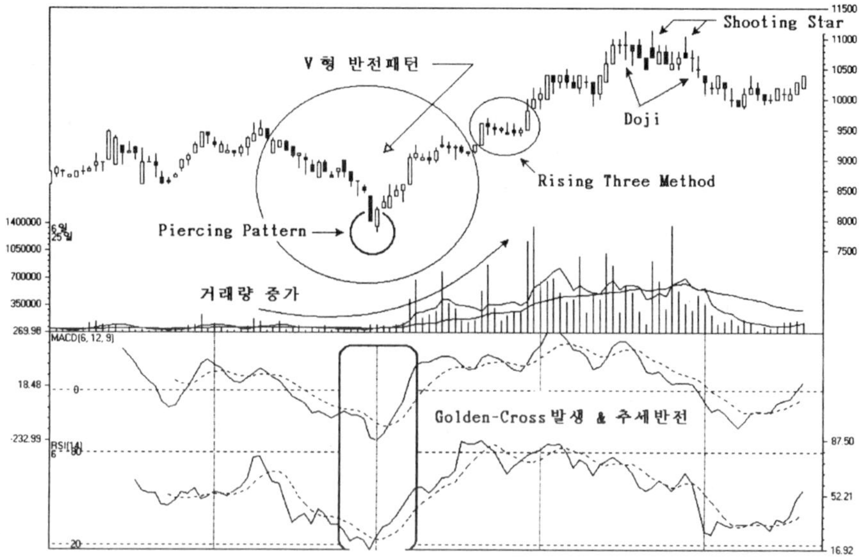

[그림 3-35] 한국외환은행 일봉

흑운형이 상승추세를 하락추세로 전환시키는 반전패턴이라면 반대로 관통형은 하락추세를 상승추세로 전환시키는 반전패턴이다. 중앙 하단을 보면 급속히 하락추세가 진행되는 도중 긴 음선 밑에서 긴 양선이 떠오르며 관통형이 출현하고 있다. 이 시점 이후 거래량이 증가하기 시작하면서 하락추세가 상승추세로 급반전하며 V형 반전패턴을 형성하고 있다.

동일시점에서 MACD와 RSI 지표가 추세전환하며 골든크로스가 발생하고 있어 향후 주가상승 가능성을 높여주고 있다.

⑩ 사례 10

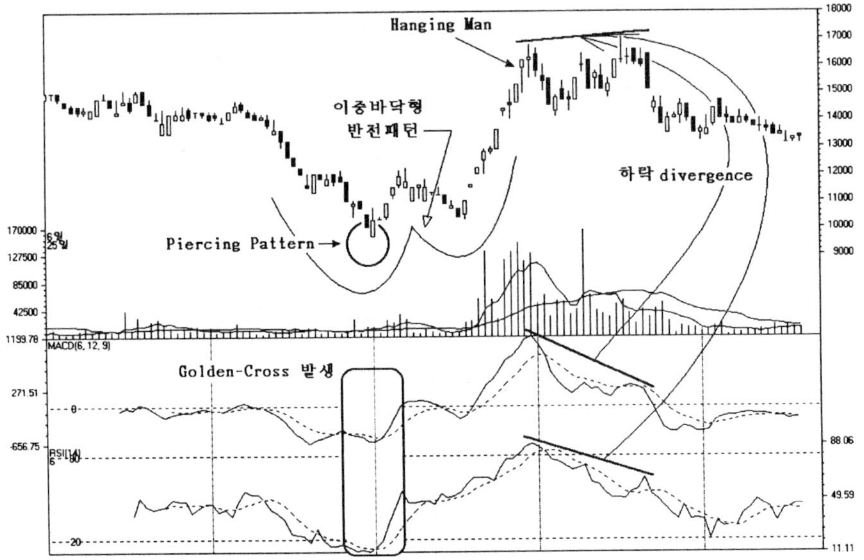

[그림 3-36] 신세계종금 일봉

좌측을 보면 15,000원대 주가가 음선이 연속 나타나며 큰 폭으로 하락하던 도중 10,000원대에서 아래에서부터 긴 양선이 떠오르며 관통형이 출현하고 있다. 이 시점에서 MACD와 RSI 지표가 상승반전하며 골든크로스가 발생하고 있어 조만간 상승세로 전환될 가능성을 높여주고 있다.

관통형이 출현한 이후 주가움직임이 이중바닥형을 형성하고 있으며 거래량 감소와 더불어 하락 다이버전스가 발생하고 있음을 볼 수 있다.

제 4 장

별 형

별형(star)은 대표적인 전환패턴 중 하나이다. 별형은 긴 양선 또는 음선과 일정 갭(gap)을 두고 발생한 작은 몸체로서 서로 겹치지 않는다. 별형의 몸체 색깔은 양선 또는 음선이 될 수 있으므로 몸체의 색깔은 중요하지가 않다. 별형은 상승추세의 막바지인 꼭대기나 하락추세의 막바지인 바닥에서 발생한다. 때로는 작은 몸체 대신에 +(doji)가 발생할 수도 있는데 이 형태를 +별형(doji star)이라 부른다.

별형, 특히 +별형은 이제까지의 상승 및 하락추세가 막바지에 이르고 있음을 알려주는 경고신호이다. 별형의 작은 몸체는 매수세와 매도세 사이의 줄다리기가 마무리되어 가고 있음을 나타낸다. 상승추세에서 긴 양선 이후 별형이 출현하는 것은 매수세·매도세가 서로 교착상태로 인해 매수세력이 변해가고 있는 신호이다. 이런 상황은 매수세력의 감소와 매도세력의 증가로 인해 발생하는데, 결론적으로 별형은 이제까지의 매수세력이 사라져 없어지고 시장이 하락으로 역전되어 가고 있음을 말해준다.

하락추세에서 긴 음선 이후 별형이 출현하는 것은 매수세·매도세가 서로 교착상태로 인해 매도세력이 변해가고 있는 신호이다. 이런 상황은 매도세력의 감소와 매수세력의 증가로 인해 발생하는데, 결론적으로 별형은 이제까지의 매도세력이 사라져 없어지고 시장이 상승으로 역전되어 가고 있음을 말해준다.

별형은 다음 4가지 전환패턴으로 구성되어 있다.

- 샛별(morning star)
- 저녁별(evening star)
- +별형(doji star)
- 유성(shooting star)

1. 샛별과 저녁별

(1) 요 약

샛별은 하락추세에서 상승추세로 전환될 때 발생하며 저녁별은 상승추세에서 하락추세로 전환될 때 발생한다. 샛별이라 부르는 이유는 샛별(the planet Mercury)이 일출을 예고하듯이 샛별이 가격의 상승을 예고하기 때문이다. 샛별은 [그림 4-1] ①과 같이 긴 음선 이후에 일정 갭을 두고 발생한 작은 몸통(양선 또는 음선)과 첫 번째 음선의 영역 안에서 움직인 양선으로 구성되어 있다.

긴 음선을 보게 되면 하락추세가 지속되고 있는 과정으로 판단할 수 있으나 작은 양선 또는 음선의 몸통이 나타나게 되면 매도세력이 더 이상 낮은 가격으로 매도를 원하지 않는 경우이다. 곧이어 강한 양선이 출현함으로써 시장이 상승세로 전환되었음을 예고해 준다.

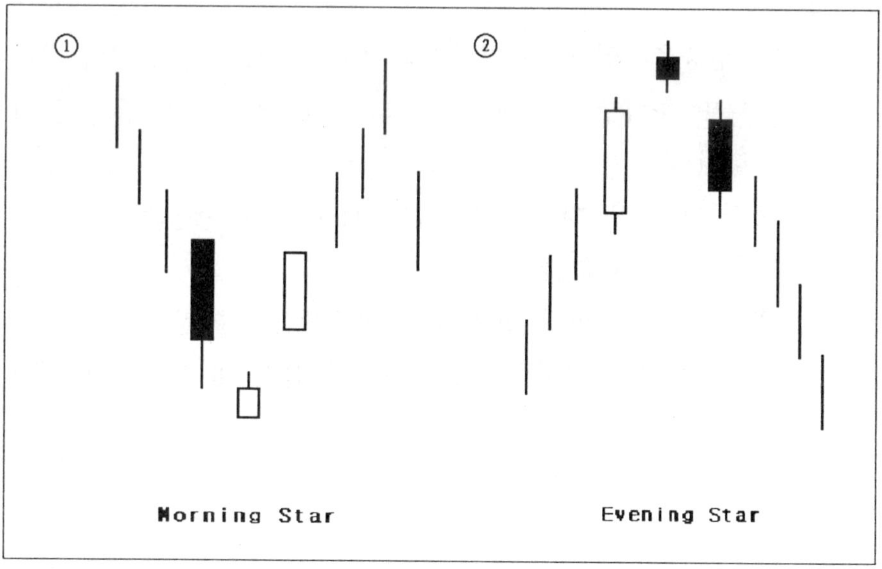

[그림 4-1] 샛별과 저녁별

저녁별은 샛별과 반대의 경우로서 어두워지기 전에 저녁별(the planet Venus)이 막 나타나는 데서 붙여진 이름이다. 저녁별은 [그림 4-1] ②와 같이 상승하는 도중에 긴 양선이 출현하고 곧이어 양선 또는 음선의 작은 몸체가 출현하는 경우이다. 세 번째는 음선으로 두 번째의 작은 몸통과는 서로 겹치지 않고 첫 번째의 긴 양선의 범위 안에서 종가가 형성된다.

(2) 분석법

저녁별과 샛별의 특징은 다음과 같다.

① 상승추세일 때는 저녁별의 첫째 날로서 긴 양선이 나타나며 하락추세일 때는 샛별의 첫째 날로서 긴 음선이 나타난다.
② 둘째 날은 항상 첫째 날과 갭을 두고 형성되나 색깔은 중요하지가 않다.
③ 셋째 날은 항상 첫째 날과 반대색깔을 가진다.
④ 첫째 날과 셋째 날은 대부분 긴 음선 및 양선으로 형성된다.

(3) 패턴분석

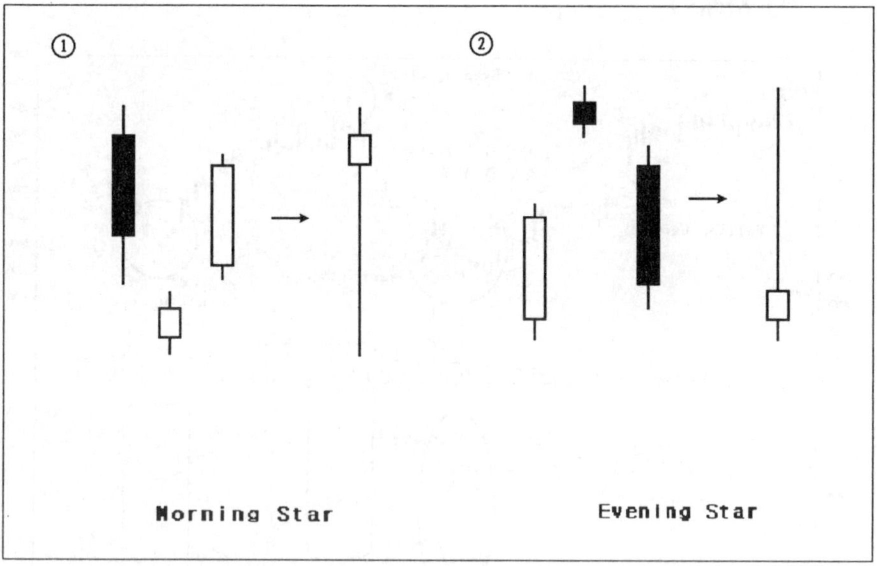

[그림 4-2] 샛별과 저녁별의 패턴분석

저녁별형은 주가의 하락전환시점을 나타내는 유성형으로 변경될 수가 있으며 만일 세 번째 음선이 길게 나타나 첫 번째 양선을 포개버리면 완벽한 하락전환신호인 비석형으로 변경될 수도 있다.

샛별형은 주가의 상승반전 및 상승전환시점을 나타내는 해머형으로 변경될 수 있다. 세 개의 캔들차트로 구성된 샛별형과 저녁별형이 단일 캔들차트로 축소 변경되었다 하더라도 그 역할은 충분히 수행할 수 있다.

(4) 사 례

① 사례 1

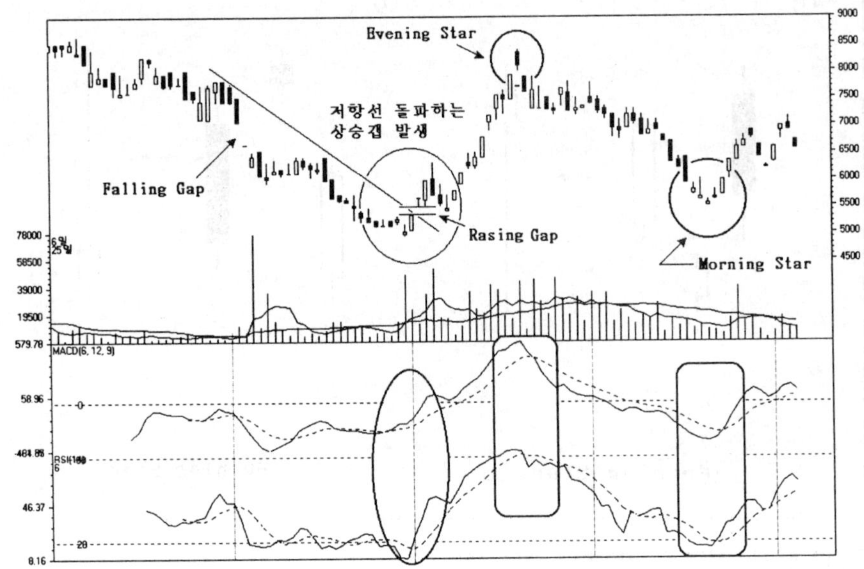

[그림 4-3] 환영철강 일봉

중앙 상단부분을 보면 7,500원대에서 긴 양선에 이어 상승갭을 동반한 음선이 나타나고 이어 하락반전하며 음선이 나타나면서 저녁별형이 출현하고 있다. 이로써 주가의 상승추세가 하락추세로 반전하고 있다. 4,000원대를 저점으로 상승하기 시작한 주가가 8,000원대를 고점으로 저녁별이 출현하면서 주가가 하락반전하고 있다. 동일시점에서 MACD와 RSI가 하락반전하고 데드크로스가 발생하고 있어 하락반전 가능성을 높여준다.

② 사례 2

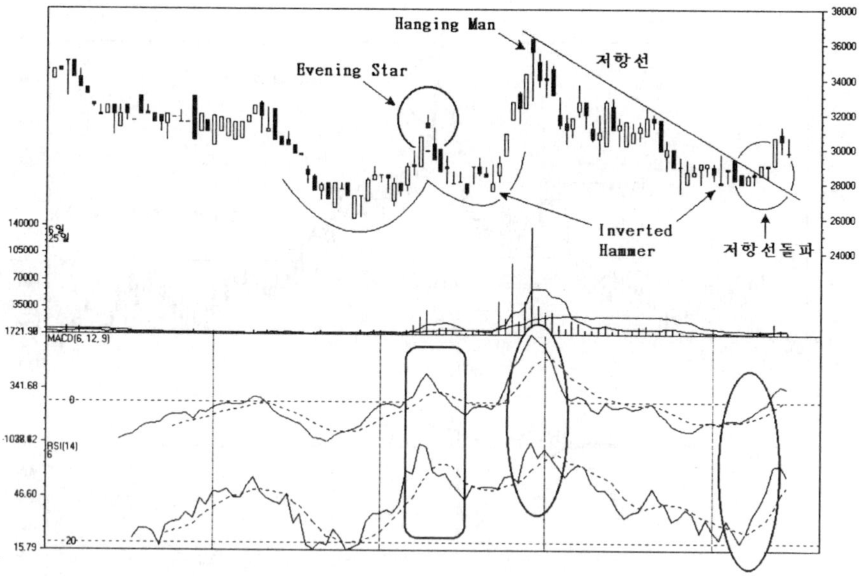

[그림 4-4] 삼화전기 일봉

중앙 하단부분을 보면 26,000원대를 저점으로 상승하기 시작한 주가가 30,000원대를 넘어서면서 긴 양선에 이어 작은 음선이 나타나고 있다. 이렇게 저녁별이 출현하면서 주가움직임이 하락세로 전환되고 있다. 이 시점을 전후하여 거래량이 소폭이나마 증가하였으나 출현 이후 급감하고 있으며 보조지표인 MACD와 RSI가 상승세를 멈추고 급하게 하락전환하고 있다. 이후 36,000원대를 고점으로 대량거래를 동반한 행잉맨이 출현하면서 추세가 하락전환하고 있다. 이 시점 이후 거래량이 크게 감소하고 있으며 MACD와 RSI 지표가 하락전환하고 있다.

③ 사례 3

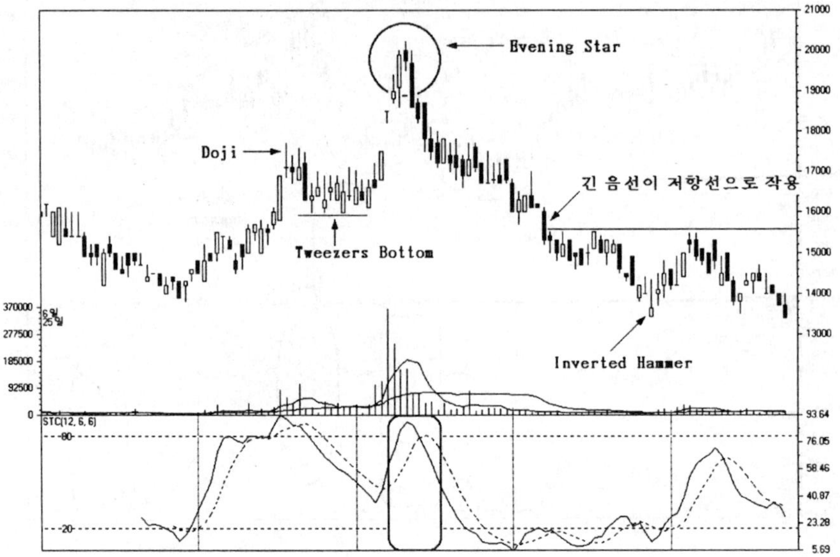

[그림 4-5] 두산건설 일봉

좌측 하단을 보면 14,000원대에서 1개월 이상 상승하기 시작한 이후 주가가 19,000원대에서 긴 양선과 작은 음선 그리고 긴 음선으로 이어지는 저녁별이 출현하면서 상승추세가 하락반전되고 있다.

동일시점에서 Stochastics도 반전되면서 데드크로스가 발생하고 있어 향후 주가하락 가능성을 예고하는 듯하다.

우측 하단을 보면 반전해머가 출현하면서 장기간에 걸친 하락세가 멈추고 있음을 볼 수가 있다.

④ 사례 4

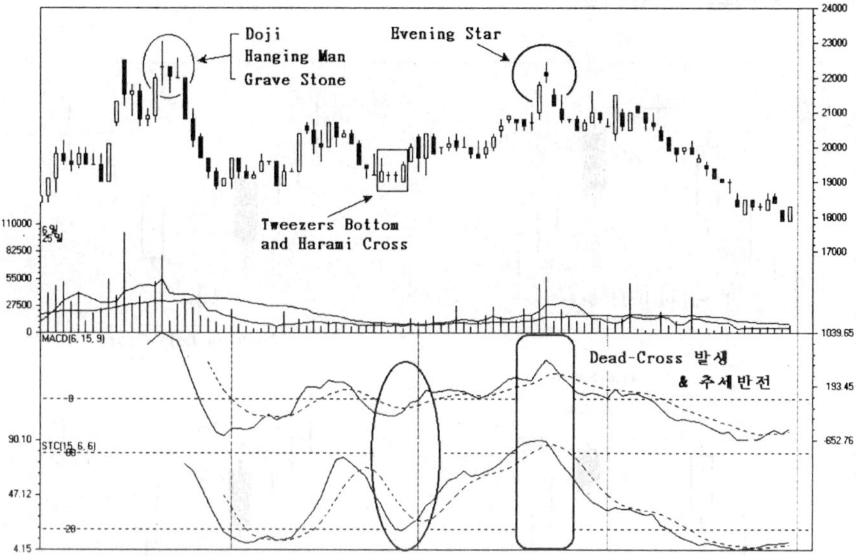

[그림 4-6] 한불종금 일봉

중앙 하단을 보면 18,000원대에서 완만하게 상승하던 주가가 21,000원대까지 상승한 후 저녁별을 만나면서 하락세로 반전되고 있다. 동일시점에서 MACD와 Stochastics의 상승세가 반전되면서 데드크로스가 발생하고 있어 주가하락 가능성을 더욱 높여주고 있다.

참고로 좌측 상단을 보면 22,000원대에서 얼레와 행잉맨 그리고 비석형이 연속으로 발생하면서 상승추세가 멈추고 하락추세로 반전되고 있음을 볼 수가 있다.

2. +샛별과 +저녁별

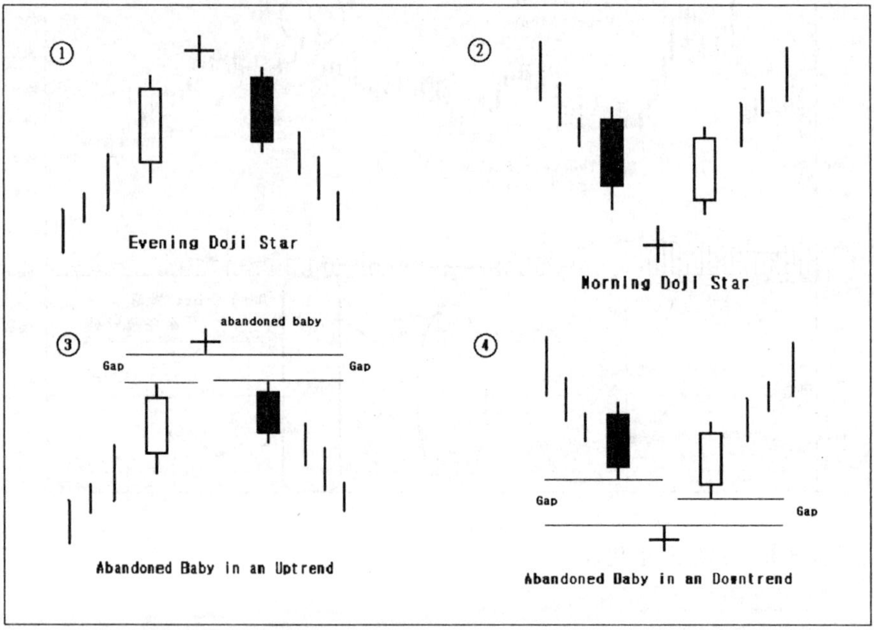

[그림 4-7] +샛별과 +저녁별, 상승과 하락 시 버림받은 +형

(1) 요 약

상승장세에서 양선 위에 갭을 두고 +가 발생하거나 또는 하락장세에서 음선 아래에 갭을 두고 +가 발생할 경우 이 +를 +별형이라 부른다. +별형은 이제까지 진행되어 온 추

세가 전환되는 경고신호로 받아들일 수 있다.

+별형은 [그림 4-7] ①과 같이 상승추세에서 발생하여 하락추세로 전환되는 +저녁별과 [그림 4-7] ②와 같이 하락추세에서 발생하여 상승추세로 전환되는 +샛별이 있다.

[그림 4-7] ③은 abandoned baby top을 보여주고 있으며 +별형이 양선과 사이에 상승갭이 발생하고 이후 음선과 사이에 하락갭이 발생한 것이다. 이 형태는 상승추세에서 발생하는 중요한 하락전환패턴이다.

[그림 4-7] ④는 abandoned baby bottom을 보여주고 있으며 +별형이 음선과 사이에 하락갭이 발생하고 이후 양선과 사이에 상승갭이 발생한 것이다. 이 형태는 하락추세에서 발생하는 중요한 상승전환패턴이다.

(2) 분석법

+별형의 특징은 다음과 같다.

① 여러 반전패턴에서 보듯이 첫째 날의 색깔은 시장의 추세를 반영한다.
② 둘째 날은 +이어야만 한다.
③ 셋째 날은 첫째 날의 색깔과 정반대이어야 한다.

(3) 패턴분석

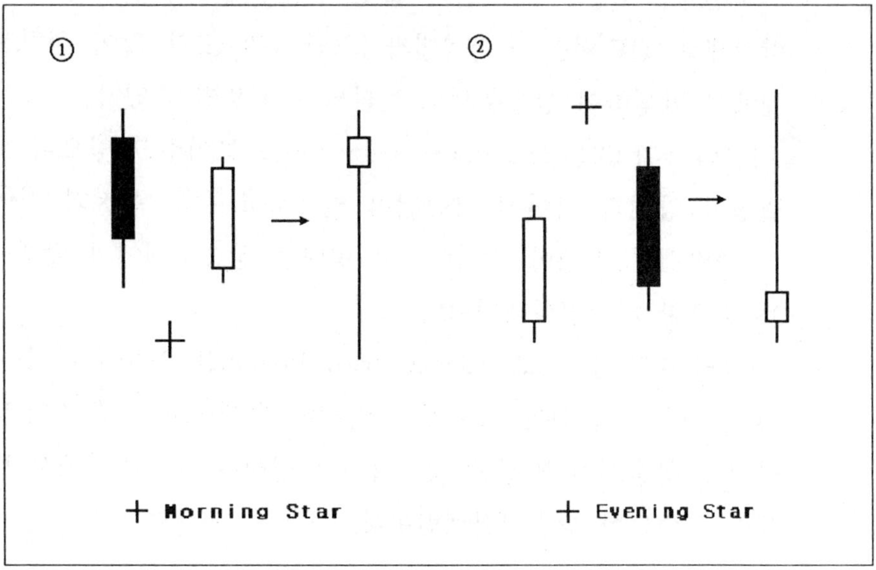

[그림 4-8] +샛별과 +저녁별의 패턴분석

+샛별형은 주가의 상승반전 및 상승전환시점을 나타내는 해머형으로 변경될 수가 있으며 때로는 잠자리 얼레로 나타날 수도 있다. +저녁별형은 주가의 하락전환시점을 나타내는 유성형으로 변경될 수가 있으며 때로는 비석형으로 변경될 수도 있다.

+샛별과 +저녁별형의 세 번째 양선과 음선의 종가가 첫 번째 시가에 가깝게 형성되면 될수록 주가의 전환 가능성은 더욱 커진다.

(4) 사 례

① 사례 1

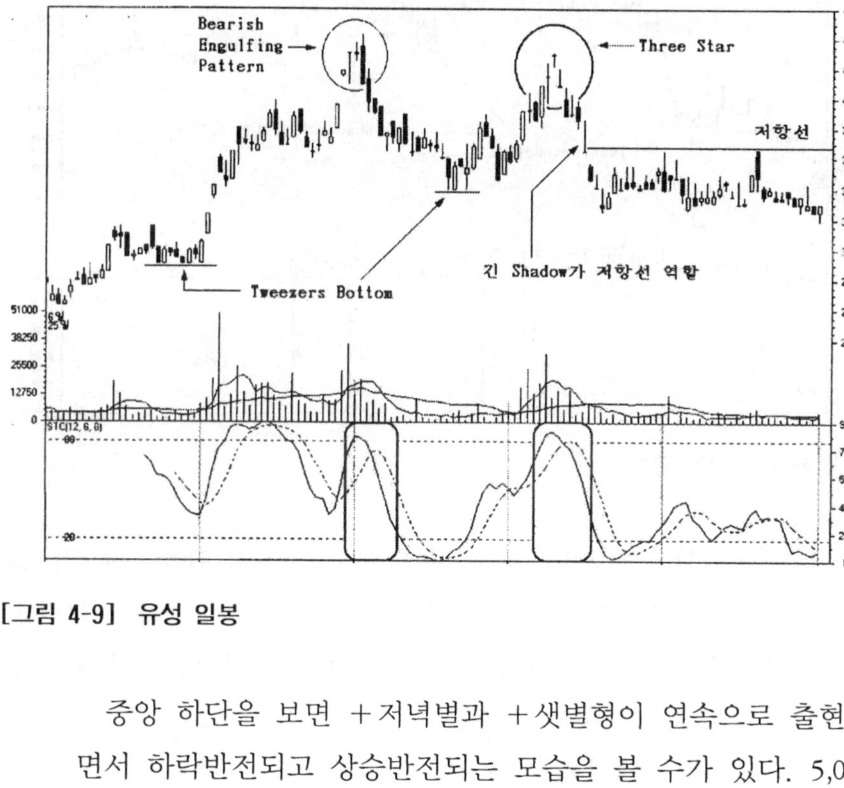

[그림 4-9] 유성 일봉

중앙 하단을 보면 +저녁별과 +샛별형이 연속으로 출현하면서 하락반전되고 상승반전되는 모습을 볼 수가 있다. 5,000원대를 저점으로 +샛별형 출현과 함께 상승하기 시작한 주가가 9,000원대에서 행잉맨이 출현할 때까지 큰 폭으로 상승하고 있다. 이 시점에서 Stochastics 지표가 상승반전하고 있어 주가의 상승 가능성을 예고해 주고 있다.

② 사례 2

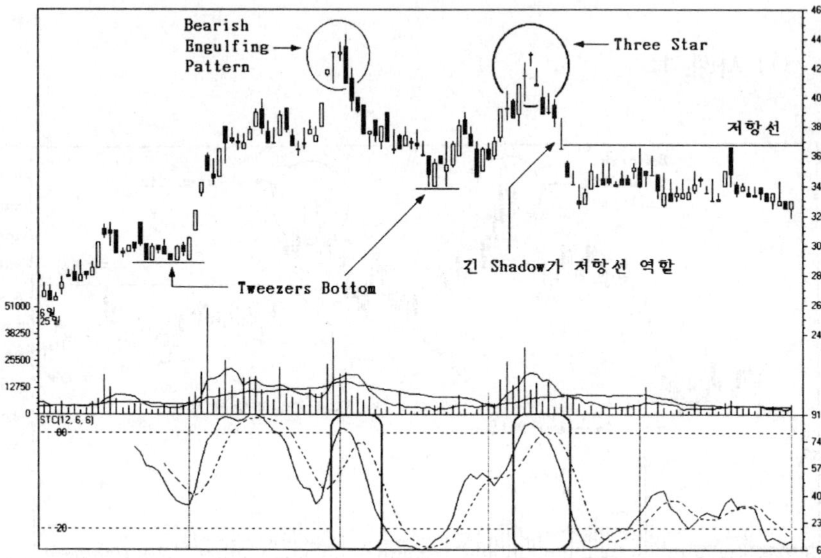

[그림 4-10] 한농 일봉

우측 상단을 보면 세 개의 얼레로 형성된 Three Star가 출현하고 있다. Three Star의 출현으로 상승하던 주가가 하락반전되고 있으며 이 시점에서 Stochastics도 하락반전되면서 데드크로스가 발생하고 있다.

좌측 상단에서는 하락장악형의 출현으로 주가가 하락반전되고 있으며, 집게형 출현으로 이후 주가가 상승세로 반전되고 있음을 볼 수 있다.

참고로 우측 중앙부분을 보면 하락하는 도중 발생한 긴 그림자가 저항선으로 작용하고 있음을 볼 수 있다.

③ 사례 3

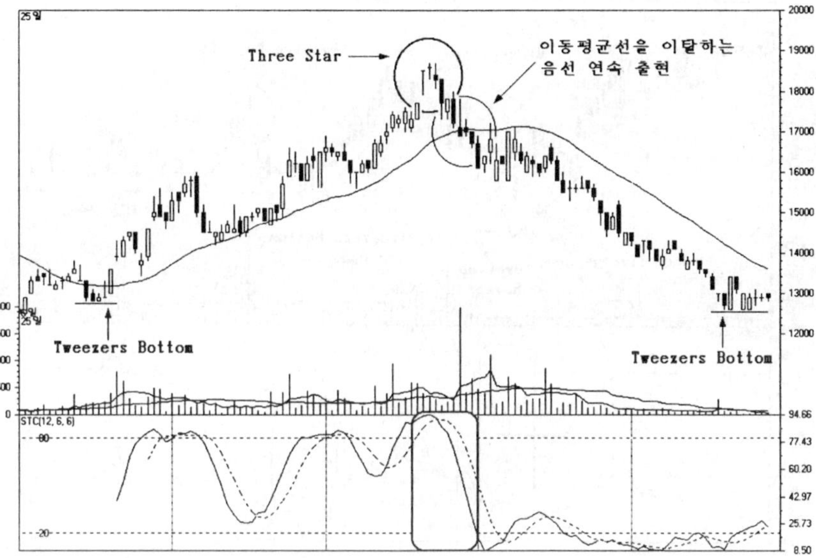

[그림 4-11] 호남석유화학 일봉

중앙부분 상단을 보면 장기간 상승세가 지속된 이후 세 개의 얼레가 연속으로 나타나면서 Three Star가 출현하고 있다. Three Star 출현으로 주가의 상승세가 더 이상 이어지지 못하고 하락세로 반전되고 있다. 이후 음선이 연속해서 출현하면서 주가25일 이동평균선을 하향이탈하고 있어 본격적인 하락장세로 진입하고 있다.

이 시점에서 Stochastics 지표의 하락세가 급속하게 이루어지고 있어 향후 주가하락 가능성을 더욱 높여주고 있다.

④ 사례 4

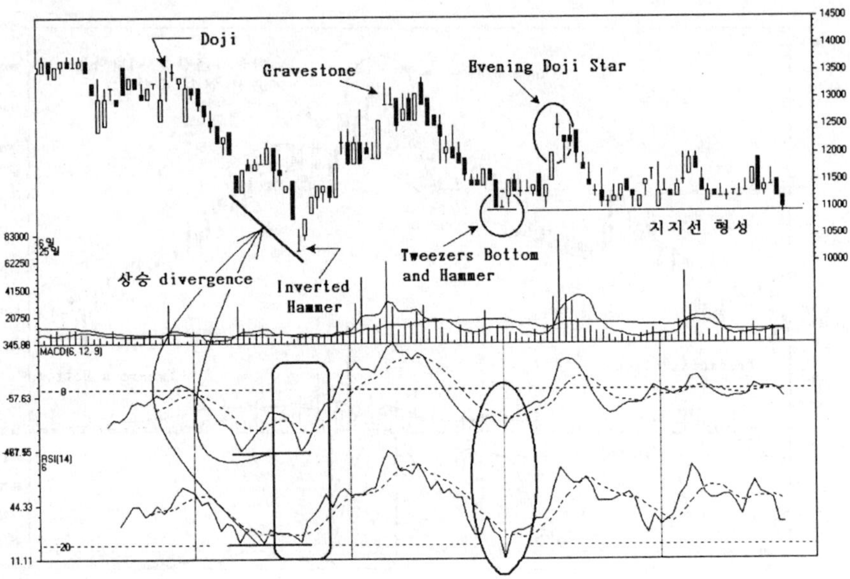

[그림 4-12] 삼광유리 일봉

우측 상단을 보면 상승세를 보이던 주가가 +저녁별을 만나면서 더 이상 상승세가 유지되지 못하고 하락반전되고 있다.

좌측 하단을 보면 주가가 큰 폭으로 하락하는 도중 상승 다이버전스가 발생하고 있으며 막바지에 반전해머가 출현하면서 상승세로 급반전하고 있다.

이후 고점에서 비석형을 만나면서 상승세가 지속되지 못하고 매도세가 매수세를 압도하는 장세로 전환되고 있다.

⑤ 사례 5

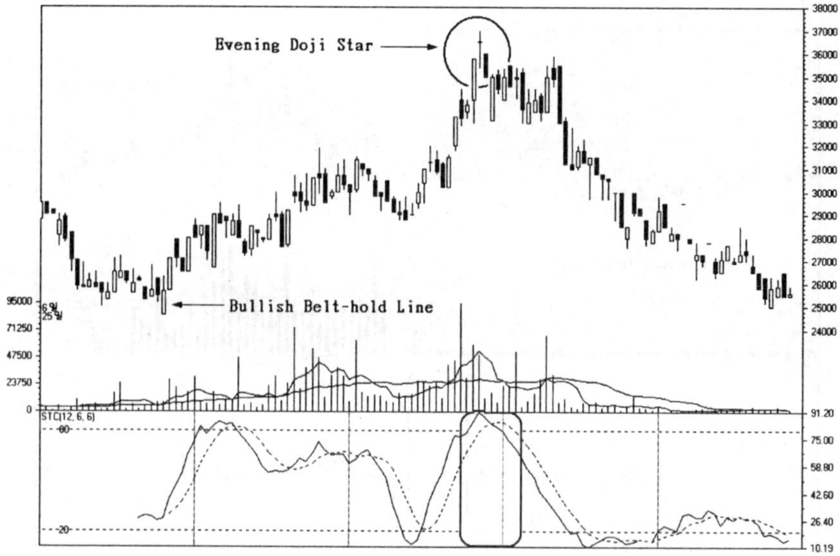

[그림 4-13] 경동보일러 일봉

중앙 상단을 보면 35,000원대를 전후하여 긴 양선과 얼레에 이어 긴 음선이 나타나면서 +저녁별이 출현하고 있다. 이후 지금까지의 상승추세가 유지되지 못하고 하락추세로 전환되고 있다. 동일시점에서 Stochastics 지표도 하락반전되면서 데드크로스가 발생하고 있어 주가하락에 대한 가능성을 높여주고 있다. 참고로 좌측 하단에서는 상승절단형이 출현하면서 저점 확인과 더불어 주가가 상승반전되고 있다. 이 시점에서 Stochastics 지표도 상승반전되면서 상승전환을 확인시켜 주고 있다.

⑥ 사례 6

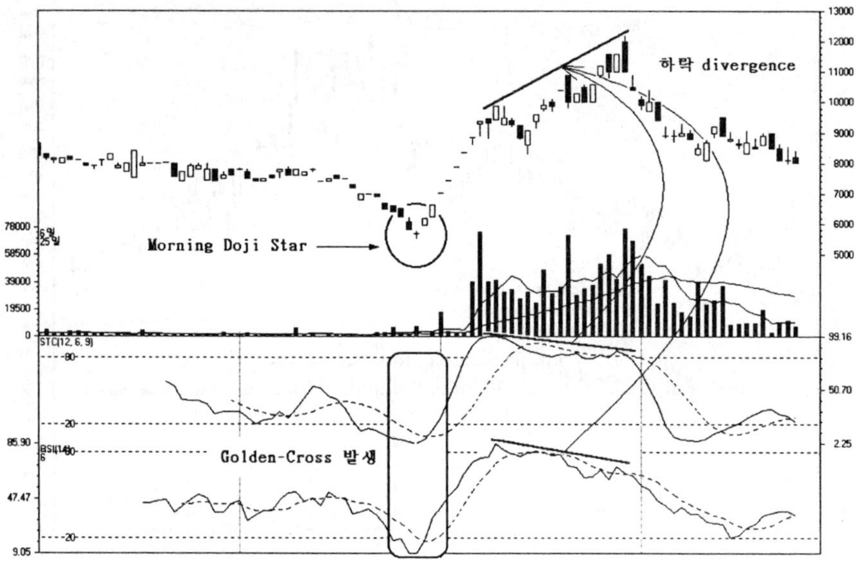

[그림 4-14] 한주전자 일봉

중앙 하단부분을 보면 지속적으로 하락하던 주가가 +샛별형이 출현하면서 상승추세로 급반전되고 있다. 이 시점에서 Stochastics와 RSI 지표 역시 침체권에서 벗어나면서 골든크로스가 발생하고 있어 +샛별형 발생으로 인한 상승반전 가능성을 높여주고 있다.

우측 상단에서는 주가는 상승하고 있는데 Stochastics와 RSI 지표가 하락하면서 하락 다이버전스가 발생하고 있어 향후 주가하락 가능성을 예고해 주고 있다.

⑦ 사례 7

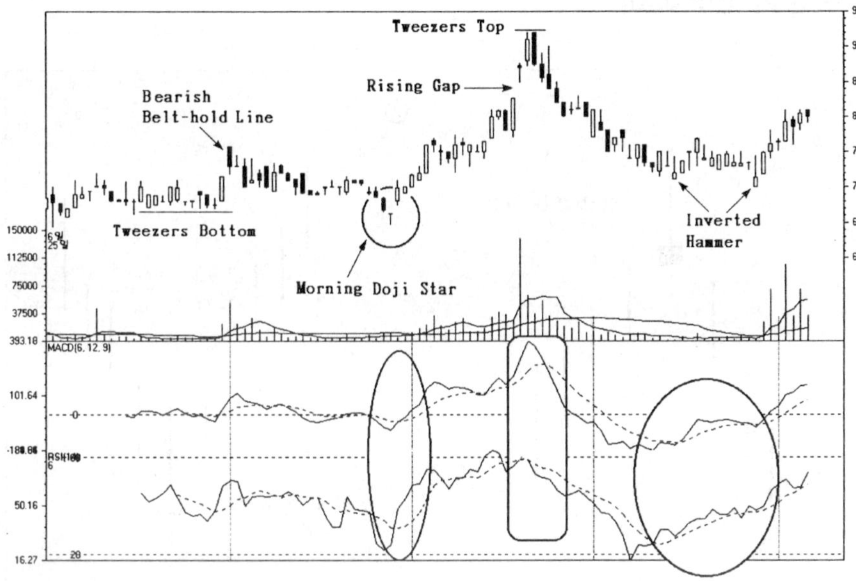

[그림 4-15] 코미트신용금고 일봉

중앙 하단을 보면 ＋샛별형이 출현하면서 완만하게 하락하던 주가가 상승세로 반전되었다.

동일시점에서 MACD와 RSI 지표도 완만한 하락세에서 급반전하며 상승세로 돌아서고 있어 ＋샛별형 출현으로 저점 확인과 더불어 향후 주가상승을 미리 예측해 볼 수 있는 시점이라 여겨진다.

중앙 상단을 보면 집게형고점이 출현하면서 상승추세가 더 이상 이어지지 못하고 하락반전되고 있음을 볼 수가 있다.

3. 유성과 반전해머

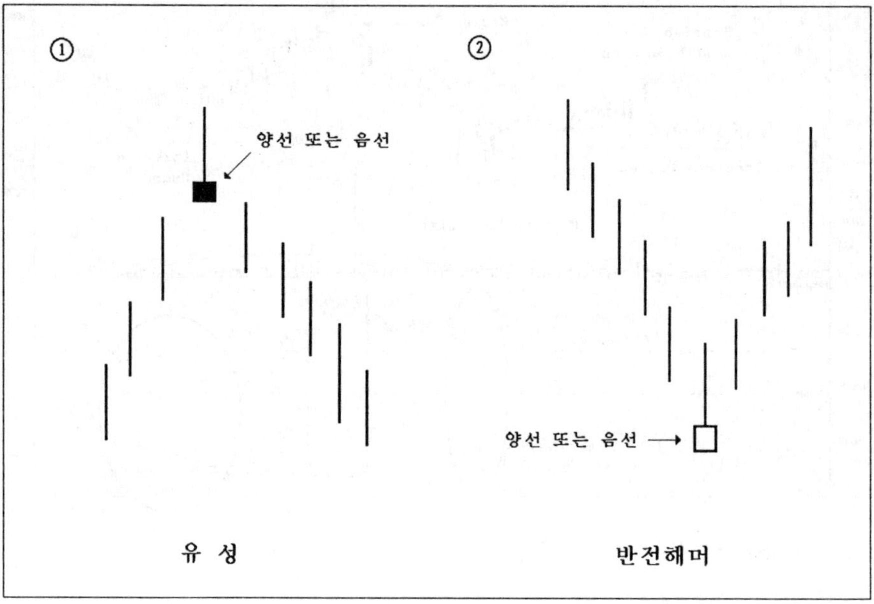

[그림 4-16] 유성과 반전해머

(1) 요 약

유성(shooting star)은 현장세가 꼭대기에 임박했다는 경고 신호이다. [그림 4-16] ①의 유성은 저녁별처럼 중요한 반전신호는 아니지만 긴 위 그림자를 가지고 있고 저가 부근에 작은 몸통(양선 또는 음선)을 가지고 있다.

유성은 시가가 저가이며 장중 고점을 형성하나 종가가 저가 부근으로 강하게 되밀리면서 형성되는 패턴으로 장세의 회복이 지속되지 못한 경우이다.

[그림 4-16] ②와 같이 장세가 하락하는 도중 유성이 출현하면 상승 반전신호로 인식할 수 있다. 이런 형태를 반전해머(inverted hammer)라 부른다. 반전해머는 유성과 같은 모양을 가지고 있지만 유성은 정상에서 하락반전신호로 반전해머는 바닥에서 상승전환신호로 작용하고 있다.

(2) 분석법

유성의 특징은 다음과 같다.

① 작은 몸통이 저가 가까이에 형성되어 있다.
② 상승추세에서 갭이 발생하며 시가가 형성된다.
③ 위 그림자는 최소한 몸통 길이의 세 배 이상이다.
④ 아래 그림자는 사실상 존재하지 않는다.

반전해머의 특징은 다음과 같다.

① 작은 몸통이 저가 가까이에 형성되어 있다.
② 하락추세에서 형성되는 경우 갭을 필요로 하지는 않는다.
③ 위 그림자는 대체로 몸통 길이의 두 배 이상이다.
④ 아래 그림자는 사실상 존재하지 않는다.

(3) 사 례

① 사례 1

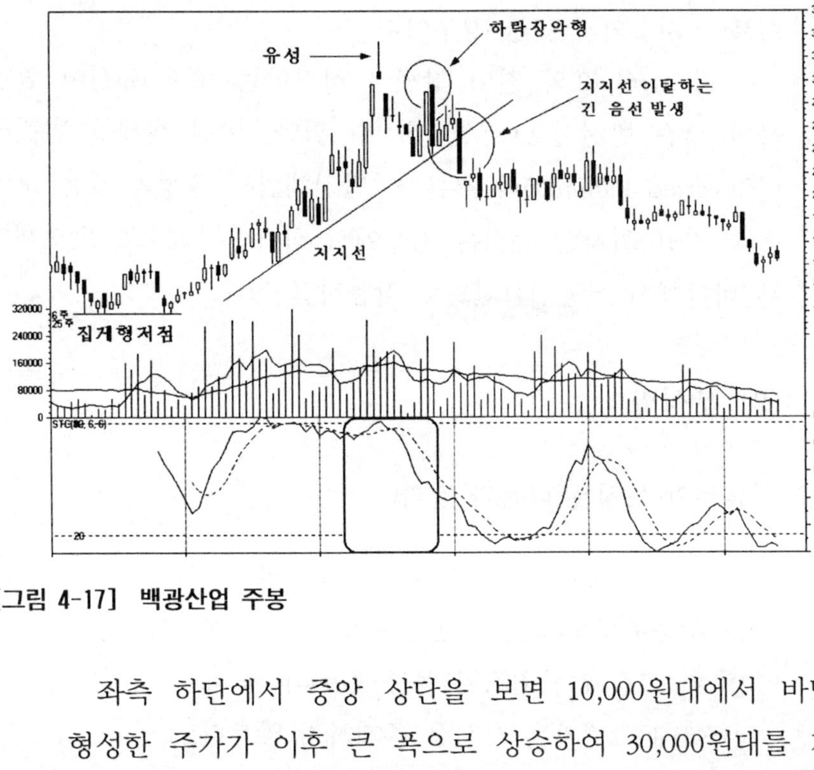

[그림 4-17] 백광산업 주봉

좌측 하단에서 중앙 상단을 보면 10,000원대에서 바닥을 형성한 주가가 이후 큰 폭으로 상승하여 30,000원대를 기록하고 있다. 그러나 유성을 만나면서 주가는 더 이상 상승하지 못하고 하락반전하고 있다. 동일시점에서 Stochastics 지표도 과열권에서 Failure 현상을 보인 후 과열권을 급하게 이탈하고 있어 향후 주가하락 가능성을 높여주고 있다.

이후 장기간에 형성된 지지선을 이탈하는 긴 음선이 발생하고 있다.

② 사례 2

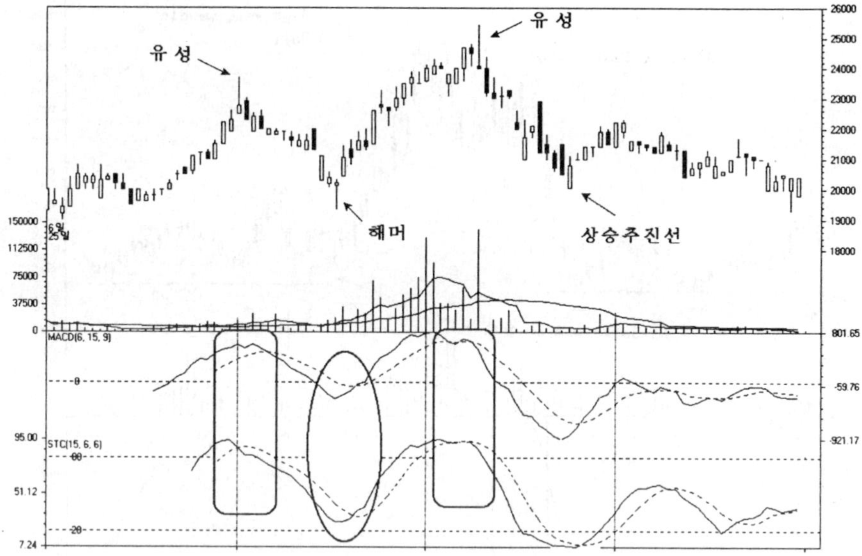

[그림 4-18] 동성화학 일봉

좌측에서 중앙부분까지 유성, 해머, 유성이 연속 출현하면서 하락세로, 상승세로, 하락세로 전환되고 있다.

동일시점에서 MACD와 Stochastics 지표도 하락반전, 상승반전, 하락반전이 연속으로 나타나고 있어 향후 주가움직임에 대한 신뢰성을 높여주고 있다.

반전형 패턴이 출현하는 경우 지표에서도 동일시점에서 추세반전의 신호가 나타나게 되면 주가의 현재 추세가 조만간 전환되리라 미리 예측해 볼 수 있다.

③ 사례 3

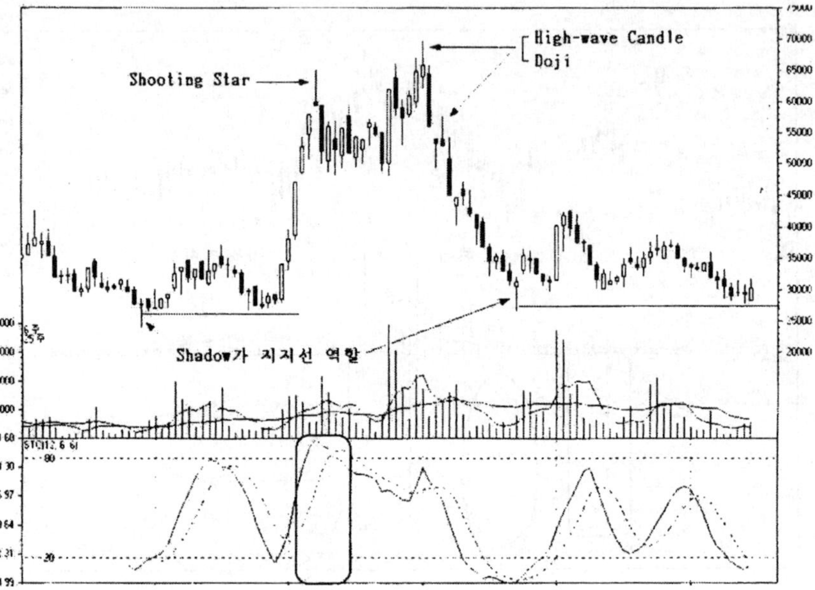

[그림 4-19] 동양철관 주봉

좌측 하단을 보면 25,000원대에서 그림자의 지지를 받으면서 저점을 형성한 주가가 급반등하기 시작하여 6주 후 60,000원대까지 상승하였다. 그러나 유성이 출현하면서 상승세가 더 이상 지속되지 못하고 있다. 동일시점에서 Stochastics 지표도 과열권까지 상승하였으나 곧바로 하락반전하면서 데드크로스가 발생하고 있어 향후 주가하락에 대한 가능성을 높여주고 있다. 이후 일시적인 재반등이 시도되었으나 상승세가 지속되지 못하고 하락세로 전환되고 있다. 이 시점에서 Stochastics 지표의 상승전환이 약화되어 있어 매수세력이 분산되었음을 알 수 있다.

④ 사례 4

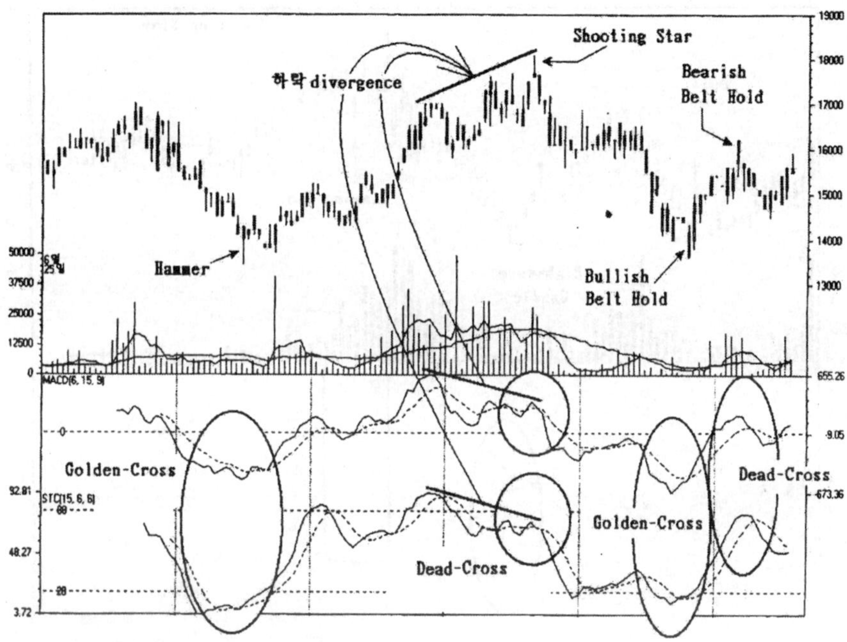

[그림 4-20] 현대미포조선 일봉

좌측 하단을 보면 13,000원대에서 해머 출현으로 저점을 확인한 주가가 상승하기 시작하여 17,000원대까지 상승하였으나 유성의 출현으로 상승세가 더 이상 지속되지 못하고 있다. 유성이 출현한 시점을 전후하여 MACD와 Stochastics 지표가 하락세를 보이면서 하락 다이버전스가 발생하고 있어 향후 주가하락 가능성을 높여주고 있다. 하락반전패턴이 출현하였을 때 지표가 바닥권에서 상승중이거나 상승세로 전환되는 경우에는 향후 주가상승에 대한 신뢰성이 매우 높다고 볼 수 있다.

⑤ 사례 5

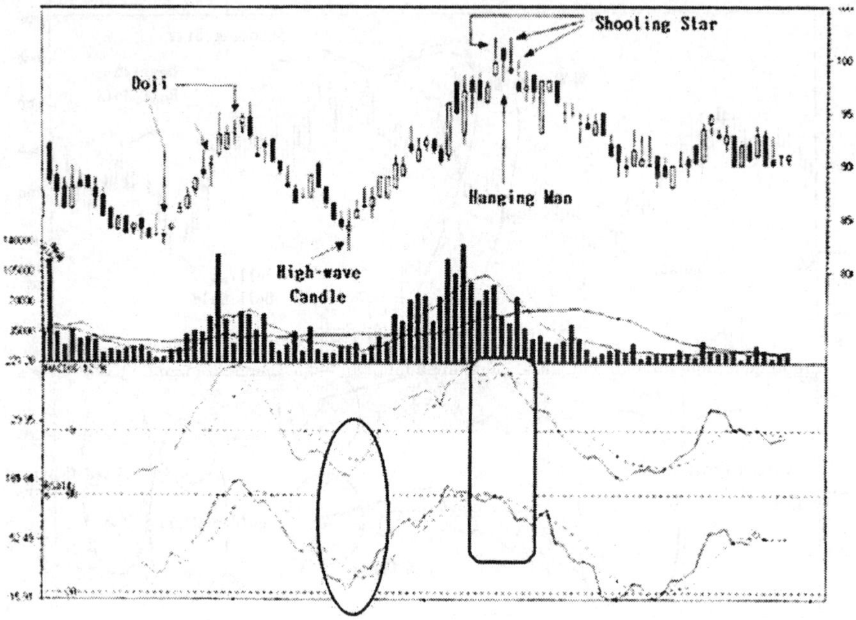

[그림 4-21] 바로크 일봉

중앙 하단부분을 보면 8,000원대를 저점으로 큰 떨림 캔들 출현과 동시에 MACD와 RSI 지표가 상승반전하면서 큰 폭으로 주가가 상승하였다. 한 달 후 10,000원대까지 상승한 주가가 행잉맨과 유성이 연속하여 출현하면서 상승세가 더 이상 이어지지 못하고 하락반전하고 있다. 이 시점을 전후하여 거래량이 현저하게 감소하고 있으며 MACD와 RSI 지표도 하락반전하며 데드크로스가 발생하고 있어 점차 매수세가 분산되고 있음을 보여주고 있다. 이후 주가하락이 지속되고 있다.

⑥ 사례 6

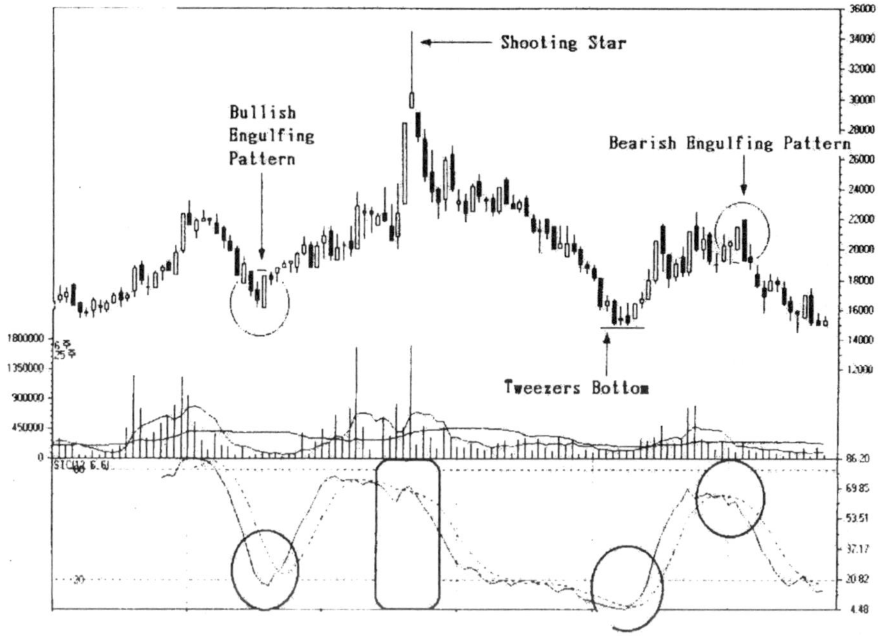

[그림 4-22] 동양투금 주봉

중앙 상단부분을 보면 29,000원대의 시가에서 35,000원대의 고가에 걸쳐 큰 폭으로 유성이 출현하고 있다. 유성출현 이후 주가의 상승세가 현저하게 하락세로 반전되고 있음을 볼 수가 있다. 동일시점에서 Stochastics 지표를 보면 유성출현 이전부터 하락세를 보이고 있어 향후 주가의 하락 가능성을 더욱 높여주고 있다. 우측을 보면 집게형과 하락장악형이 출현하면서 주가의 하락세가 상승세로 전환되고 또 다시 하락세로 전환되고 있음을 볼 수 있다.

⑦ 사례 7

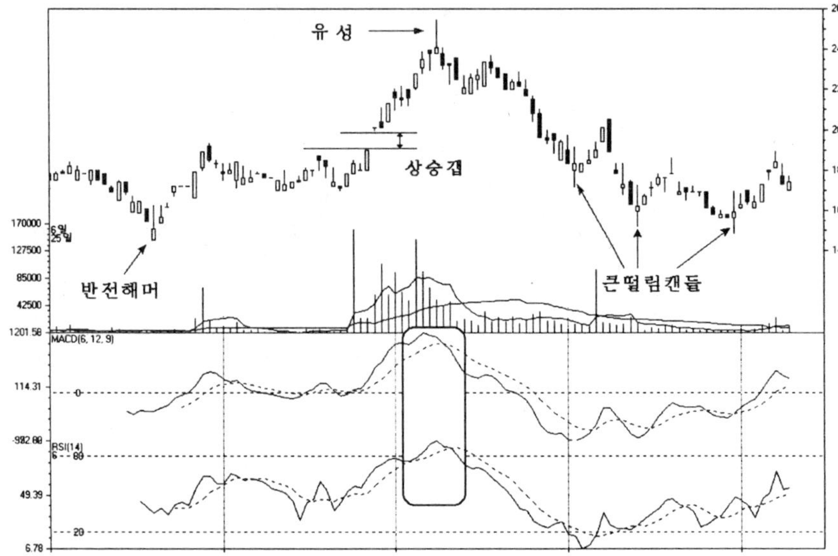

[그림 4-23] 울산투금 일봉

17,000원대에서 장기간 횡보세를 보이던 주가가 상승갭이 발생하면서 큰 폭으로 주가가 상승하고 있다. 그러나 중앙 상단을 보면 유성형이 출현하면서 상승세가 멈추고 하락세로 반전되고 있다.

동일시점에서 MACD와 RSI 지표도 하락반전하면서 데드크로스가 발생하고 있어 서서히 상승에너지가 분산되면서 조만간 주가하락이 있으리라 예상해 볼 수 있다.

⑧ 사례 8

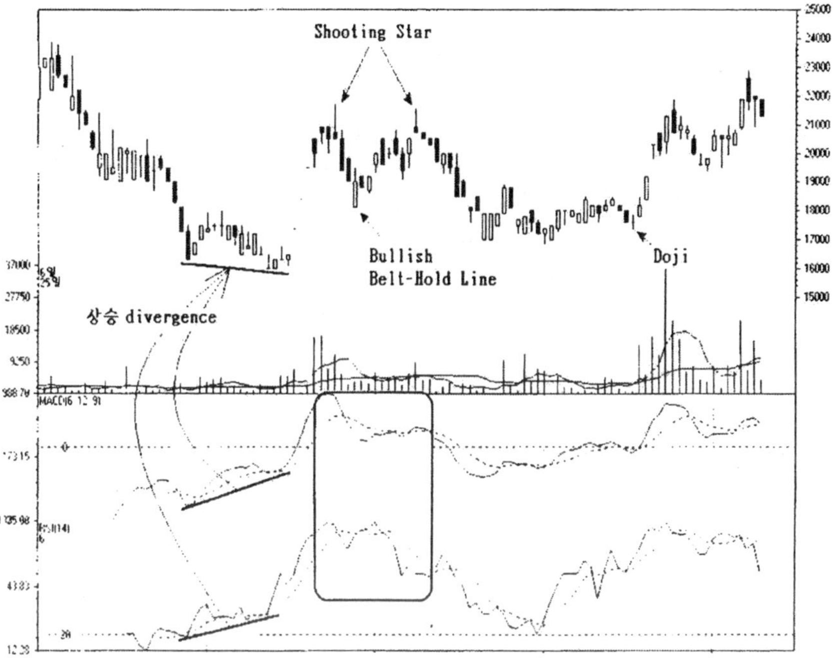

[그림 4-24] 한국종금 일봉

중앙 상단을 보면 21,000원대에서 두 번에 걸쳐 유성이 출현하면서 주가가 하락세로 반전되고 있다. 동일시점에서 MACD와 RSI 지표도 상승세가 이어지지 못하고 하락세로 반전되고 있어 주가의 약세전환이 예상되는 시점이다.

좌측 하단을 보면 완만하게 상승 다이버전스가 발생하고 있으며 이후 주가상승이 뒤이어 나타나고 있다.

⑨ 사례 9

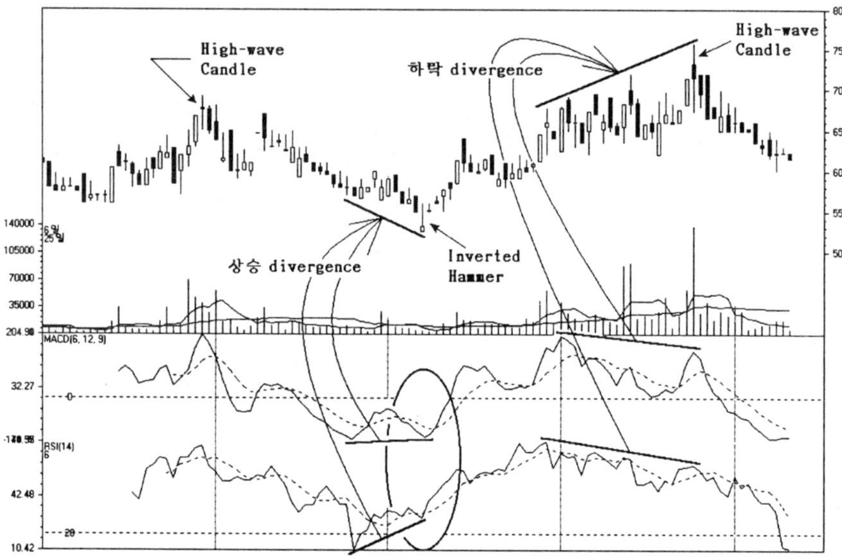

[그림 4-25] 태평양패션 일봉

중앙 하단을 보면 상승 다이버전스가 발생하고 있으며 저점에서 반전해머가 출현하면서 본격적으로 주가가 상승세로 전환되고 있다. 반전해머가 출현하기 이전부터 MACD와 RSI 지표는 이미 상승세를 유지하고 있어 반전해머 출현으로 주가의 상승 가능성은 더욱 높다고 예상해 볼 수 있다.

우측 상단을 보면 하락 다이버전스가 발생한 이후 7,500원을 고점으로 주가의 하락세가 나타나고 있다.

⑩ 사례 10

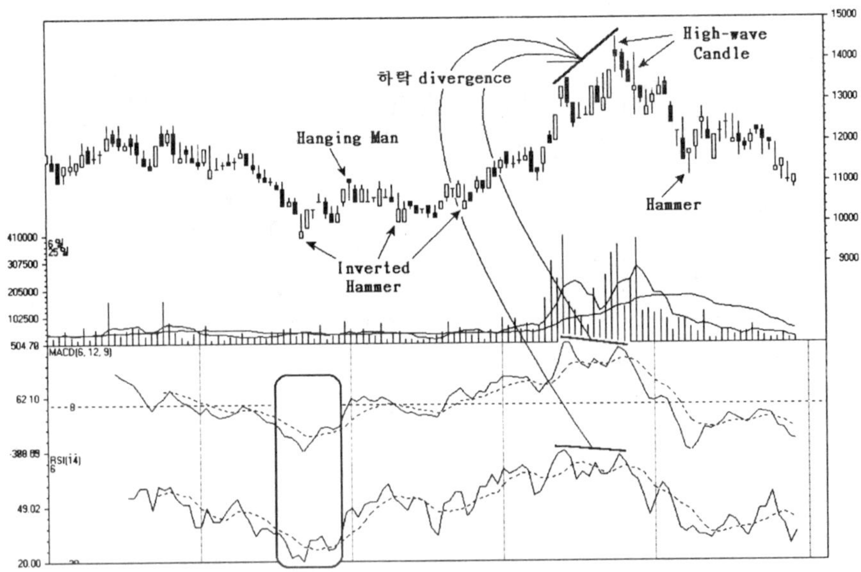

[그림 4-26] 금호케미칼 일봉

중앙 하단을 보면 반전해머가 연속으로 출현하면서 10,000원대 주가바닥을 굳혀가고 있다. 동일시점에서 MACD와 RSI 지표도 첫 번째 반전해머 출현 이후 점차 저점이 높아가고 있어 향후 주가상승 가능성을 높여주고 있다.

우측 상단을 보면 13,000원대에서 하락 다이버전스가 발생하고 있으며 이후 큰 폭으로 주가가 하락하고 있다.

⑪ 사례 11

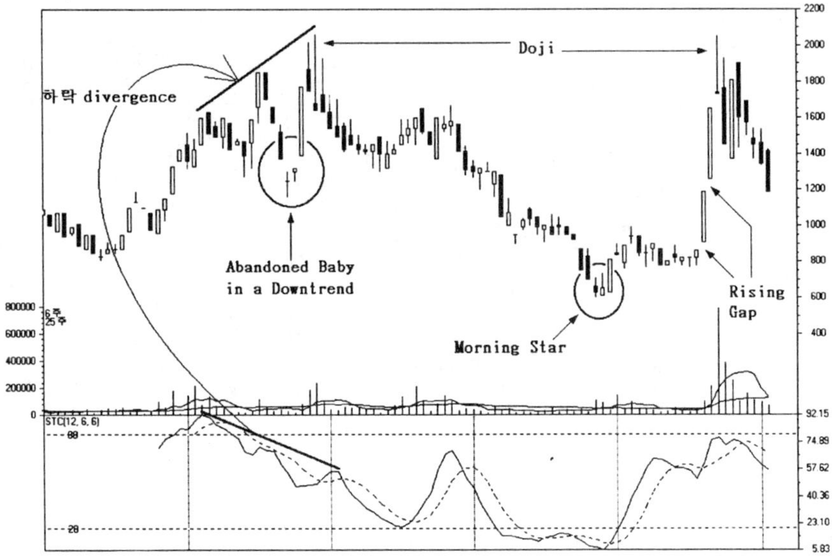

[그림 4-27] 한국고덴시 주봉

좌측 상단을 보면 단기간에 큰 폭의 주가하락이 나타나면서 Abandoned Baby가 출현하고 있다. 이후 주가는 큰 갭을 발생하면서 상승세로 전환되고 있다. 이 시점을 전후하여 주가의 고점은 점점 높아지고 있는 데 비해 Stochastics의 고점이 점점 낮아지고 있어 전체적으로 하락 다이버전스가 발생하고 있다. 머지않아 주가하락을 예상해 볼 수가 있다.

좌측 하단을 보면 샛별형이 발생하면서 주가의 하락세가 상승세로 반전되고 있다. 동일시점에서 Stochastics 지표도 상승세로 전환되고 있어 주가의 상승 가능성을 높여주고 있다.

제 5 장

다양한 반전형 패턴

제3장과 제4장에서 소개한 해머와 행잉맨, 장악형 그리고 흑운형과 관통형 그리고 샛별형과 저녁별형들은 그래프 상에서 비교적 빈도수도 많고 출현 시 반전형으로서 강한 신뢰성을 주는 패턴들이다.

제5장에서는 더 많은 반전형 패턴들을 소개하고자 하는데 빈도수와 반전형으로서의 강한 신뢰성이 제3장과 제4장에서 소개한 패턴들에 비해서는 약하다고 볼 수 있다. 그래도 항상은 아니지만 반전형으로 그래프 상에서 자주 볼 수가 있다.

제5장에서 다루고자 하는 반전형 패턴들은 다음과 같다.

- 포아형(harami pattern)과 +포아형(harami cross)
- 집게형(tweezers formation)

- 절단형(belt-hold lines)
- 까마귀형(upside-gap two crows)
- 접선형(counterattack lines)
- 탑형(tower)

1. 포아형과 +포아형

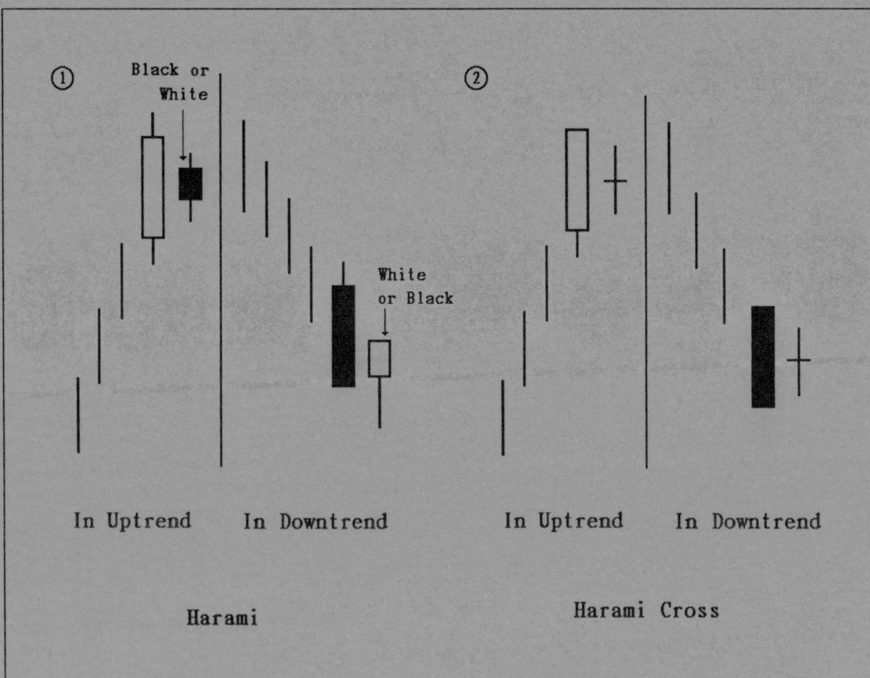

[그림 5-1] 포아형과 +포아형

(1) 요 약

포아형은 [그림 5-1] ①과 같이 상대적으로 긴 몸통이 작은 몸체를 포함하고 있는 형상이다. 'Harami'는 일본말로 '임신(pregnant)'의 뜻이며 긴 몸통을 '어머니'로 작은 몸통을 '태아 또는 아기'로 표현한다. 즉, 어머니가 아기를 잉태하고 있는 모습을 말한다.

긴 몸통이 작은 몸통을 감싸고 있는 장악형에 비해 포아형은 긴 몸통을 작은 몸통이 감싸고 있어 서로 상반된 모습을 보여주고 있다. 하락추세 이후 포아형의 출현은 매도세력이 감소하고 있음을 보여주는 것이고, 상승추세 이후 포아형의 출현은 더 이상 높은 가격으로 매수하려는 세력이 약화되고 있음을 나타낸다.

포아형을 분석하는 중요성은 다음과 같다. 일반적으로 두 번째 몸통은 첫 번째 몸통의 중간 부근에 위치한다. 두 번째 몸통의 위치에 따라 고가포아형과 저가포아형으로 구분한다.

두 번째 몸통의 시가·고가·저가·종가가 첫 번째 몸통 안에 포함되면 주가의 반전 가능성이 높아지며, 두 번째 몸통과 그림자가 더욱 작을수록 반전 가능성은 더욱 높아진다. 더불어 [그림 5-1] ②와 같이 두 번째 몸통이 작은 몸통 대신에 얼레(+)가 나타나면 반전 가능성은 더욱 높아진다. 이와 같이 첫 번째 몸통에 이어서 얼레(+)가 나타나면 이 형태를 +포아형이라 한다.

포아형은 중요한 반전신호라 할 수는 없지만 +포아형은 신뢰성이 높은 중요한 반전신호이다. +포아형은 하락추세의 바닥에서 나타나 상승반전으로 작용할 수도 있으나 상승추세의 정상에서 출현할 경우 하락전환될 가능성은 더욱 높아진다.

(2) 분석법

포아형의 특징은 다음과 같다.

① 일정한 추세가 지속된 후에 긴 몸통이 나타난다.

② 첫째 날의 긴 몸통 색깔은 중요하지가 않다. 그러나 몸통 색깔이 시장의 추세를 반영한다면 중요하다.

③ 둘째 날 작은 몸통이 첫째 날 긴 몸통에 이어서 나타나는데 완전히 내부에 포함이 된다. 즉, 첫째 날과 둘째 날의 고가와 저가가 서로 만날 수는 있지만 모두 동시에 일치할 수는 없다.

④ 둘째 날의 작은 몸통은 첫째 날과 반대 색깔을 가지고 있다.

(3) 패턴분석

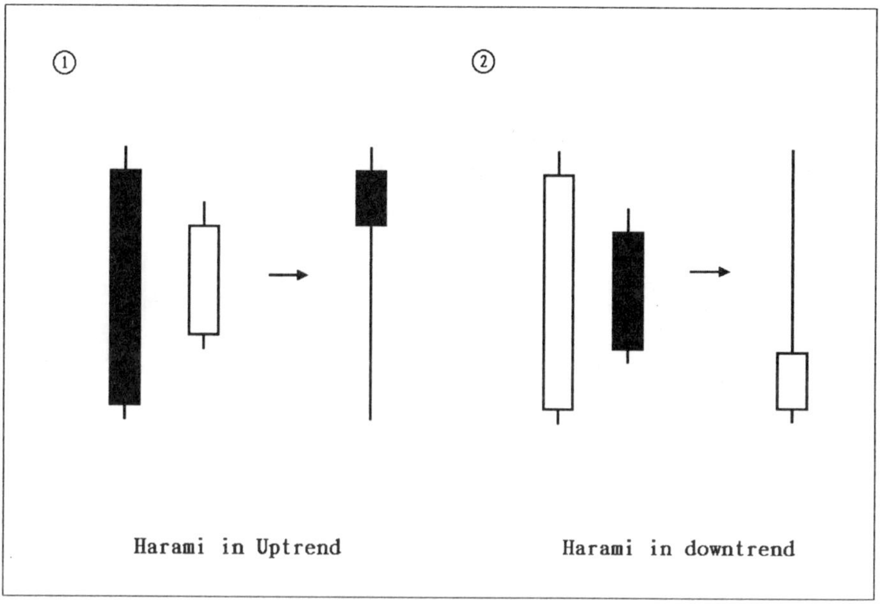

[그림 5-2] 포아형의 패턴분석

상승포아형은 주가의 상승전환시점을 나타내는 해머형으로 변경할 수가 있다. 또한 하락포아형은 주가의 하락전환시점을 나타내는 유성형으로 변경할 수가 있으며 만일 몸통이 매우 작다면 비석형으로도 변경될 수 있다.

두 개의 캔들차트로 구성된 상승포아형과 하락포아형이 단일 캔들차트로 축소 변경되어도 그 역할을 충분히 수행하고 있다.

(4) 사 례

① 사례 1

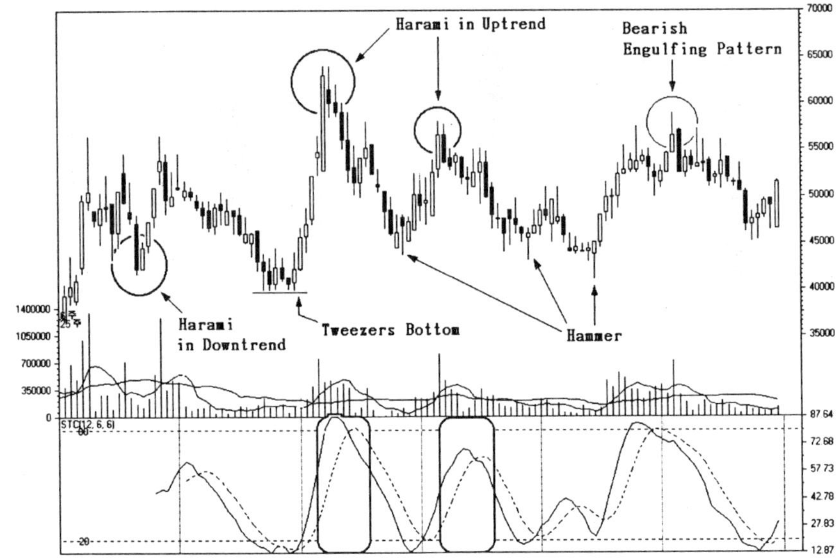

[그림 5-3] 제일제당 주봉

좌측을 보면 하락추세에서 발생한 저가포아형과 중앙 상단을 보면 상승추세에서 발생한 고가포아형을 볼 수가 있다.

상승추세에서 발생한 고가포아형은 긴 양선이 작은 음선을 감싸 안고 있는 모습으로 더 이상 매수세가 지속되지 못하고 있음을 보여주고 있다. 동일시점에서 Stochastics 지표도 추세가 지속되지 못하고 하락반전하고 있다.

② 사례 2

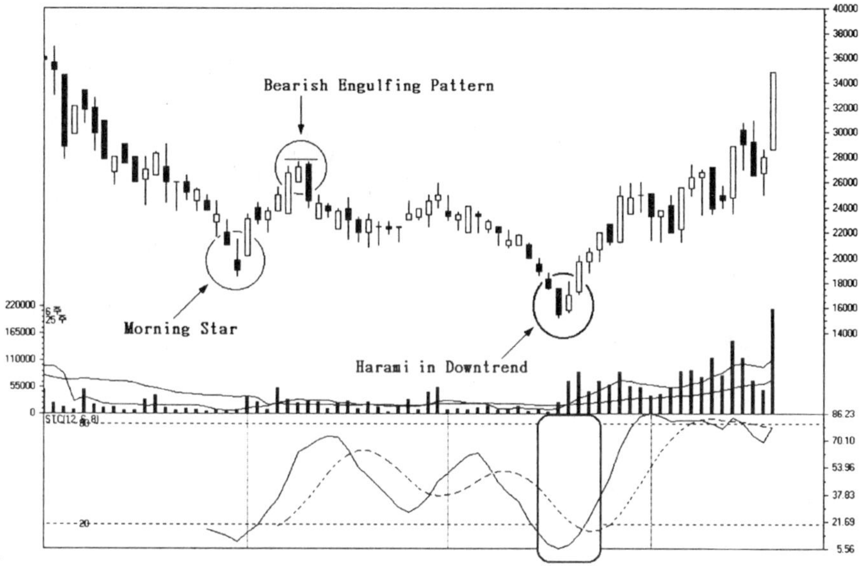

[그림 5-4] 대한펄프 주봉

우측 하단을 보면 25,000원대에서 하락하기 시작한 주가가 15,000원대까지 하락한 다음 긴 음선이 작은 양선을 감싸고 있는 저가포아형을 형성하고 있다.

저가포아형의 출현으로 하락추세가 상승추세로 전환되고 있으며 동일시점에서 Stochastics 지표도 상승반전하면서 골든 크로스가 발생하고 있어 상승반전 가능성을 높여주고 있다.

참고로 좌측 하단과 상단을 보면 샛별형과 하락장악형이 출현하면서 주가가 상승세로 전환하고 하락세로 전환되는 것을 볼 수 있다.

③ 사례 3

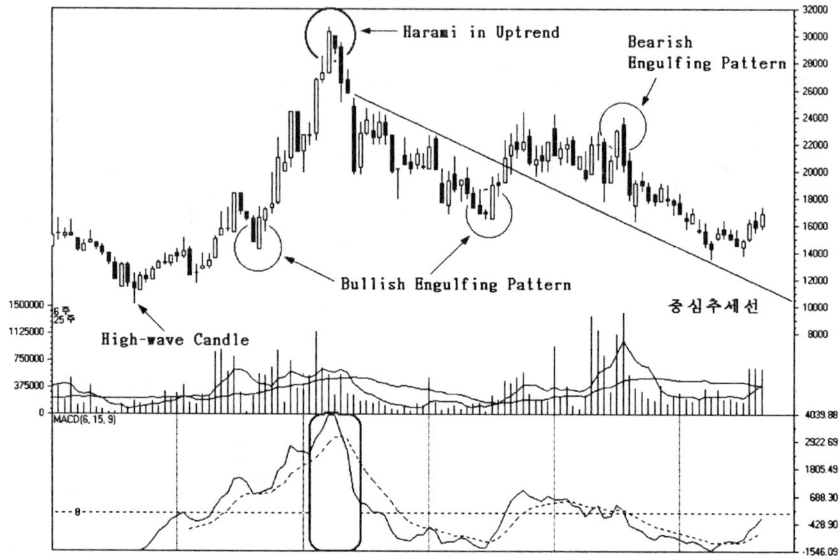

[그림 5-5] 한국티타공업 주봉

좌측 하단에서 중앙 상단을 보면 10,000원대 주가가 급상승하기 시작하여 30,000원대까지 큰 폭으로 상승하였다. 그러나 긴 양선에 이어 작은 음선이 포개지면서 고가포아형이 출현하고 있다. 이로 인해 주가가 하락세로 반전하고 있다. 동일시점에서 MACD 지표도 급상승하다가 하락반전하면서 데드크로스가 발생하고 있다. 상승추세가 일정기간 지속된 후 고가포아형이 출현하면서 주가가 하락반전하게 되는데 이 시점을 전후하여 거래량의 감소현상과 더불어 연속해서 음선이 출현하고 있음을 볼 수가 있다.

④ 사례 4

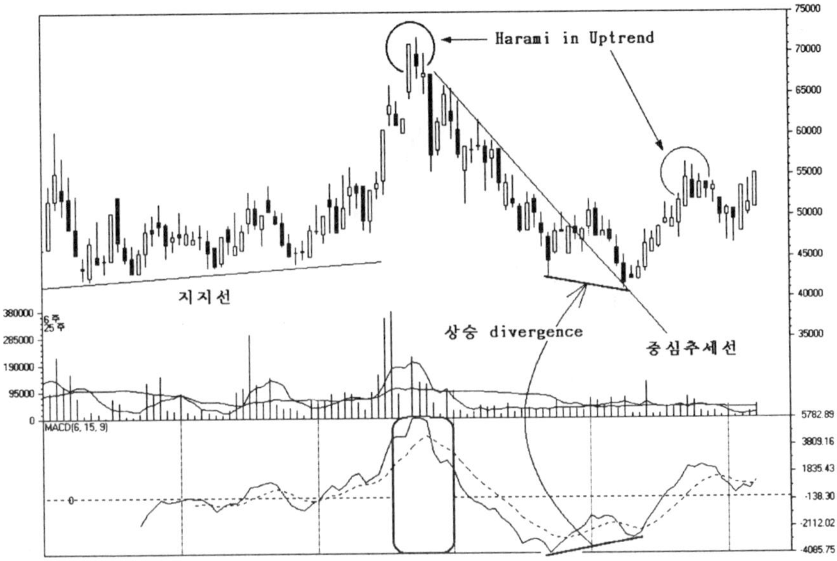

[그림 5-6] 동아타이어 주봉

중앙 상단을 보면 70,000원대까지 긴 양선이 나타나며 상승추세가 지속되는 듯하였으나 곧이어 작은 음선이 긴 양선에 포개지면서 주가의 상승세가 더 이상 이어지지 못하고 하락추세로 반전되고 있다. 긴 양선에 이어 작은 음선이 포개지면서 고가포아형을 형성하게 되는데 이 시점을 전후하여 거래량의 감소현상이 현저하게 나타나거나 또는 보조지표인 MACD가 하락반전하면서 데드크로스가 발생하게 되면 향후 주가의 하락반전을 미리 예상해 볼 수가 있다. 우측 하단을 보면 소폭의 상승 다이버전스가 발생하고 있음을 볼 수가 있다.

⑤ 사례 5

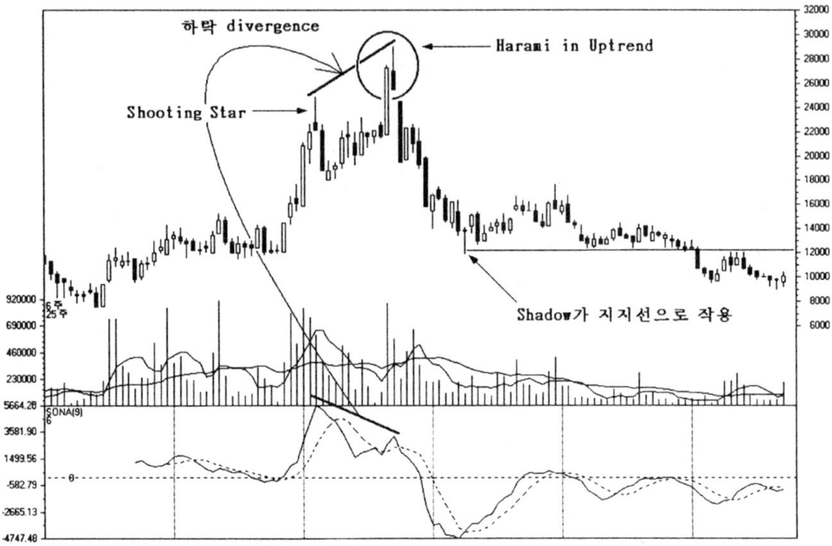

[그림 5-7] 태성기공 주봉

좌측에서 중앙 상단을 보면 12,000원대에서 장기간 횡보하던 주가가 10월부터 상승하기 시작하여 24,000원대와 28,000원대에서 두 번의 고점을 형성하고 있다. 이 과정에서 Sonar 지표의 고점이 현저하게 낮아지고 있어 하락 다이버전스가 발생하고 있다. 또한 하락 다이버전스를 형성하는 28,000원대 두 번째 고점에서는 긴 양선과 작은 음선이 겹치면서 포아형이 출현하고 있어 추세의 하락반전을 예상해 볼 수 있다.

우측 하단을 보면 얼레가 출현하면서 생긴 긴 그림자가 지지선으로 작용하고 있음을 볼 수 있다.

⑥ 사례 6

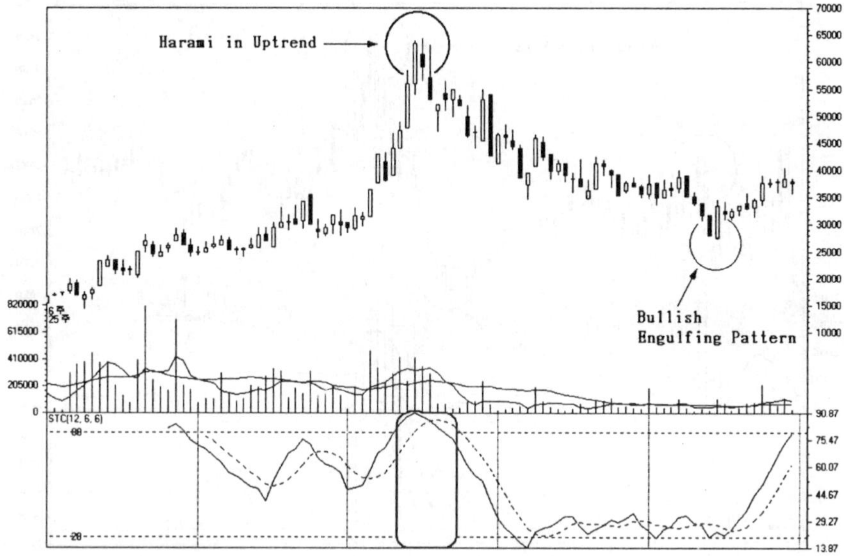

[그림 5-8] 한창 주봉

좌측에서 중앙 상단을 보면 15,000원대에서 지속적으로 상승하기 시작한 주가가 60,000원대까지 약 40%가량 상승하였다. 긴 양선이 연속으로 나타나면서 상승분위기가 고조되고 있으나 뒤이어 작은 음선이 나타나면서 상승분위기가 하락분위기로 급변하고 있다. 즉, 포아형이 출현하는 시점을 전후하여 거래량의 감소현상이 나타나고 있으며 Stochastics 지표도 추세가 하락반전하고 있어 향후 주가하락 가능성을 높여주고 있다. 우측을 보면 하락하기 시작한 주가가 작은 음선에 긴 양선을 동반한 상승장악형이 출현할 때까지 지속되고 있다.

⑦ 사례 7

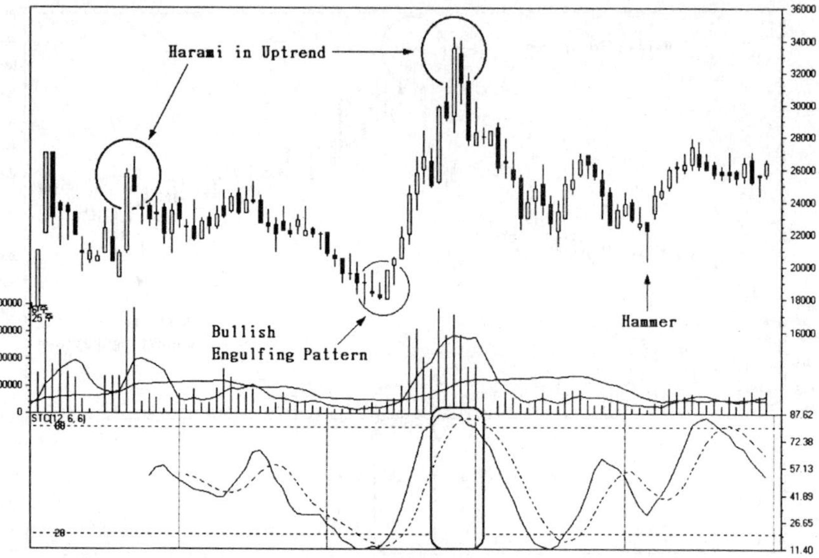

[그림 5-9] 대한전선 주봉

좌측과 중앙 상단을 보면 두 번에 걸쳐 포아형이 출현하면서 주가움직임이 상승추세에서 하락추세로 반전되고 있다. 포아형 출현시점을 전후하여 거래량 감소현상이 나타나고 있어 이제까지의 상승분위기가 위축되고 있음을 알 수 있다.

또한 보조지표인 Stochastics도 하락반전하고 있어 향후 주가하락 가능성을 높여주고 있다. 중앙 하단을 보면 상승장악형이 출현하고 있고 우측 하단을 보면 해머가 출현하면서 하락장세가 더 이상 지속되지 못하고 상승장세로 전환되고 있음을 볼 수 있다.

⑧ 사례 8

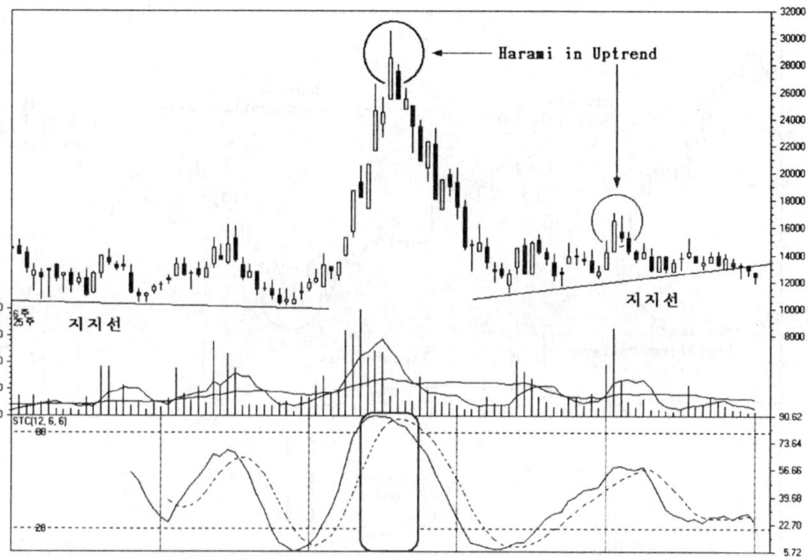

[그림 5-10] 세우포리머 주봉

중앙 상단을 보면 30,000원대를 고점으로 주가움직임이 좌·우 대칭을 이루면서 '횡보국면→상승국면→하락국면→횡보국면'을 보여주고 있다. 상승 막바지 고점에서는 긴 양선에 이어 작은 음선이 포개지면서 포아형이 출현하고 있다.

상승추세가 급속하게 하락추세로 급변하고 있으며 동일시점에서 Stochastics 지표도 하락반전하면서 데드크로스가 발생하고 있어 향후 주가하락을 미리 예고해 주는 듯하다.

좌측과 우측 하단을 보면 장기간에 걸쳐 10,000원~12,000원대에서 지지선이 형성되어 있음을 볼 수 있다.

⑨ 사례 9

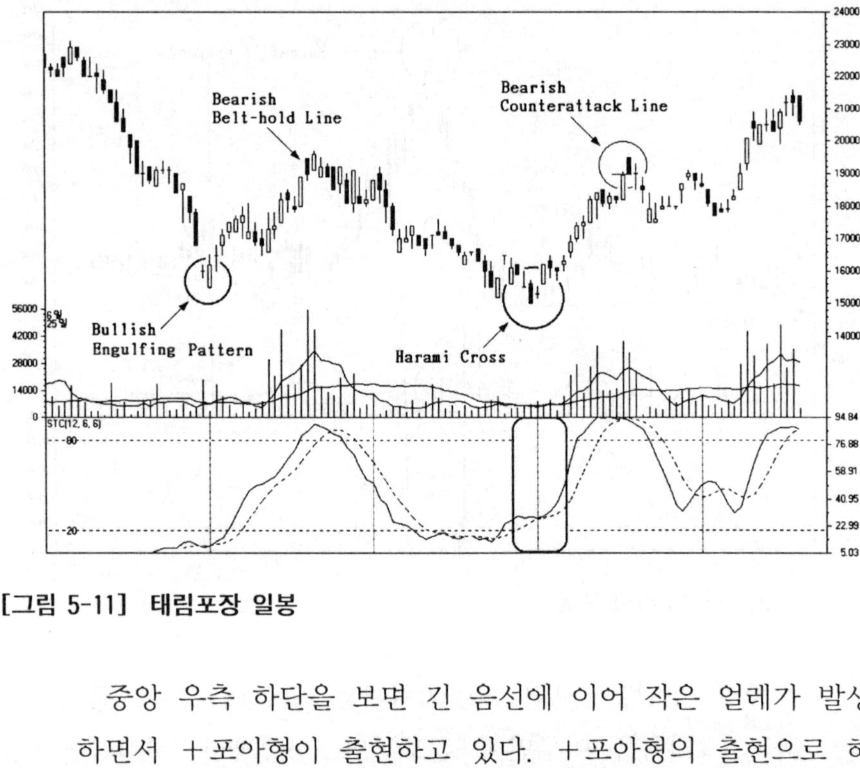

[그림 5-11] 태림포장 일봉

중앙 우측 하단을 보면 긴 음선에 이어 작은 얼레가 발생하면서 +포아형이 출현하고 있다. +포아형의 출현으로 하락장세가 상승장세로 급변하고 있다. Stochastics 지표는 +포아형 출현 이전부터 이미 상승진입하고 있어 주가상승 가능성을 미리 예측해 주고 있다.

좌측 하단을 보면 상승장악형이 출현하면서 하락추세가 급반전하며 상승추세로 전환되고 있다. 이 시점을 전후하여 Stochastics 지표도 이미 완만하게 상승하고 있어 주가의 반전 가능성에 대한 신뢰성을 높여주고 있다.

2. 집 게 형

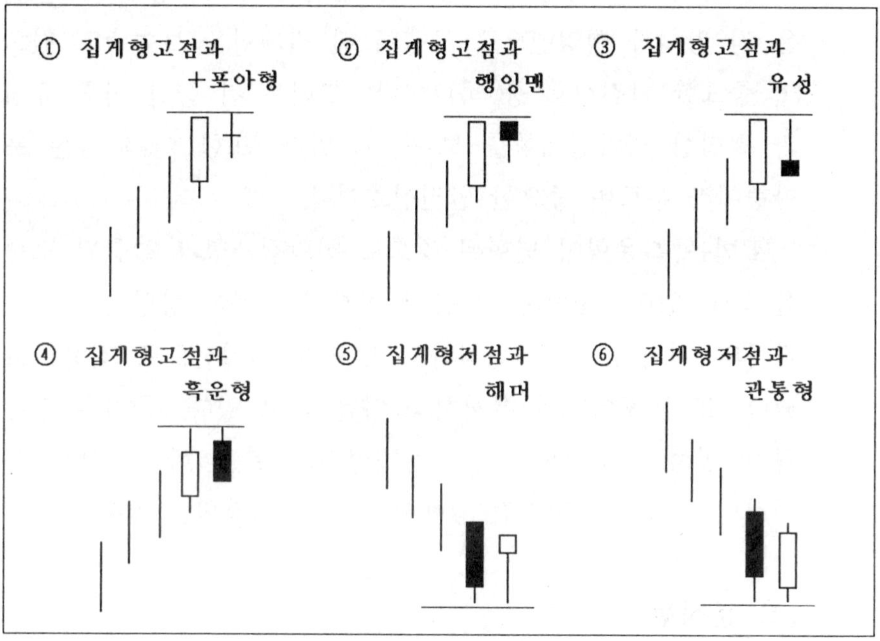

[그림 5-12] 집게형 : 상승집게형과 하락집게형

(1) 요 약

집게형은 두 개 또는 그 이상의 캔들차트가 고가 또는 저가에서 일치하는 모양이 집게의 두 갈래와 유사하다고 해서 붙여진 이름이다. 상승추세에서 집게형고점은 고가에서 만나고 하락추세에서 집게형저점은 저가가 같을 때 형성된다. 집계형은 몸통, 그림자, 얼레(+)로 구성되어 있다.

[그림 5-12] ①은 긴 양선 이후 얼레가 출현한 경우로서 고가가 같은 +포아형이며 중요한 반전신호로 작용한다. ②번은 긴 양선과 행잉맨으로 구성이 된 집게형을 보여주고 있으며 중요한 반전신호 중 하나이다. ③번은 긴 양선 이후 유성과 결합한 하락집게형을 보여주고 있다. 또한 이 패턴은 포아형이라 부르며 중요한 반전신호이다.

④번은 흑운형이 변형된 것으로 하락집게형과 결합된 모습을 하고 있다. ⑤번은 긴 음선 이후 해머형이 형성된 경우로 각각의 저가가 서로 일치하고 있으며 지지선으로 작용하고 있다. 또한 포아형과 유사한 모양을 하고 있다. ⑥번은 관통형이 변형된 모습으로 상승집게형의 역할을 하고 있다. 이 패턴의 특징은 직전저점 밑에서 시가가 시작되는 것이다.

(2) 분석법

집게형의 특징은 다음과 같다.

① 상승추세에서 집게형고점이 형성되며 고가가 일치한다. 또한 하락추세에서 집게형저점이 형성되며 저가가 일치한다.

② 집게형은 몸통, 그림자, 얼레로 구성되어 있다.

③ 집게형은 절대적인 반전형 신호는 아니며 때때로 지속형 신호로 작용하기도 한다.

(3) 사 례

① 사례 1

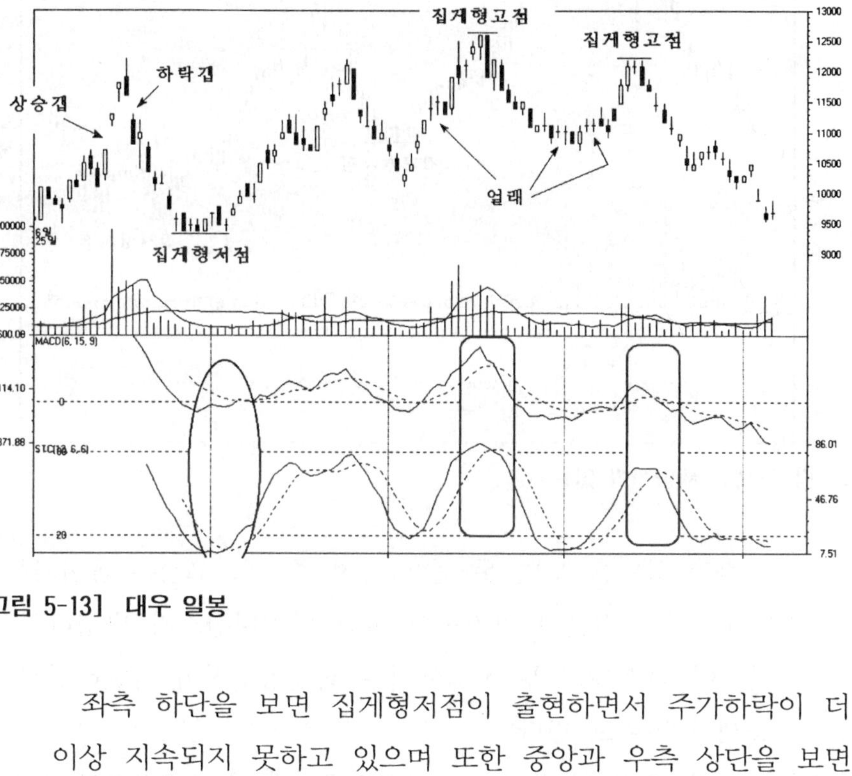

[그림 5-13] 대우 일봉

좌측 하단을 보면 집계형저점이 출현하면서 주가하락이 더 이상 지속되지 못하고 있으며 또한 중앙과 우측 상단을 보면 집계형고점이 출현하면서 주가가 더 이상 상승하지 못하고 있다. 동일시점에서 MACD와 Stochastics 지표가 상승반전하며 골든크로스가 발생하고 있고 하락반전하며 데드크로스가 발생하고 있어 집계형이 출현하는 경우 보조지표와 비교해 본다면 주가전환 가능성을 예측하는 데 더욱 신뢰성을 높여줄 수 있다.

② 사례 2

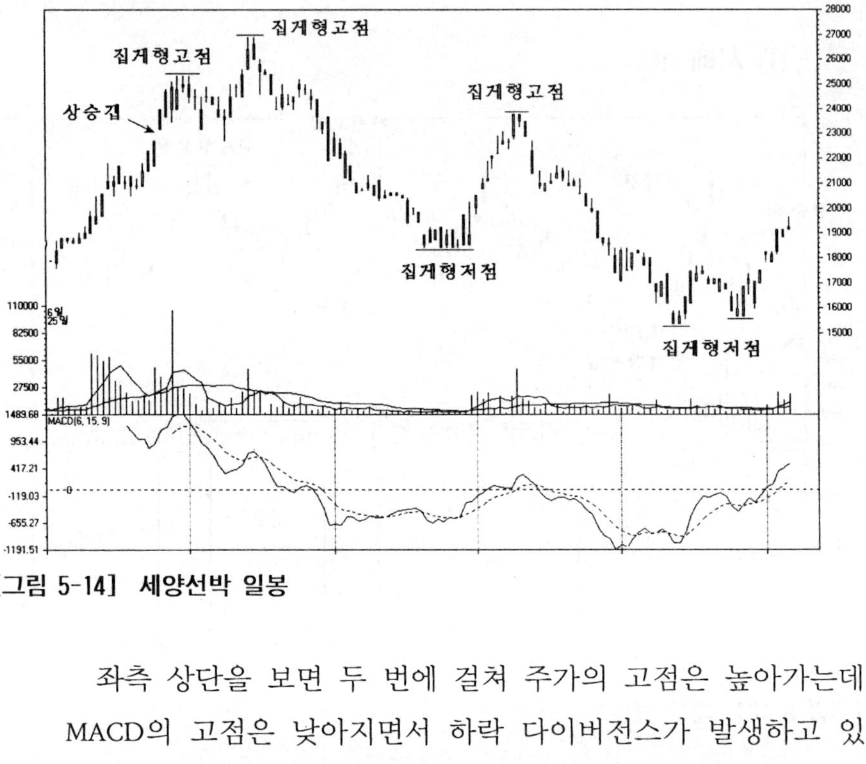

[그림 5-14] 세양선박 일봉

좌측 상단을 보면 두 번에 걸쳐 주가의 고점은 높아가는데 MACD의 고점은 낮아지면서 하락 다이버전스가 발생하고 있다. 이 과정에서 두 고점에서는 집계형고점이 출현하면서 상승세가 멈추고 있다.

중앙 중간부분을 보면 집계형고점과 집계형저점이 출현하면서 이전까지의 추세가 지속되지 못하고 정체상태를 보이고 있으며 동일시점에서 MACD 지표도 추세가 전환되고 있다.

우측 하단을 보면 단기간에 걸쳐 상승 다이버전스가 발생하고 있다.

③ 사례 3

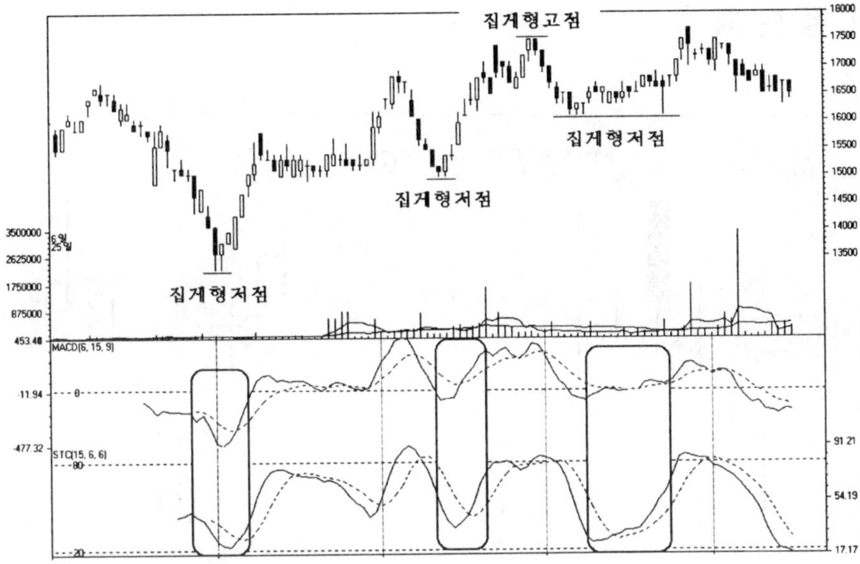

[그림 5-15] 신한은행 일봉

집게형고점과 집게형저점이 연속해서 출현하고 있다. 집게형저점은 같은 가격으로 두 개 또는 그 이상 저가가 연속해서 유지됨으로써 더 이상의 하락과정을 허용하지 않는 것 같다. 따라서 더 이상 낮은 가격으로 팔겠다는 매도세력이 소멸하면서 그동안 잠재해 있던 매수세력의 새로운 등장과 더불어 상승세로 반전된다고 해석할 수 있다.

집게형고점은 집게형저점의 반대 경우로서 더 이상 높은 가격으로 사겠다는 매수세력의 소멸과 동시에 새로운 매수세력이 등장하면서 상승반전된다고 해석할 수 있다.

3. 절 단 형

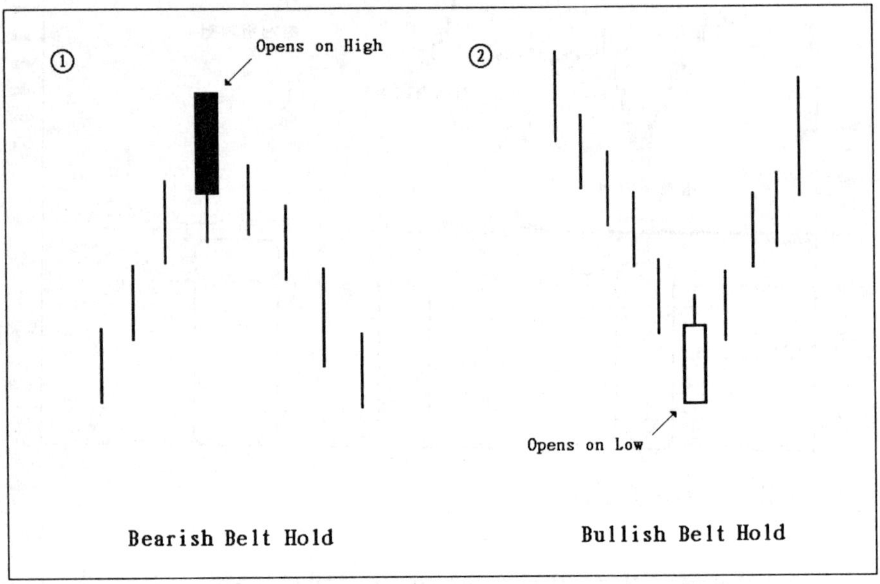

[그림 5-16] 절단형 : 상승절단형과 하락절단형

(1) 요 약

절단형은 상승형과 하락형으로 구분이 된 단일 캔들차트이다. 상승절단형([그림 5-16] ②)은 당일 저가가 시가이며 장중에 주가가 상승한다. 이 패턴을 White opening shaven bottom이라 부르기도 한다. 하락절단형([그림 5-16] ①)은 당일 고가가 시가이며 장중에 주가가 하락한다. 이 패턴을 Black opening shaven head라 부르기도 한다.

절단형의 몸통 길이가 길면 길수록 반전에 대한 가능성은 더욱 높아진다. 하락절단형의 음선 위에서 종가가 형성된다면 상승추세가 다시 진행된다는 의미로 받아들일 수 있다. 상승절단형의 양선 아래에서 종가가 형성된다면 새로운 매도세력의 출현으로 하락추세가 다시 지속된다고 볼 수 있다.

절단형이란 이름은 미국의 차티스트 스티브 니슨(Steve Nison)이 붙였으며 일본에서는 yorikiri라 불리고 push out을 의미한다.

(2) 분석법

절단형의 특징은 다음과 같다.

① 절단형의 확인은 한쪽 끝에 그림자가 없어야 한다.
② 상승반전 시는 저가가 시가이며 아래 그림자가 없다.
③ 하락반전 시는 고가가 시가이며 위 그림자가 없다.

(3) 사 례

① 사례 1

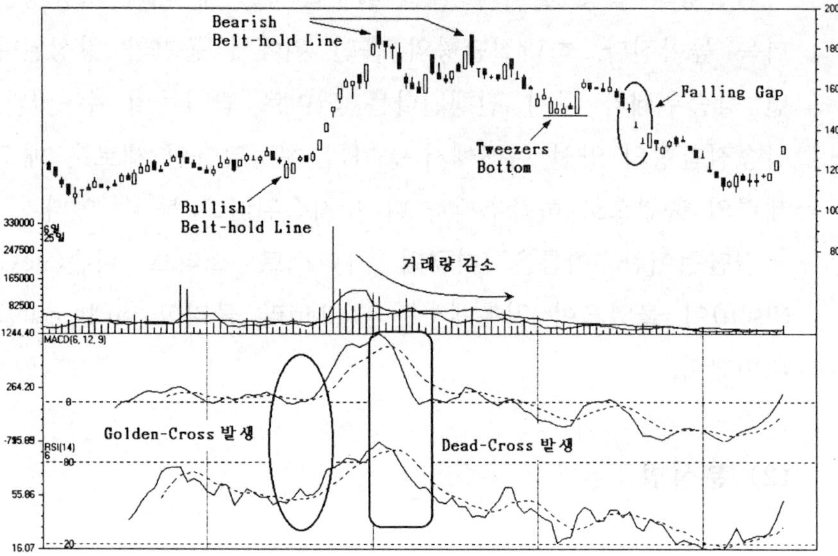

[그림 5-17] 동해펄프 일봉

좌측 하단을 보면 일정기간 12,000원대에서 횡보하던 주가가 일시하락하면서 긴 양선을 형성하고 있다. 이 긴 양선 출현 이후 주가는 반전되어 18,000원대까지 상승하고 있다. 이 긴 양선을 상승절단형이라 부른다. 중앙 상단을 보면 18,000원대에서 하락절단형이라 부르는 긴 음선이 출현하면서 고점이 형성되고 있다. 이 시점 이후 주가는 하락세로 전환되었으며 MACD와 RSI 지표도 하락반전하고 있다.

② 사례 2

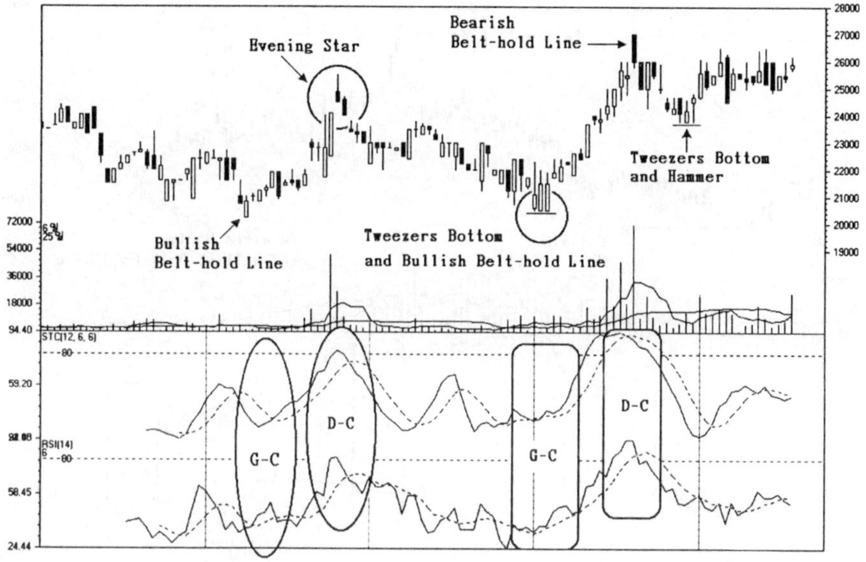

[그림 5-18] 성보화학 일봉

좌측 하단을 보면 긴 양선의 상승절단형이 출현하면서 하락세를 마감하고 상승세로 전환되고 있으며, 우측 상단을 보면 긴 음선의 하락절단형이 출현하면서 상승세를 마감하고 하락세로 전환되고 있다. 이 시점을 전후하여 Stochastics와 RSI 지표도 상승반전하거나 하락반전하고 있다. 중앙 상단을 보면 저녁별이 출현하면서 상승세가 하락세로 반전되고 있으며 중앙 하단에서는 집게형저점이 출현하면서 하락세가 상승세로 전환되고 있다. 동일시점에서 Stochastics와 RSI 지표도 데드크로스와 골든크로스가 발생하고 있다.

③ 사례 3

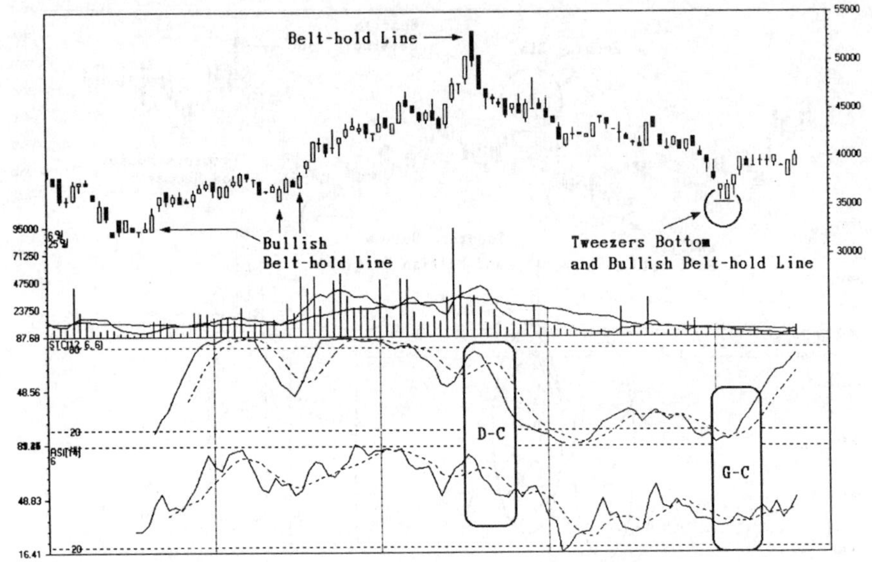

[그림 5-19] 한국타이어 일봉

좌측을 보면 상승하기 시작한 주가가 조정을 보일 때마다 긴 양선의 상승절단형이 출현하면서 상승세가 지속되고 있으며 거래량도 지속적으로 증가하고 있다. 이 시점 이후 Stochastics와 RSI 지표도 상승세를 보여주고 있다. 중앙 상단을 보면 53,000원을 고점으로 긴 음선의 하락절단형이 출현하고 있으며 이 시점 이후 Stochastics와 RSI 지표도 하락세로 전환되고 있다. 또한 거래량도 급속히 감소하고 있다. 우측 하단에서는 단기간에 큰 폭으로 하락한 주가가 집게형저점이 출현하면서 하락세가 멈추고 있다.

④ 사례 4

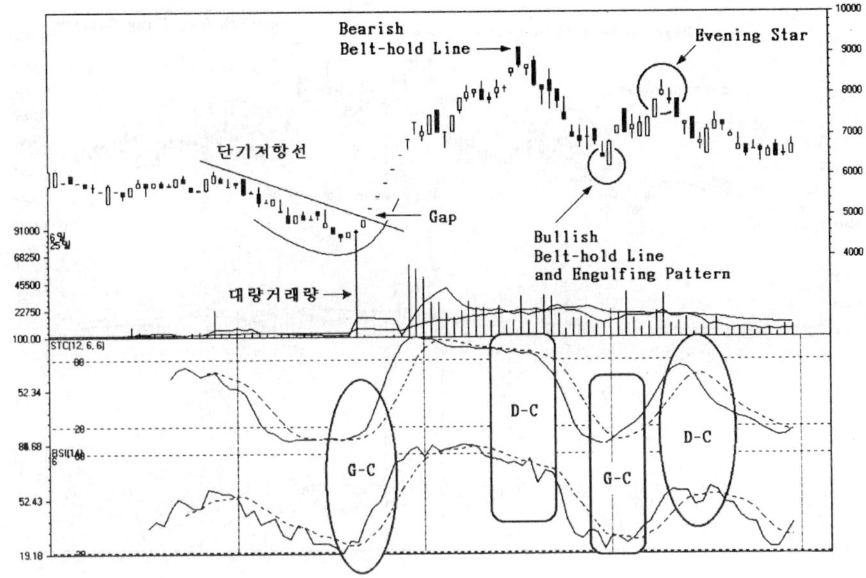

[그림 5-20] 일성 일봉

중앙 하단을 보면 4,000원대를 저점으로 상승하기 시작한 주가가 한 달 후 9,000원대까지 상승하였으나 긴 음선의 하락절단형이 출현하면서 하락세로 반전되고 있다. 이 시점 이전부터 Stochastics와 RSI 지표가 하락세를 보이고 있어서 주가하락에 대한 가능성을 높여주고 있다. 우측 하단에서는 긴 양선의 상승절단형과 바로 직전의 작은 음선을 포함하여 상승장악형이 동시에 출현하고 있다. 이 시점에서 Stochastics와 RSI 지표도 상승반전하고 있어 주가상승 가능성이 높아지고 있다.

⑤ 사례 5

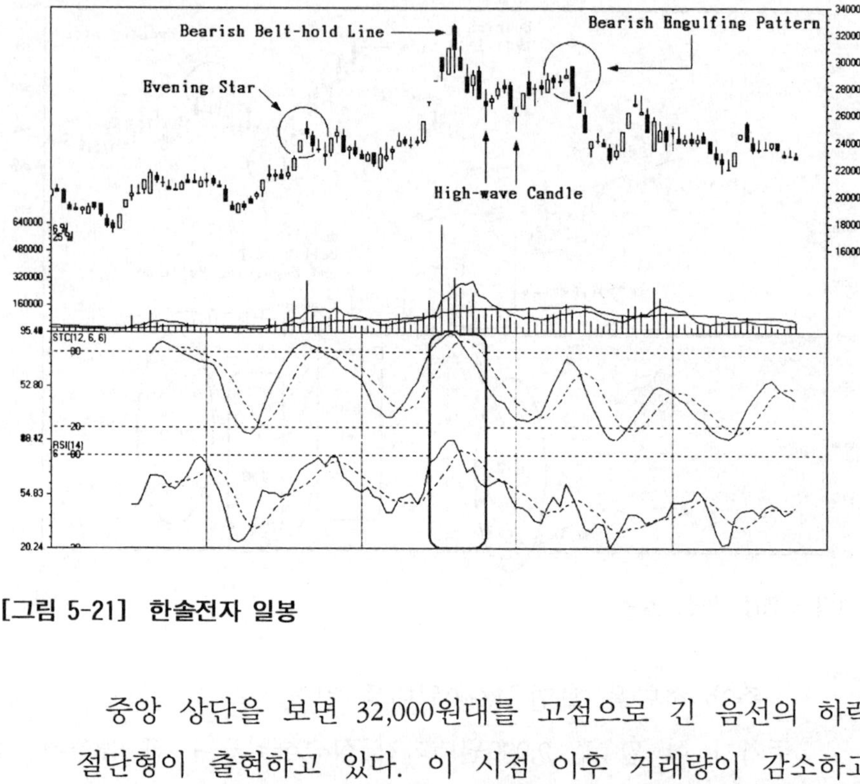

[그림 5-21] 한솔전자 일봉

중앙 상단을 보면 32,000원대를 고점으로 긴 음선의 하락 절단형이 출현하고 있다. 이 시점 이후 거래량이 감소하고 있으며 Stochastics와 RSI 지표도 하락반전하며 데드크로스가 발생하고 있어 조만간 주가하락을 예측해 볼 수가 있다.

좌측 상단에서는 작은 음선을 전후로 저녁별이 출현하고 있으며 우측 상단에서는 작은 양선에 이어 긴 음선이 나타나면서 하락장악형이 출현하고 있다. 이 패턴들의 출현으로 더 이상 상승세가 지속되지를 못하고 있다.

⑥ 사례 6

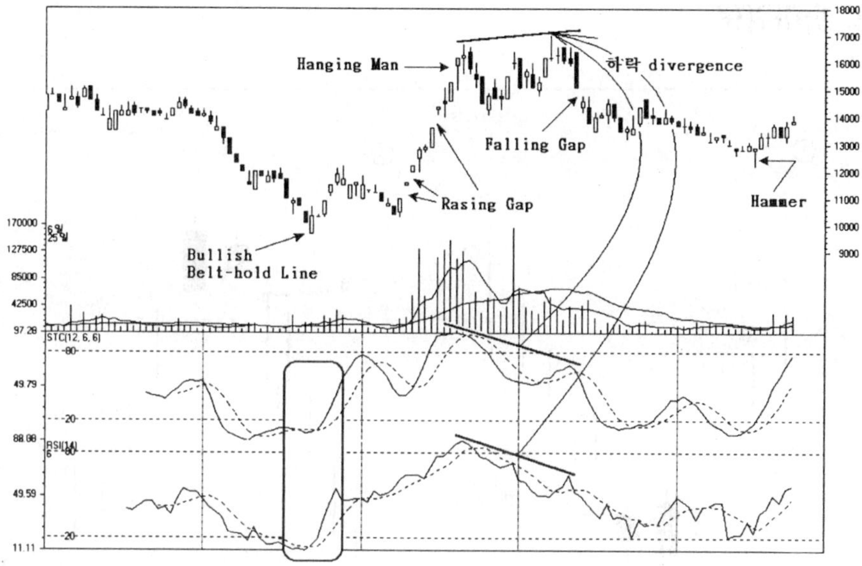

[그림 5-22] 하나은행 일봉

좌측 상단에서 하단을 보면 15,000원대에서 하락하기 시작한 주가가 10,000원대까지 하락한 이후 긴 양선의 상승절단형이 출현하면서 17,000원대까지 큰 폭으로 상승하고 있다. 절단형을 형성하는 긴 양선이나 긴 음선의 크기(길이)에 따라 전환되는 강도가 달라질 수 있다.

또한 동일시점에서 Stochastics나 RSI 등 보조지표들이 상승반전되거나 하락반전하는 경우라면 주가예측의 신뢰성은 더욱 높아질 것이다. 중앙 상단을 보면 하락 다이버전스가 발생하면서 주가의 상승추세가 하락추세로 반전되고 있다.

4. 까마귀형

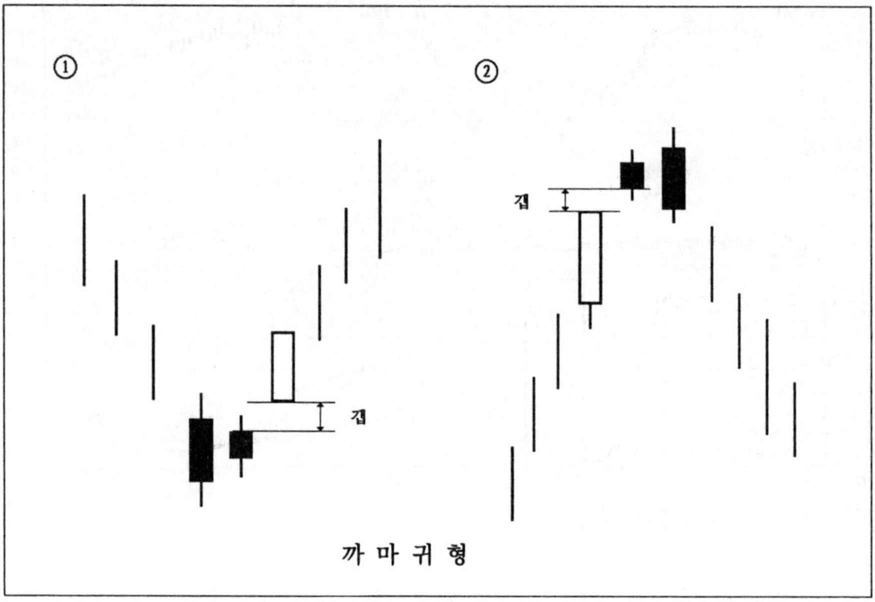

[그림 5-23] 까마귀형

(1) 요 약

까마귀형(upside-gap two crows)은 [그림 5-23]의 ②와 같이 긴 양선 이후 두 개의 음선이 일정 갭을 두고 놓여 있는 패턴이다. 이 두 음선의 모양이 까마귀와 유사하다 하여 까마귀형이라 부른다. 전반적으로 나뭇가지에 까마귀 두 마리가 앉아 불길한 모습으로 밑을 응시하고 있는 형상을 하고 있어 명백하게 하락전환신호이다.

이상적인 까마귀형은 첫 번째 음선의 시가 위에서 둘째 날 시가가 개시되고 첫 번째 음선의 종가 밑에서 둘째 날 종가가 형성되는 것이다.

(2) 분석법

까마귀형의 특징은 다음과 같다.

① 첫째 날은 긴 양선이 나타나 상승추세가 지속된다.
② 둘째 날은 갭을 발생하며 음선이 나타난다.
③ 셋째 날 역시 음선이 나타난다.
④ 셋째 날은 둘째 날의 몸통 안에서 시가가 형성되며 첫째 날의 몸통 안에서 종가가 형성된다.

(3) 패턴분석

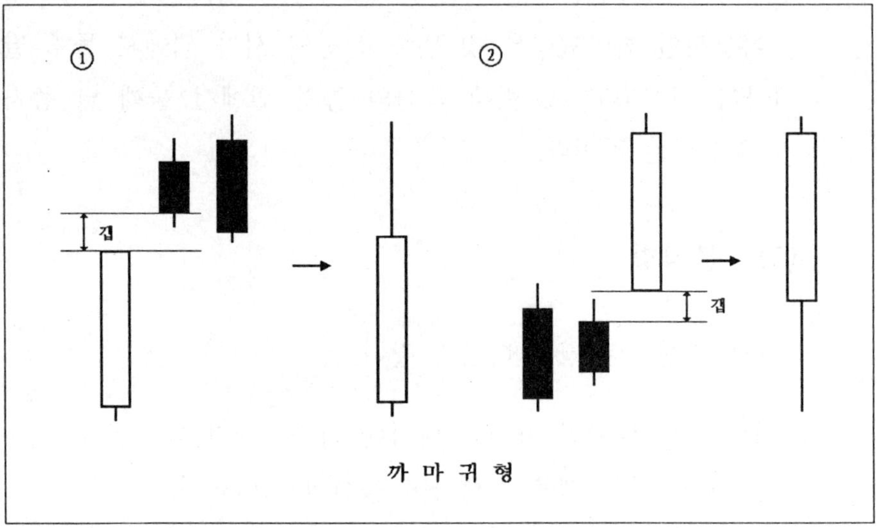

[그림 5-24] 까마귀형의 패턴분석

세 개의 캔들차트로 구성된 까마귀형을 단일 캔들차트로 축소변경하면 첫 번째 긴 양선보다 몸통 길이가 약간 더 길어지면서 긴 위 그림자를 갖게 된다.

사실 까마귀형은 완전한 하락전환형으로 볼 수가 없으므로 이 패턴 전후의 움직임을 보면서 신중하게 판단해야 한다.

(4) 사 례

① 사례 1

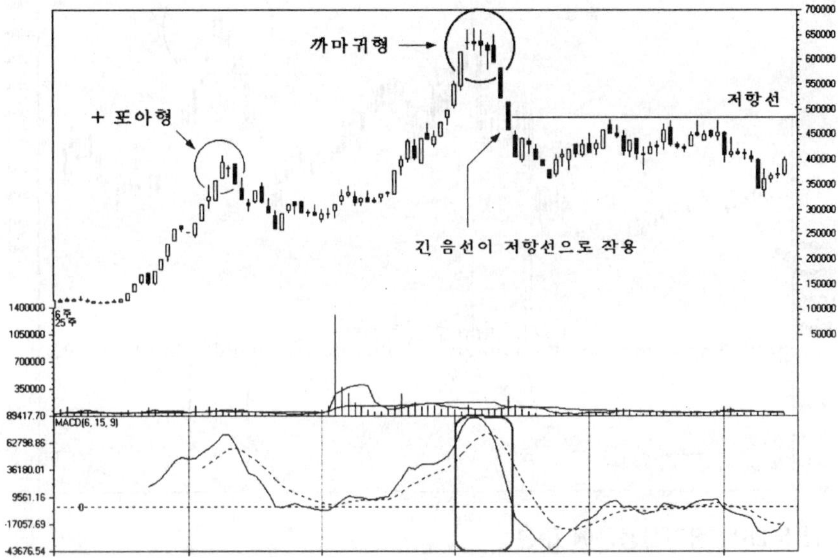

[그림 5-25] SK텔레콤 주봉

중앙 상단을 보면 상승 막바지에서 긴 양선이 연속 출현하며 상승세가 지속된 이후 작은 음선들이 나타나면서 까마귀형을 형성하고 있다. 긴 나뭇가지 위에 까마귀들이 나란히 앉아 불길한 모습으로 밑을 응시하고 있는 형상이 연상되고 있어 향후 주가하락이 예고된다. 동일시점에서 MACD 지표가 고점에서 하락반전하며 데드크로스가 발생하고 있어 주가하락 가능성이 더욱 높아지고 있다. 우측을 보면 긴 음선이 저항선으로 작용하고 있는 사례를 볼 수 있다.

② 사례 2

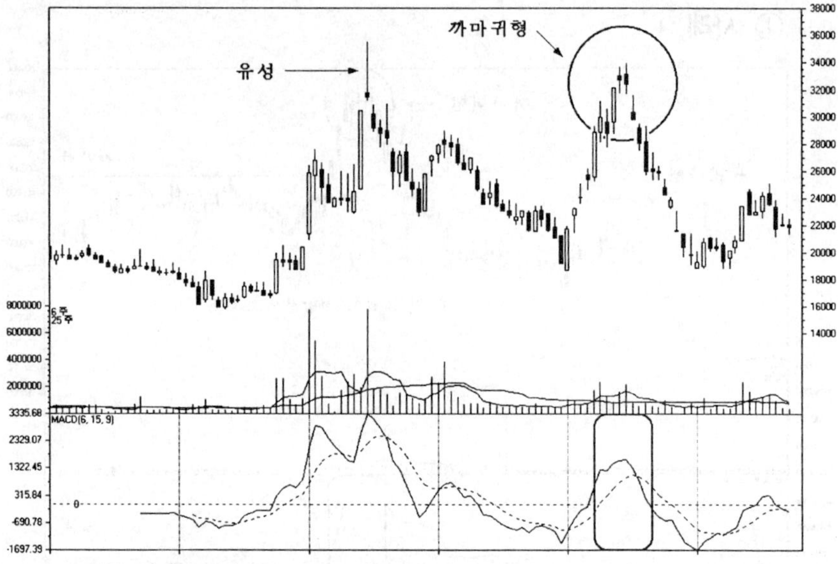

[그림 5-26] 장기신용은행 주봉

우측 상단을 보면 상승추세가 지속된 이후 긴 양선에 이어 작은 음선 두 개가 나타나면서 까마귀형이 출현하고 있다. 긴 나뭇가지 위에 까마귀 두 마리가 앉아 불길한 모습으로 밑을 응시하고 있는 형상을 하고 있어 주가하락이 예고되는 시점이다. 동일시점에서 MACD 지표도 상승세가 멈추고 하락 반전하고 있어 주가하락 가능성이 높아지고 있다.

중앙 상단에서는 30,000원대에서 35,000원대 사이에 형성된 커다란 유성이 출현하고 있다. 이 시점 이후 주가가 하락세로 급반전하고 있다.

③ 사례 3

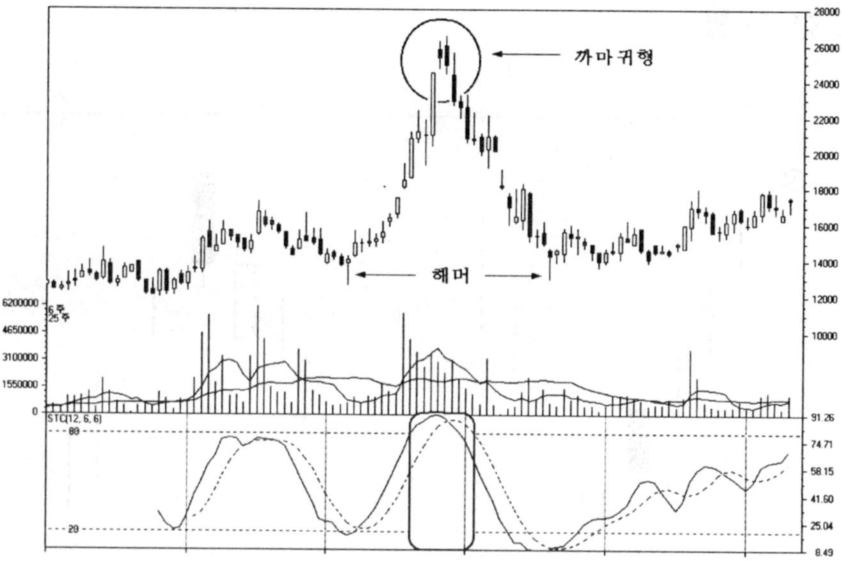

[그림 5-27] 신한은행 주봉

중앙을 보면 14,000원대에서 해머가 나타난 이후 주가가 상승하기 시작하면서 25,000원대까지 큰 폭으로 상승하였다. 그러나 연속된 양선출현 이후 작은 음선 두 개가 나타나면서 주가의 상승세가 하락세로 반전되고 있다. 즉 까마귀형이 형성되면서 주가하락이 예고되는 시점이다.

동일시점에서 Stochastics 지표가 상승세를 멈추고 하락반전하면서 데드크로스가 발생하고 있어 주가반전 가능성이 높아지고 있다. 주가의 큰 폭 하락 이후 해머가 나타나면서 하락세가 멈추고 있다. 이후 완만하게 주가가 상승하고 있다.

5. 접선형

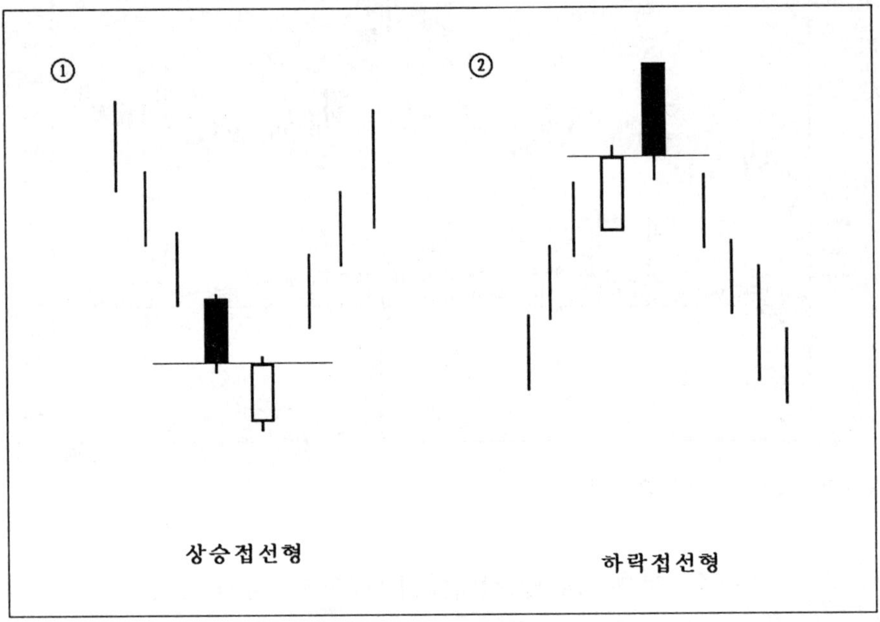

[그림 5-28] 접선형 : 상승접선형과 하락접선형

(1) 요 약

접선형은 [그림 5-28]과 같이 서로 상반된 색깔을 갖는 캔들차트가 같은 종가를 가질 때 형성된다. [그림 5-28] ①은 상승접선형의 사례로 이 패턴은 하락추세에서 발생한다.

접선형의 첫 번째 캔들차트는 긴 음선이고 두 번째 캔들차트는 시가는 직전종가에 비해 매우 낮게 형성된다. 이 시점에서 추가적인 하락에 대한 확신을 가질 수 있으나 이후 주가의 상승으로 직전종가와 일치하는 수준에서 새로운 종가가 형성된다. 이로써 이제까지의 하락추세는 더 이상 진행되지 않는다.

상승접선형은 관통형과 비교된다. 관통형은 상승접선형과 달리 두 번째 양선이 첫 번째 음선의 중간 이상 상승하는 것이 차이점이다. 바로 이런 점 때문에 관통형이 상승접선형보다 더욱 신뢰할 수 있는 반전형 패턴이다.

[그림 5-28] ②는 하락접선형의 사례로 상승추세에서 하락반전될 때 발생하는 패턴이다. 하락접선형의 첫 번째 캔들차트는 긴 양선으로 이제까지의 상승세력이 지속되고 있음을 보여주는 것이며 두 번째 캔들차트의 시가가 직전종가에 비해 더 높이 형성됨으로써 상승에 대한 확신을 더욱 갖게 된다.

그러나 이 시점부터 하락하고자 하는 새로운 세력이 등장하여 상승세력을 압도하면서 직전고점과 일치하는 수준까지 종가를 끌어내린다. 장 초반 상승에 대한 낙관적인 세력이 아마도 장 후반에는 향후 장세에 대한 불안감으로 변하게 될 것이다.

상승접선형은 관통형과 비교되고 하락접선형은 흑운형과 비교된다. 흑운형은 하락접선형보다 더 신뢰도가 높은 하락반전신호이다.

(2) 분석법

접선형의 특징은 다음과 같다.

① 첫째 날의 몸통 색깔은 하락추세일 때는 음선이고, 상승추세일 때는 양선이다.

② 둘째 날의 몸통 색깔은 첫째 날과 정반대이다.

③ 첫째 날과 둘째 날의 종가는 서로 일치한다.

④ 각각은 긴 몸통을 가지고 있어야 한다.

(3) 패턴분석

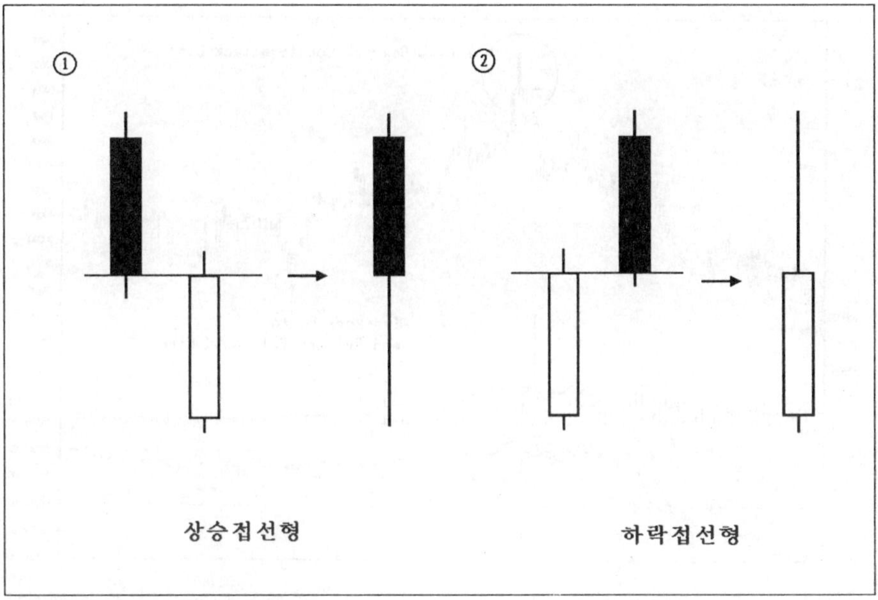

[그림 5-29] 접선형의 패턴분석

두 개의 캔들차트로 구성된 상승접선형을 단일 캔들차트로 축소변경하게 되면 첫 번째 몸통은 그대로 유지가 되며 두 번째 양선의 길이만큼 긴 아래 그림자가 형성된다.

하락접선형을 단일 캔들차트로 축소변경하게 되면 첫 번째 몸통은 그대로 유지가 되며 두 번째 음선의 길이만큼 긴 위 그림자가 형성된다.

(4) 사 례

① 사례 1

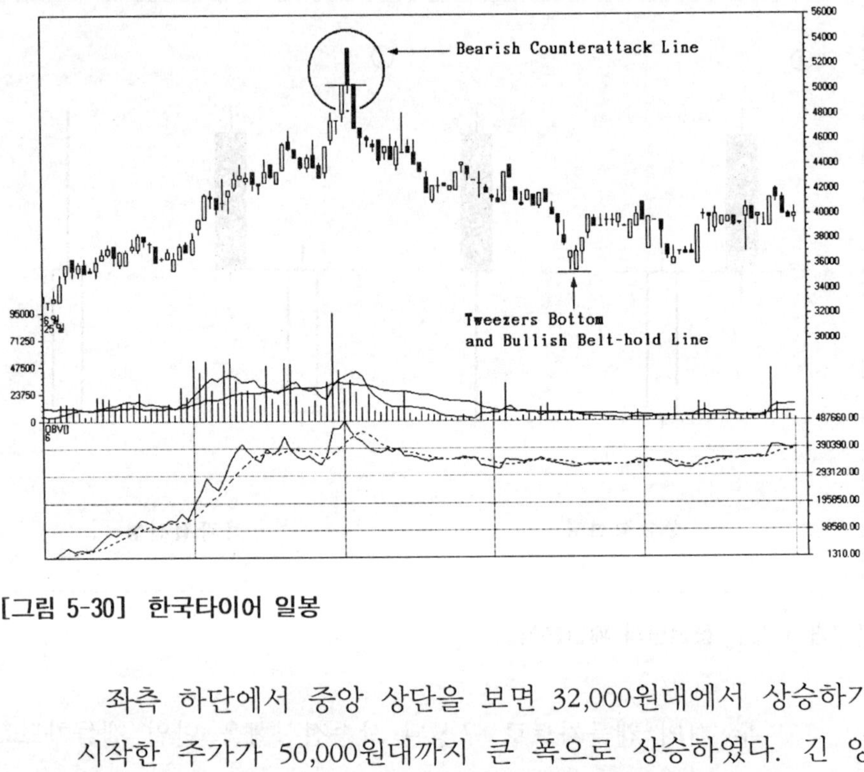

[그림 5-30] 한국타이어 일봉

좌측 하단에서 중앙 상단을 보면 32,000원대에서 상승하기 시작한 주가가 50,000원대까지 큰 폭으로 상승하였다. 긴 양선이 출현하며 50,000원대를 상향돌파한 주가가 다음날 큰 폭의 상승갭을 발생시키며 시가가 형성되었으나 장중에 주가가 밀리면서 전일종가로 당일종가가 형성되고 있다. 뒤이어 긴 음선이 출현하면서 주가가 하락세로 반전되고 있음을 볼 수 있다. 이 시점을 전후하여 OBV 지표도 상승추세에서 전환되어 하락세를 보여주고 있다.

② 사례 2

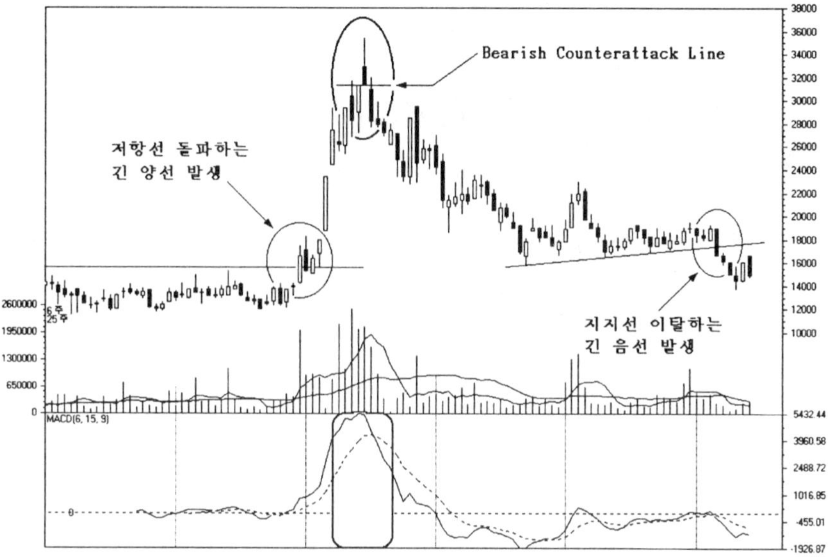

[그림 5-31] 서통 주봉

중앙 상단을 보면 긴 양선에 이어 긴 음선이 종가를 같이하면서 하락접선형이 출현하고 있다. 2일 연속 같은 종가가 형성됨으로써 그 가격대가 심리적인 저항선으로 작용하고 있다. 따라서 주가의 추세반전이 자연스럽게 이루어진다고 판단해 볼 수가 있다. 그 시점을 전후하여 MACD 지표도 급상승추세가 반전되면서 하락추세로 전환되고 있으며 데드크로스가 발생하고 있다. 즉 주가의 하락반전이 거래량의 감소현상과 더불어 확인되는 시점이라 보인다. 저항선을 돌파하는 긴 양선과 지지선을 이탈하는 긴 음선이 출현하고 있음을 볼 수 있다.

③ 사례 3

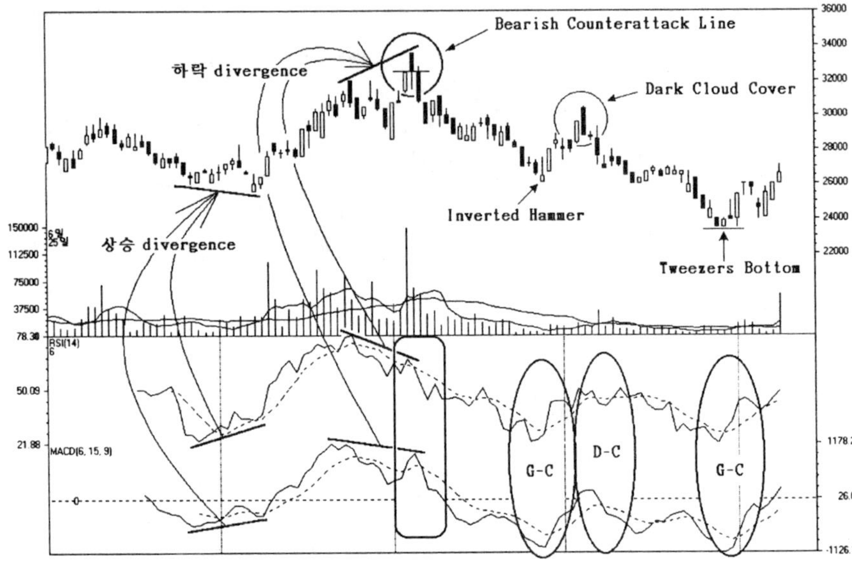

[그림 5-32] 맥스텔레콤 일봉

중앙 상단을 보면 상승 막바지에서 하락 다이버전스가 발생하고 있다. 하락 다이버전스가 발생하는 막바지에 긴 양선과 긴 음선이 종가를 같이하며 하락접선형이 출현하고 있다. 이 시점을 전후하여 주가가 하락반전되고 있으며 보조지표인 RSI와 MACD는 그 이전부터 이미 추세가 하락세로 전환되었음을 볼 수 있다. 좌측 하단을 보면 단기간에 걸쳐 상승 다이버전스가 발생하고 있으며, 우측 하단에서는 반전해머가 출현하면서 상승반전하고 있고 이후 흑운형이 출현하면서 하락반전되고 있다. 또한 집게형저점이 출현하면서 하락세가 멈추고 있다.

④ 사례 4

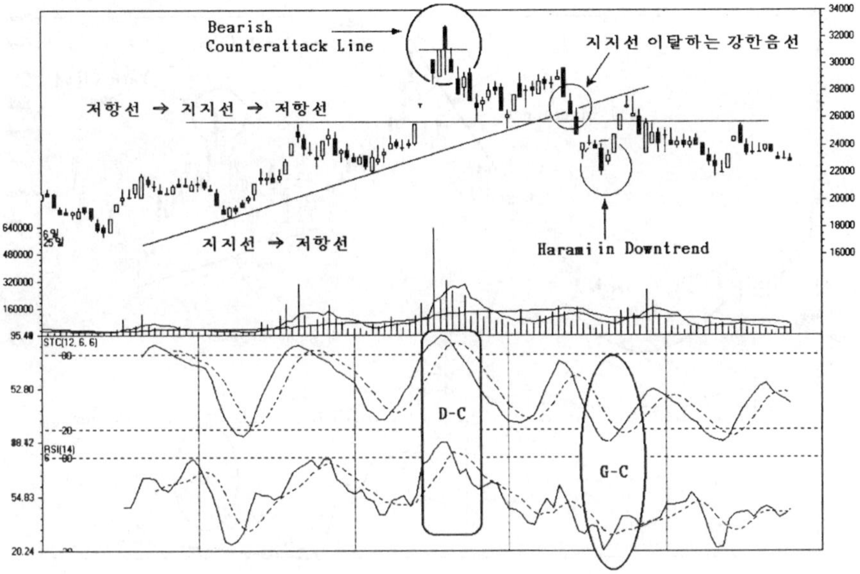

[그림 5-33] 한솔전자 일봉

중앙 상단을 보면 긴 양선이 형성된 후 다음날 큰 폭의 갭을 발생하며 시가가 형성되었으나 장중 전일 저가 부근까지 큰 폭으로 하락한 후 종가는 전일종가와 같은 가격에서 마감되었다. 같은 가격의 종가가 심리적인 저항선으로 판단되면서 주가는 더 이상 상승하지 못하고 하락세로 반전하고 있다. 이 시점을 전후하여 Stochastics와 RSI 지표도 하락반전하며 데드크로스가 발생하고 있어 향후 주가하락 가능성을 높여주고 있다. 장기간에 걸쳐 '지지선→저항선'의 추세선이 형성되어 있으나 상승세 막바지에 음선이 연속 출현하면서 지지선을 이탈하는 것을 볼 수 있다.

⑤ 사례 5

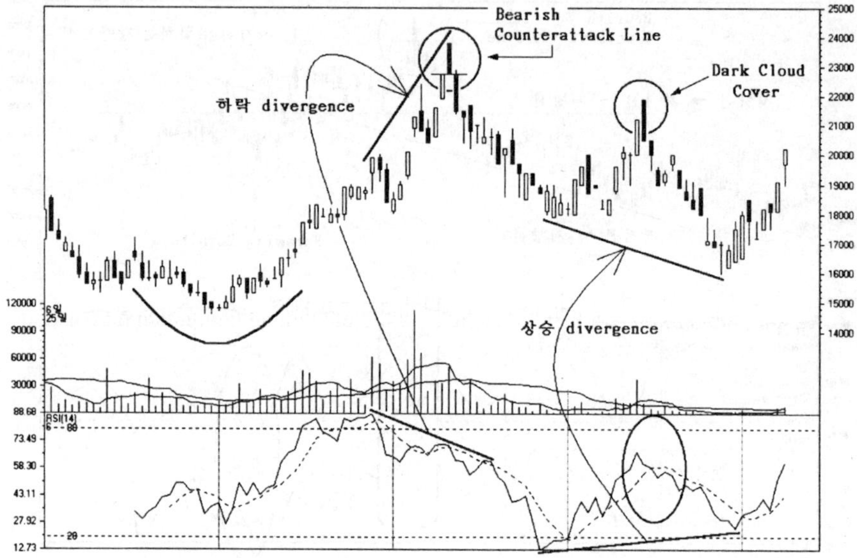

[그림 5-34] 화신 일봉

중앙 상단을 보면 주가는 큰 폭으로 상승하고 있으나 RSI 지표는 큰 폭으로 하락하고 있어 하락 다이버전스가 발생하고 있다. 또한 긴 양선에 이어 긴 음선이 종가가 같은 하락 접선형을 출현시키면서 추세가 하락반전되고 있다. 이 시점을 전후하여 RSI 지표는 이미 하락추세가 진행되고 있어 주가하락에 대한 신뢰성을 높여주고 있다.

우측 하단을 보면 주가의 저점은 낮아지는데 RSI 지표의 저점은 높아지면서 상승 다이버전스가 발생하고 있다. 또한 흑운형이 출현하며 추세가 하락반전하는 것을 볼 수 있다.

⑥ 사례 6

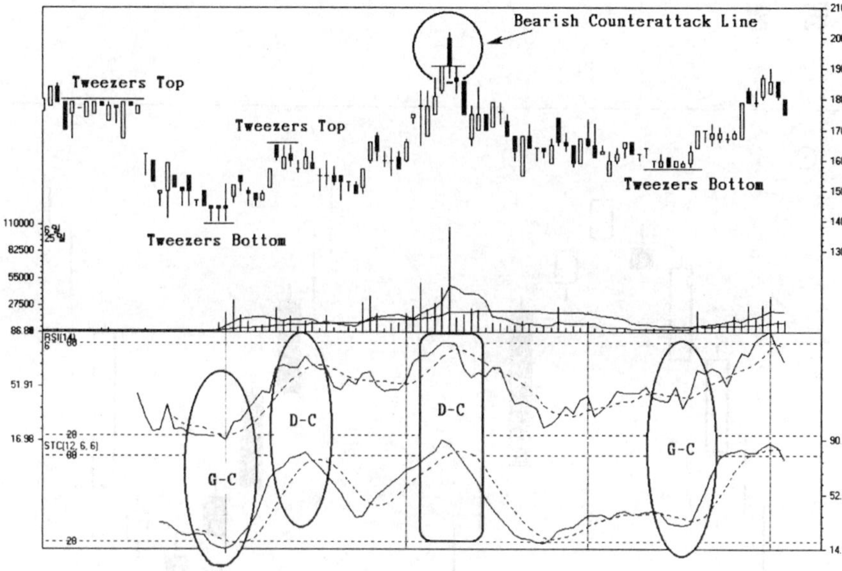

[그림 5-35] 정일공업 일봉

중앙 상단을 보면 긴 양선이 연속으로 나타나며 상승세가 지속되다가 어느 날 긴 음선이 전일종가와 같은 가격으로 마감되면서 하락접선형이 출현하고 있다. 따라서 상승추세가 하락추세로 전환되고 있으며 동일시점에서 RSI와 Stochastics 지표도 추세반전하며 하락전환하고 있다.

집게형고점과 집게형저점이 연속으로 형성되면서 주가 추세를 반전시키고 있으며 동일시점에서 RSI와 Stochastics 지표도 추세전환되고 있어 향후 주가의 흐름을 예측하는 데 유용한 지표로 사용될 수 있다.

6. 탑 형

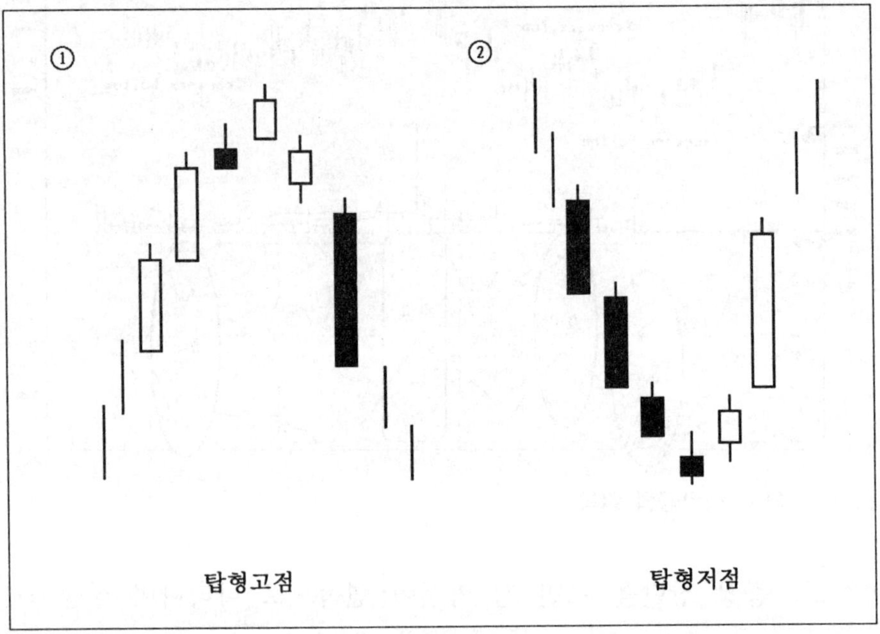

[그림 5-36] 탑형 : 탑형고점과 탑형저점

(1) 요 약

탑형고점은 상승추세의 고점에서 하락추세로 전환되는 패턴이다. 긴 양선이 연속해서 나타나며 상승추세가 지속된 이후에 발생한다. 상승추세에서는 완만하게 상승하지만 고점에서 하락전환될 때는 빠른 속도로 하락한다. 탑형고점은 한 개 또는 두 개 이상의 긴 음선이 나타나면서 완성된다. 따라서 탑형고점은 키가 큰 탑형과 모양이 유사하다 하여 붙여진 이름이다.

탑형저점은 하락추세가 지속된 이후 낮은 가격대에서 형성되며 하락추세의 저점에서 상승추세로 전환되는 패턴이다. 긴 음선이 연속해서 나타나며 하락추세가 지속된 이후에 발생한다. 탑형저점은 한 개 또는 두 개 이상의 긴 양선이 나타나면서 완성된다. 즉 탑형저점은 하락추세의 긴 음선과 상승추세의 긴 양선으로 구성되어 있다.

(2) 사 례

① 사례 1

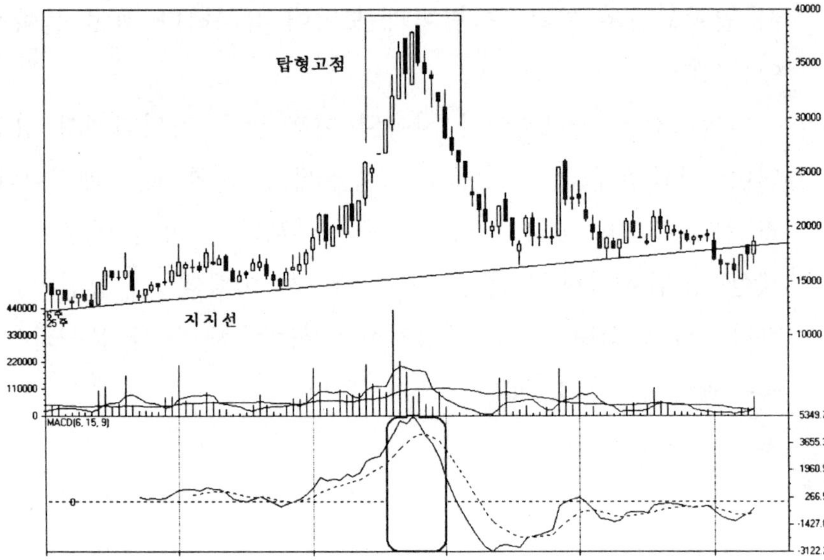

[그림 5-37] 한국쉘석유 주봉

중앙 상단을 보면 15,000원대를 저점으로 상승하기 시작한 주가가 35,000원대까지 큰 폭 상승을 하였다. 긴 양선에 이어 고점을 기록한 긴 음선이 출현하면서 하락반전형인 흑운형이 출현하고 있다. 이후 긴 음선들이 연속적으로 나타나면서 큰 폭 하락을 보인 이후 상승 직전의 가격대로 다시 돌아왔다. 이 과정에서 탑형이 형성되었다. 이 형성과정에서 거래량 추이를 보면 완만하게 상승한 이후 급속하게 하락하고 있으며 MACD 지표 역시 상승세보다 하락세가 더 급속하게 형성되고 있다.

② 사례 2

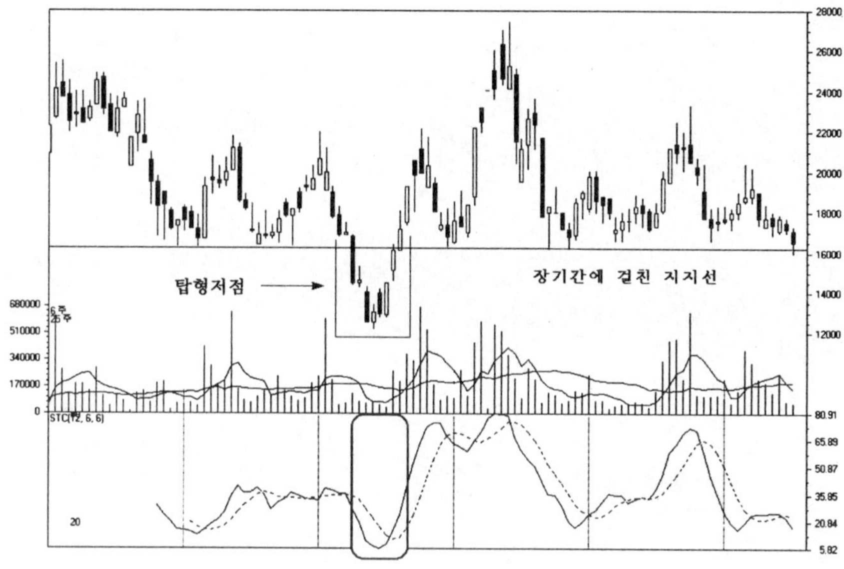

[그림 5-38] 해태전자 주봉

18,000원대와 20,000원대 사이에서 횡보하던 주가가 하락세를 보이며 긴 음선들이 연속으로 나타나며 저점을 기록하였다. 이후 긴 양선들이 뒤이어 나타나면서 상승세로 반전되고 있다. 이 과정에서 탑형이 형성되었다.

이 형성과정에서 거래량 추이를 보면 감소세에서 증가세로 반전되고 있으며 동일시점의 Stochastics 지표를 보면 하락세가 상승세로 전환되고 있음을 보여주고 있다. 16,000원대에서 장기간에 걸쳐 지지선이 형성되어 있음을 볼 수 있다.

제 6 장

지속형 패턴 외

대부분의 캔들차트는 반전형을 나타내고 있지만 그래도 많은 종류의 지속형 패턴들을 그래프 상에서 볼 수 있다. 사께다 전법에는 매수시기와 매도시기 그리고 관망시기(휴식기)로 표현을 하고 있는데, 대부분의 경우 일정한 추세를 유지하기 위하여 일정기간 숨을 돌리며 휴식기간을 갖는 경우가 있다. 이와 같이 일시적으로 쉬었다 다시 이전의 추세대로 진입하는 패턴들을 지속형이라 부른다.

지속형 패턴 외에도 제5장에서 마저 다루지 못한 일부 반전형 패턴에 대해서도 추가로 살펴보고자 한다.

제6장에서 다루고자 하는 패턴들은 다음과 같다.

- 삼법형 : 상승삼법형과 하락삼법형
- 돌파갭 : 상승돌파갭과 하락돌파갭

- 고점돌파 상승갭과 저점이탈 하락갭
- 적삼병과 흑삼병
- 동일흑삼병
- 상승적삼병
- 정체적삼병

1. 삼 법 형

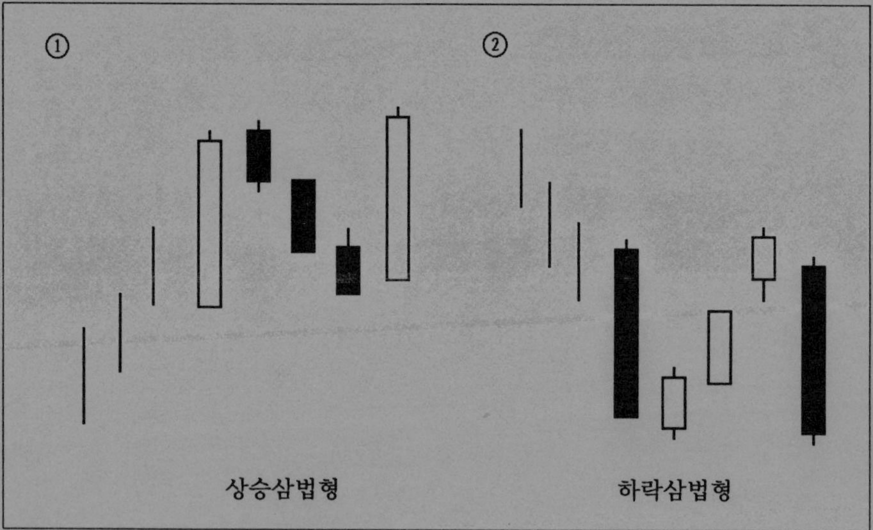

[그림 6-1] 삼법형 : 상승삼법형과 하락삼법형

(1) 요 약

삼법형(three methods)은 상승삼법형과 하락삼법형으로 구분된다. 상승삼법형과 하락삼법형은 모두 기존의 추세를 변경시키지 않고 지속시켜 주는 지속형으로 작용한다.

상승삼법형은 상승추세에서 긴 양선이 출현하면서 형성되기 시작한다. 뒤이어 긴 양선에 반발하는 작은 음선들이 형성되는데, 긴 양선의 저가와 고가 사이 즉 긴 양선의 거래범위 안에서 형성된다.

이때 긴 양선의 저가와 고가 사이 즉 긴 양선의 거래범위는 그림자까지 포함한다. 마지막 날(정상적으로 5일째)의 시가는 전일의 종가 위에서 시작되어 신고가를 경신하면서 종가가 형성된다.

하락삼법형은 상승삼법형과는 정반대로 하락추세에서 긴 음선이 출현하면서 형성된다. 뒤이어 긴 음선에 반발하는 작은 양선들이 형성되는데, 긴 음선의 저가와 고가 사이 즉 긴 음선의 거래범위 안에서 형성된다. 마지막 날(정상적으로 5일째)의 시가는 전일의 종가 아래에서 시작되어 신저가를 경신하면서 종가가 형성된다.

(2) 분석법

상승삼법형과 하락삼법형의 특징은 다음과 같다.

① 첫 번째(첫째 날)가 긴 양선이면 상승추세이고 긴 음선이면 하락추세를 나타낸다.

② 긴 양선에 이어 작은 음선들이 출현하는 것이 가장 좋고 긴 음선에 이어서는 작은 양선들이 출현하는 것이 가장 이상적이다.

③ 작은 양선이나 음선들은 기존의 추세와 반대되는 색깔을 가지고 있으며 앞선 긴 고가와 저가 범위 안에 포함되어야 한다.

④ 마지막 날은 긴 양선이나 음선을 형성해야 한다. 즉 기존의 추세를 유지하면서 첫째 날의 종가 밖에서 새로운 종가가 형성되어야 한다.

(3) 패턴분석

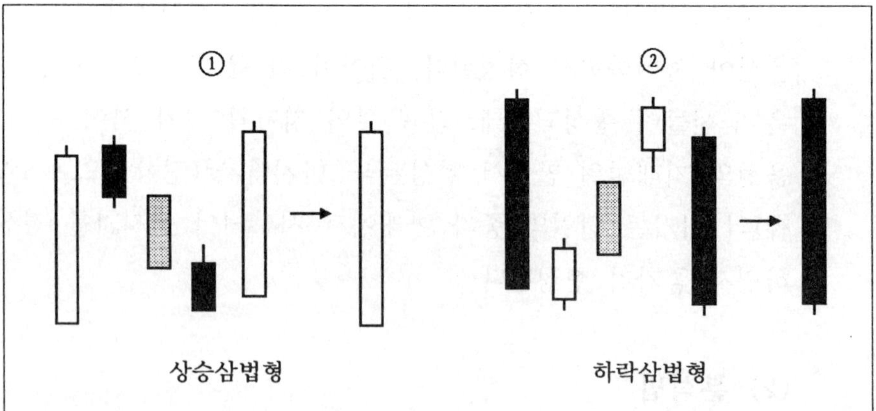

[그림 6-2] 상승삼법형과 하락삼법형의 패턴분석

(4) 사 례

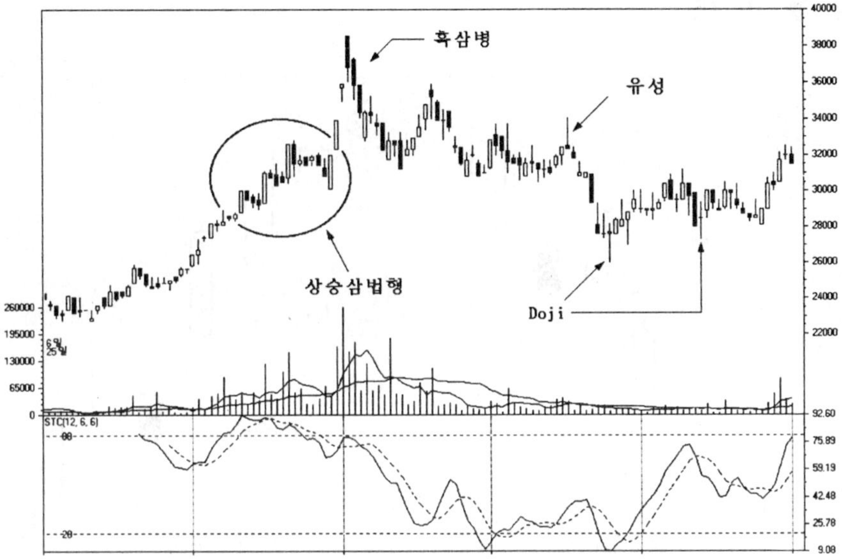

[그림 6-3] 한국컴퓨터 일봉 : 삼법형

좌측 중앙 부분을 보면 강하게 상승세가 이어지던 도중 긴 양선에 이어 이에 반발하는 작은 음선들이 출현하고 있다. 이때 작은 음선들은 직전의 긴 양선 안에 포함되고 있다.

마지막에는 기존의 상승추세를 반영하는 긴 양선이 출현하면서 직전고점을 상향돌파하며 신고가를 형성하고 있다. 이후 상승삼법형 출현으로 상승세가 지속되고 있다.

2. 돌파갭

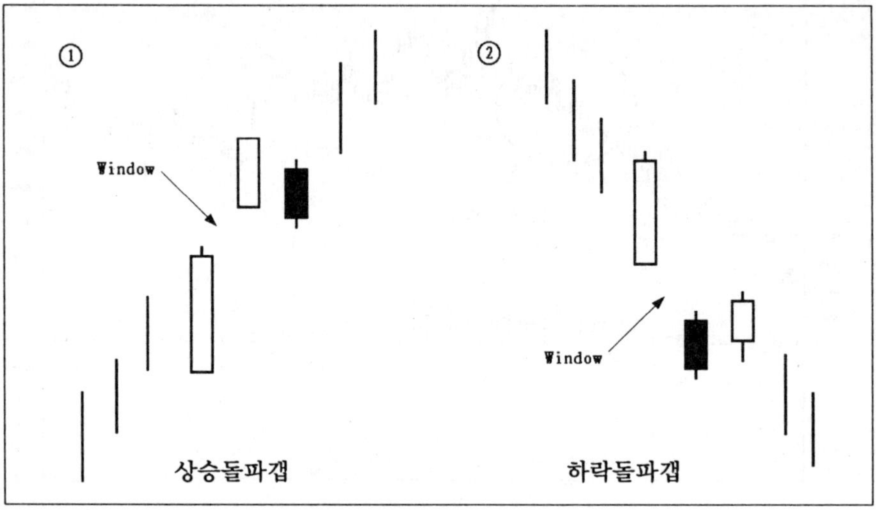

[그림 6-4] 돌파갭 : 상승돌파갭과 하락돌파갭

(1) 요 약

상승돌파갭(upward-gap tasuki)은 상승하는 도중 나타나는 지속형 패턴이다. 양선이 갭을 발생하며 형성되고 뒤이어 음선이 형성된다. 음선의 시가는 양선의 거래범위 내에서 형성되고 종가는 양선 아래에서 형성된다. 이때 음선의 종가가 좋은 매수시점이 되며 절대로 갭을 채워서는 안 된다. 만일 음선이 형성되는 과정에서 갭을 채우게 되면 매도세가 여전히 존재하고 있다고 판단하며 상승돌파갭은 더 이상 의미가 없어진다.

하락돌파갭은 상승돌파갭과 반대의 개념으로 이해하면 된다. 상승돌파갭과 하락돌파갭에 나타나는 양성과 음선의 몸통 길이는 대략 같은 크기를 가지고 있다. 상승돌파갭과 하락돌파갭은 모두 자주 나타나는 패턴은 아니고 매우 드물게 발생한다.

(2) 분석법

상승돌파갭의 특징은 다음과 같다.

① 상승추세에서 나타나며 양선이 상승갭을 발생하며 형성된다.
② 두 번째 음선의 시가는 양선의 거래범위 내에서 형성되고 종가는 양선 아래에서 형성된다.
③ 두 번째 음선이 형성되면서 갭을 채우지 말아야 한다.

하락돌파갭의 특징은 다음과 같다.

① 하락추세에서 나타나며 음선이 하락갭을 발생하며 형성된다.
② 두 번째 양선의 시가는 음선의 거래범위 내에서 형성되고 종가는 음선 위에서 형성된다.
③ 두 번째 양선이 형성되면서 갭을 채우지 말아야 한다.

(3) 사 례

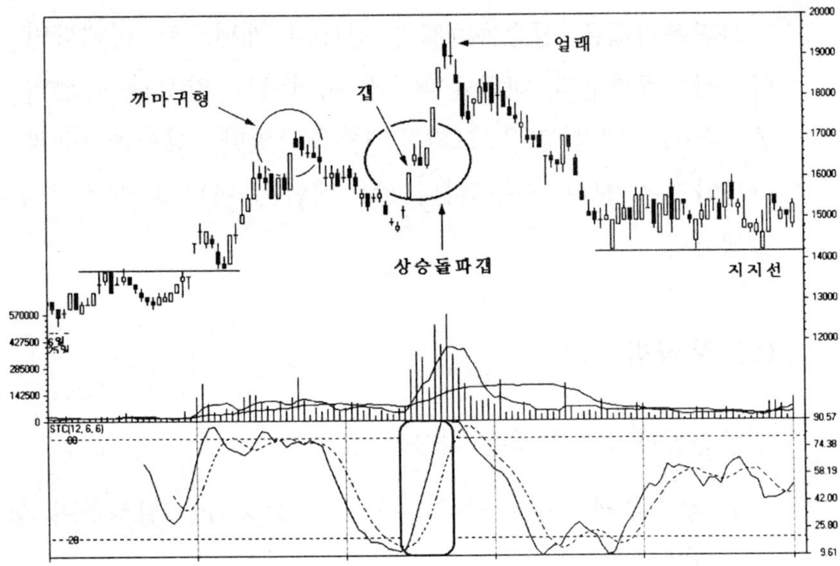

[그림 6-5] 오리온전기 일봉

중앙 부분을 보면 대량거래를 동반하면서 상승추세로 전환된 이후 긴 양선에 이어 상승갭이 발생하고 있다. 긴 양선과 같은 색깔의 양선이 상승갭을 두고 나타나고 있으며 이와 크기가 비슷한 음선이 또 다시 나타나고 있다. 이때 앞서 발생한 상승갭을 메우지 않고 음선이 나타나고 있으며 뒤이어 긴 양선이 나타나면서 상승추세를 이어가고 있다.

이 시점을 전후하여 거래량이 큰 폭으로 증가하고 있으며 보조지표 Stochastics가 급반전하며 침체권을 벗어나고 있다.

3. 고점돌파 상승갭과 저점이탈 하락갭

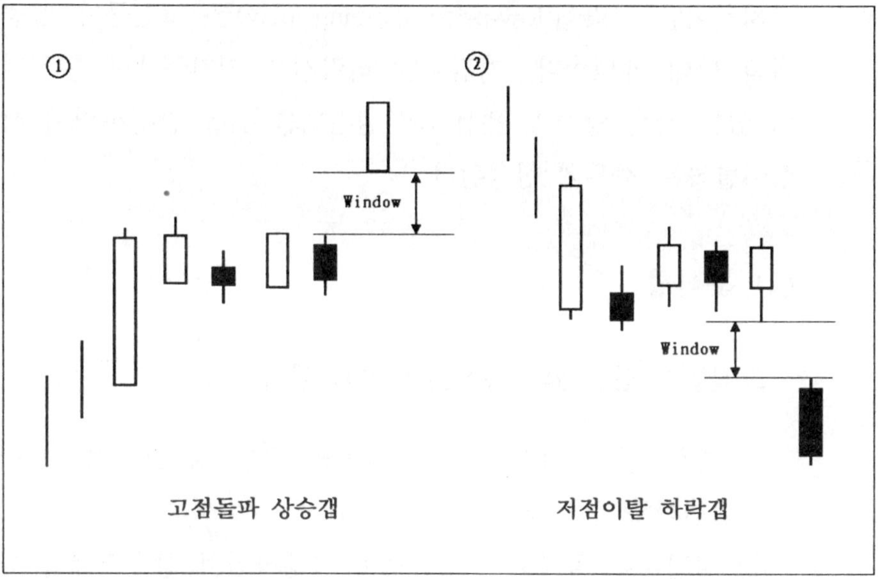

[그림 6-6] 고점돌파 상승갭과 저점이탈 하락갭

(1) 요 약

큰 폭으로 상승하면서 긴 양선이 출현한 다음에 작은 몸통을 갖는 양선과 음선들이 밀집되는 경우가 있다. 강한 상승 이후에 이와 같이 작은 양선과 음선들이 서로 밀집하게 되면 향후 시장의 향방이 불분명한 상태로 된다.

이후 상승갭이 발생하면서 상승하게 되면 이때가 가장 좋은 매수시점이 된다. 이 과정에서 생긴 패턴을 고점돌파 상승갭(high-price gapping play)이라 부른다.

저점이탈 하락갭(low-price gapping play)은 고점돌파 상승갭의 반대 개념이다. 저점이탈 하락갭은 저가권대에 형성되어 있는 작은 양선과 음선들의 밀집대를 갭을 발생하면서 하향이탈하는 경우에 형성된다.

(2) 분석법

고점돌파 상승갭의 특징은 다음과 같다.

① 강한 상승 이후에 작은 몸통을 갖는 양선과 음선들이 밀집대를 형성한다.
② 밀집대를 돌파하는 상승갭이 발생하면서 상승추세를 반영하는 양선이 형성된다.

저점이탈 하락갭의 특징은 다음과 같다.

① 큰 폭의 하락 이후에 작은 몸통을 갖는 양선과 음선들이 저가권대에서 밀집대를 형성한다.
② 밀집대를 이탈하는 하락갭이 발생하면서 하락추세를 반영하는 음선이 형성된다.

(3) 사 례

① 사례 1

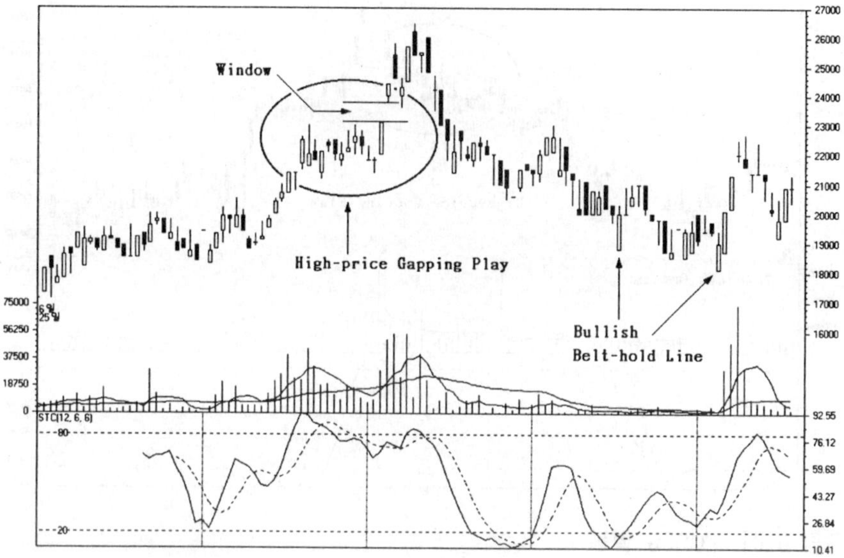

[그림 6-7] 극동유화 일봉

중앙 중간부분을 보면 19,000원대를 저점으로 양선이 연속 출현하면서 상승하기 시작하였다. 그러나 상승 도중 22,000원대를 고점으로 더 이상 상승하지 못하고 옆으로 횡보하면서 두꺼운 밀집대를 형성하고 있다. 이때 거래량이 감소하고 있고 Stochastics 지표도 하락세를 보이고 있어 주가 향방이 불확실하였으나 긴 양선에 이어 큰 폭의 상승갭이 발생하면서 이전의 상승세를 다시 이어가고 있다. 이 시점 이후 거래량이 증가하고 Stochastics 지표도 다시 상승하고 있다.

② 사례 2

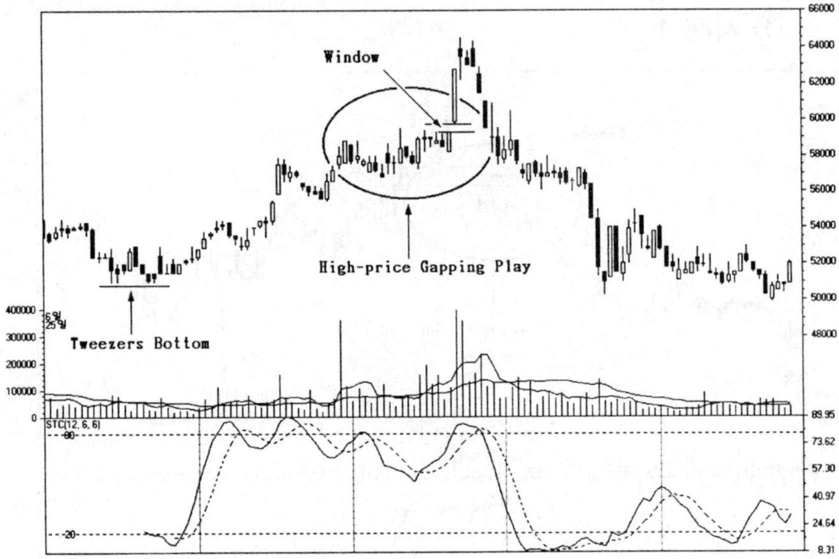

[그림 6-8] POSCO 일봉

좌측 하단을 보면 51,000원대에서 집게형저점이 출현하면서 바닥을 확인하고 나서 다시 상승세로 전환되고 있다. 이후 58,000원대에 근접하면서 더 이상 상승세가 이어지지 못하고 강한 밀집대를 형성하고 있다.

이후 큰 폭의 상승갭이 발생하면서 긴 양선 출현과 함께 상승세를 지속시키고 있다. 이 과정에서 고점돌파 상승갭 패턴이 형성되고 있다.

이 시점 이후 큰 폭의 거래량이 수반되고 있으며 Sochastics 지표도 재반등하고 있다.

③ 사례 3

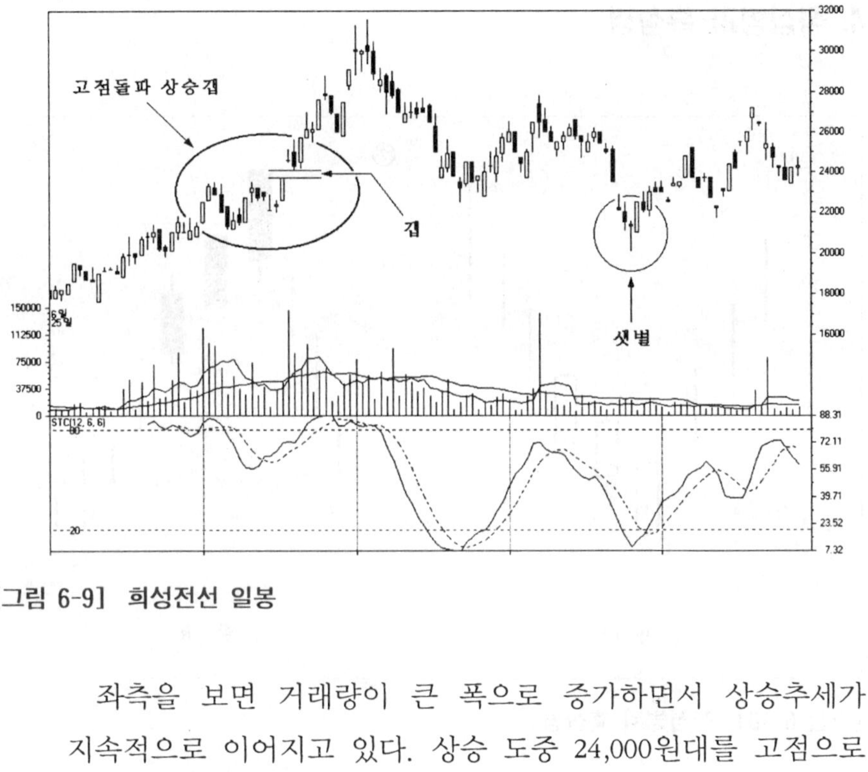

[그림 6-9] 희성전선 일봉

좌측을 보면 거래량이 큰 폭으로 증가하면서 상승추세가 지속적으로 이어지고 있다. 상승 도중 24,000원대를 고점으로 주가가 더 이상 상승하지 못하고 옆으로 횡보하면서 물량밀집대를 형성하고 있다. 향후 주가향방이 불투명하던 이 시점에서 긴 양선에 이은 큰 폭의 상승갭이 발생하면서 직전고점을 강하게 상향돌파하고 있다. 이때를 매수시점으로 이용할 수 있으며 비로소 지속형인 고점돌파 상승갭이 형성된 것이다. 이 시점 이후 거래량이 소폭 증가하고 있으며 보조지표 Stochastics가 재반등하고 있다.

4. 적삼병과 흑삼병

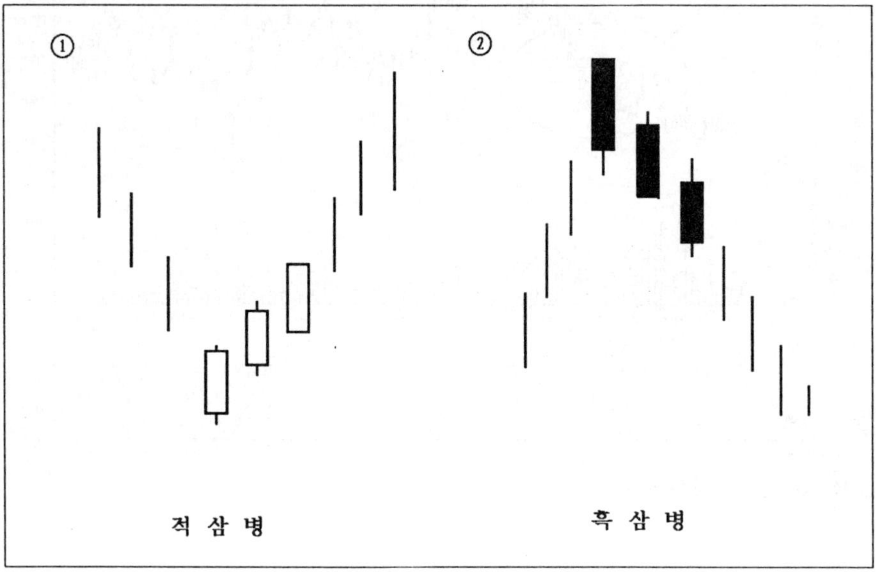

[그림 6-10] 적삼병과 흑삼병

(1) 요 약

[그림 6-10] ①의 적삼병(three white soldiers)은 세 양선이 연속해서 상승하면서 나타나는 패턴이다. 하락추세가 지속된 이후 저가권에서 출현하는 적삼병은 향후 추세상승을 예고해 준다.

적삼병은 꾸준하게 상승하는 경우로서 전날의 양선 내에서 시가가 형성되며, 각각의 양선은 고가에 근접하여 종가가 형성되므로 위 그림자가 작거나 거의 나타나지 않는다. 이런 상황은 시장이 강하게 상승세로 반전되었음을 보여주는 경우이다.

까마귀형은 두 음선으로 구성되어 있지만 그림 ②의 흑삼병(three black crows)은 세 음선이 연속해서 하락하면서 나타난다. 흑삼병은 상승추세가 지속된 이후 고가권에서 출현하는데 향후 추세하락을 예고해 준다.

흑삼병은 죽은 고목나무에 까마귀가 여러 마리 불길하게 앉아 있는 모습을 연상시켜 주며 향후 주가하락을 예고해 준다. 세 음선의 종가는 장중저가에 거의 근접하여 형성되며 각각의 시가는 직전음선의 거래영역(몸통) 안에서 형성된다.

(2) 분석법

적삼병의 특징은 다음과 같다.

① 세 개의 긴 양선이 연속적으로 발생하며 점점 종가가 더 높게 형성된다.
② 각각은 전일의 몸통 안에서 시가가 형성된다.
③ 당일종가가 장중의 고가 근처에서 형성된다.

흑삼병의 특징은 다음과 같다.

① 세 개의 긴 음선이 연속적으로 발생하며 점점 종가가 더 낮게 형성된다.
② 각각은 전일의 몸통 안에서 시가가 형성된다.
③ 당일종가가 장중의 저가 근처에서 형성된다.

(3) 패턴분석

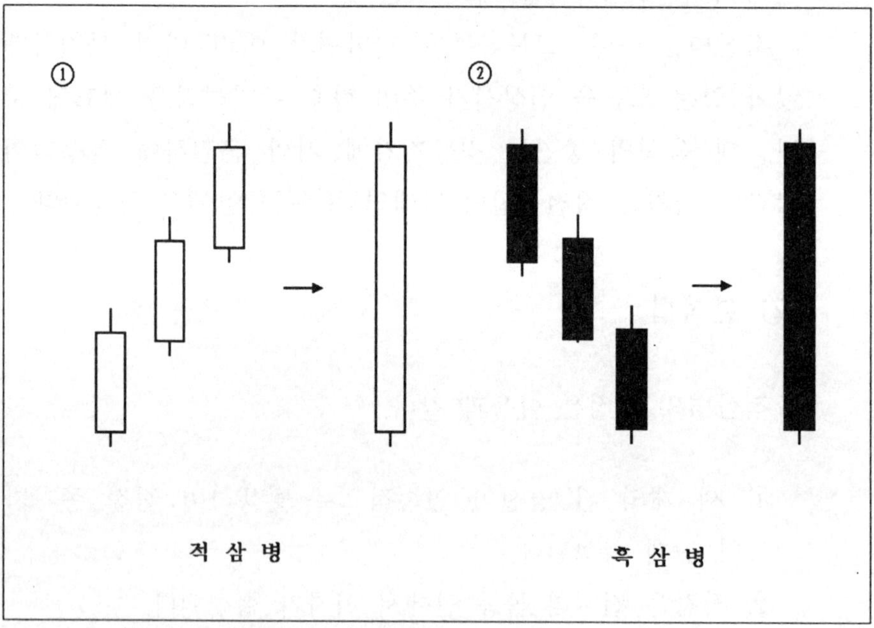

[그림 6-11] 적삼병과 흑삼병의 패턴분석

적삼병은 양선 3개가 합성되어 긴 양선을 형성하고 있다. 하락추세가 멈추면서 양선 3개가 연속해서 형성된다는 것은 투자심리가 호전되고 있음을 보여주는 것으로서, 바닥권을 강하게 벗어나고 있음을 보여주는 것이다.

반대로 흑삼병은 음선 3개가 합성되어 긴 음선을 형성하고 있다. 상승추세가 멈추면서 음선 3개가 연속해서 형성된다는 것은 투자심리가 역전되고 있음을 보여주는 것으로서 상승세가 갑자기 약화되고 있음을 알 수 있다.

(4) 사 례

① 사례 1

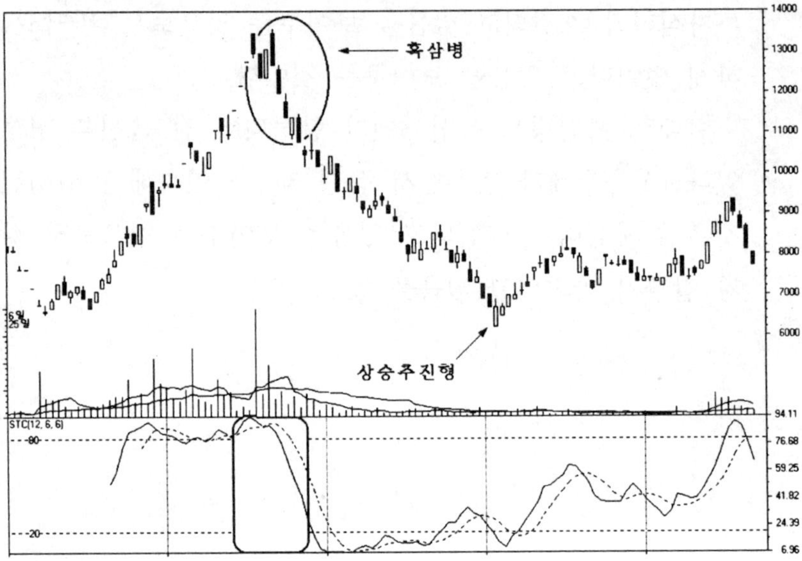

[그림 6-12] 영진테크 일봉

6,000원대를 저점으로 상승하기 시작한 주가가 두 달 후 13,000원대까지 큰 폭으로 상승하였다. 그러나 고점에서 음선 세 개가 연속해서 나타나면서 흑삼병이 출현하고 있고 동시에 장기간에 걸쳐 형성된 지지선을 하향이탈하고 있다.

흑삼병 출현 이후 거래량이 감소하고 있으며, 보조지표 Stochastics를 보면 과열권을 이탈하며 하락세로 급락하고 있다. 즉 흑삼병 출현과 동시에 거래량과 보조지표가 동시에 하락반전하고 있어 향후 주가하락 가능성을 높여주고 있다.

② 사례 2

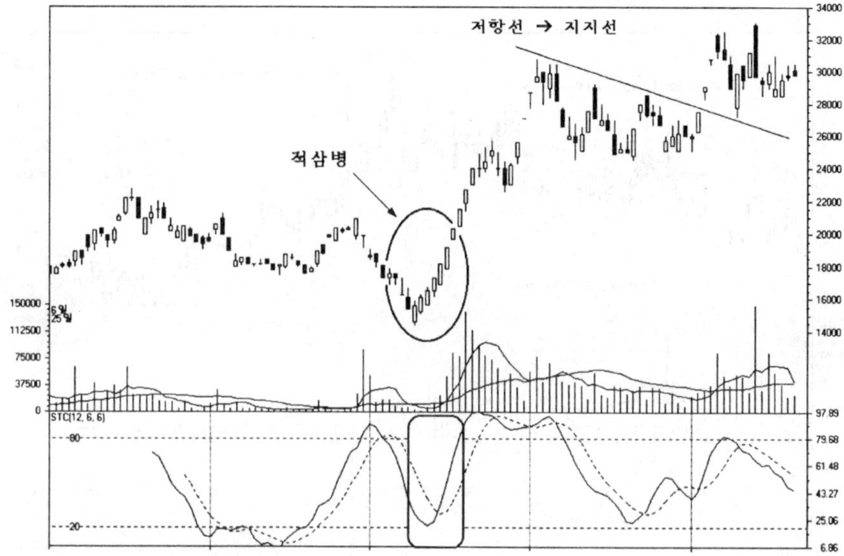

[그림 6-13] 정일공업 일봉

장기간 16,000원~18,000원대에서 횡보국면을 보인 주가가 중앙 하단을 보면 양선이 연속으로 나타나면서 적삼병이 출현하고 있다. 이 시점을 전후하여 거래량이 큰 폭으로 증가하고 있으며 보조지표 Stochastics도 하락을 멈추고 상승반전하고 있어 향후 주가상승에 대한 가능성을 높여주고 있다.

즉 적삼병 출현과 동시에 거래량이 증가하고, 보조지표들도 상승추세를 보이고 있다면 향후 주가상승에 대한 가능성은 매우 높다고 할 수가 있다. 하락과정이나 횡보국면에서 양선 3개가 연속해서 나타나는 것은 매우 힘든 일이며 상승에너지가 매우 강함을 뜻한다.

③ 사례 3

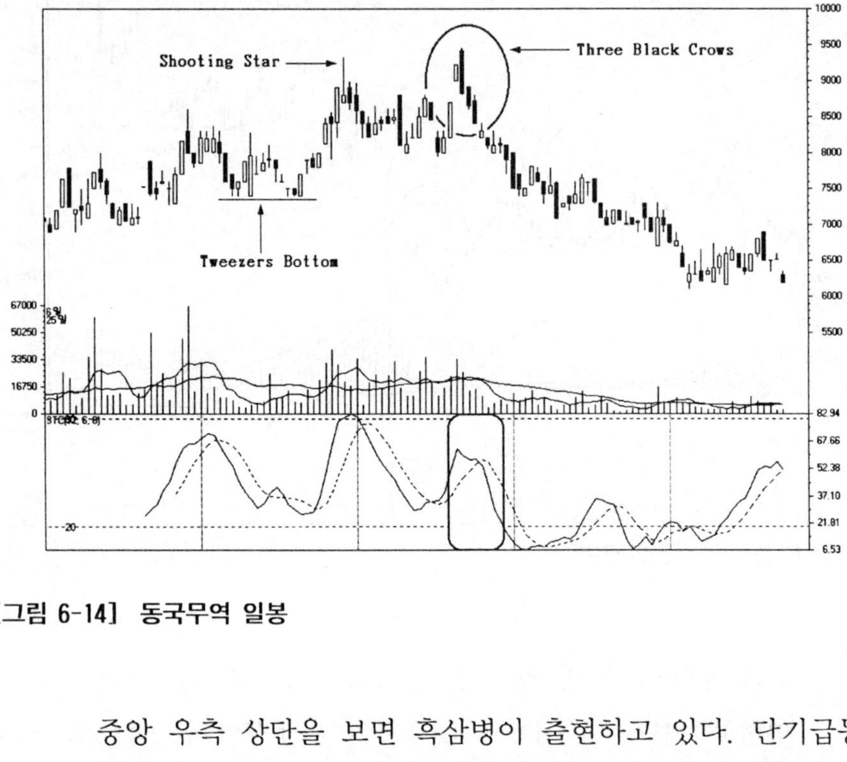

[그림 6-14] 동국무역 일봉

중앙 우측 상단을 보면 흑삼병이 출현하고 있다. 단기급등 이후 음선이 3개 연속 이어지면서 주가가 하락세로 반전하고 있으며 이후 장기간에 걸쳐 주가가 하락하고 있다. 동일시점에서 Stochastics 지표도 하락반전하며 데드크로스가 발생하고 있다.

좌측 하단에서는 집게형저점이 형성되면서 주가의 하락세가 멈추고 있으며, 이후 반등이 나타났으나 유성이 출현하면서 더 이상 주가가 상승하지 못하고 있다.

④ 사례 4

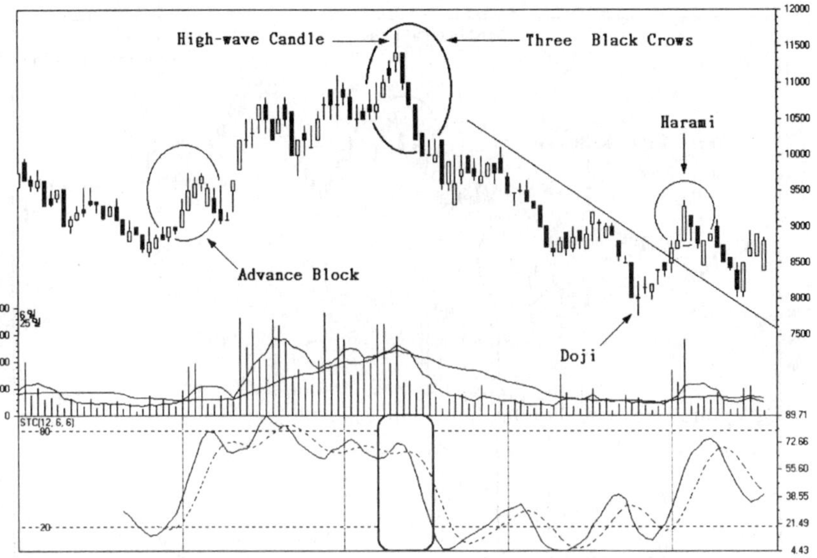

[그림 6-15] 삼익건설 일봉

좌측 하단에서 중앙 상단을 보면 8,500원대를 저점으로 상승하기 시작한 주가가 큰 떨림 캔들을 형성하면서 고점 11,500원대를 기록하였다. 이후 음선 3개가 연속으로 나타나며 흑삼병이 출현하고 있다. 이로써 상승추세가 더 이상 지속되지 못하고 하락추세로 전환되고 있다. 동일시점에서 Stochastics 지표도 과열권을 하향이탈하며 하락전환되고 있어 향후 주가하락 가능성을 예고해 주고 있다. 우측 하단에서는 주가가 7,500원대까지 하락한 이후 얼레가 발생하면서 더 이상 주가하락이 이어지지 못하고 상승세로 반전되고 있으며, 이후 포아형이 나타나면서 주가가 하락반전되고 있음을 볼 수 있다.

⑤ 사례 5

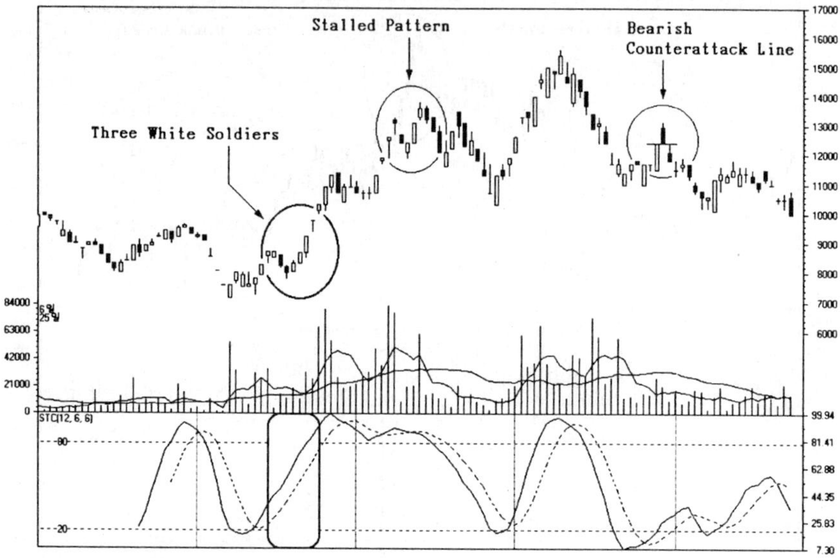

[그림 6-16] 대붕전선 일봉

좌측 하단을 보면 8,000원~9,000원대 사이에서 장기간 횡보국면을 보인 이후 적삼병이 출현하면서 상승세로 반전되고 있다. 장기간 하락세가 지속되었거나 횡보국면을 보인 이후 바닥권에서 적삼병이 출현하게 되면 주가의 상승반전 가능성이 높아지며 동일시점에서 보조지표 Stochastics가 상승추세를 보이고 있다면 향후 상승 가능성은 더욱 높다고 할 수 있다.

중앙 상단에서는 정체적삼병이 출현하면서 주가의 상승세가 멈추고 있으며 이 시점에서 Stochastics 지표도 하락하고 있어 일시적이나마 주가의 하락세가 나타나고 있다.

5. 동일흑삼병

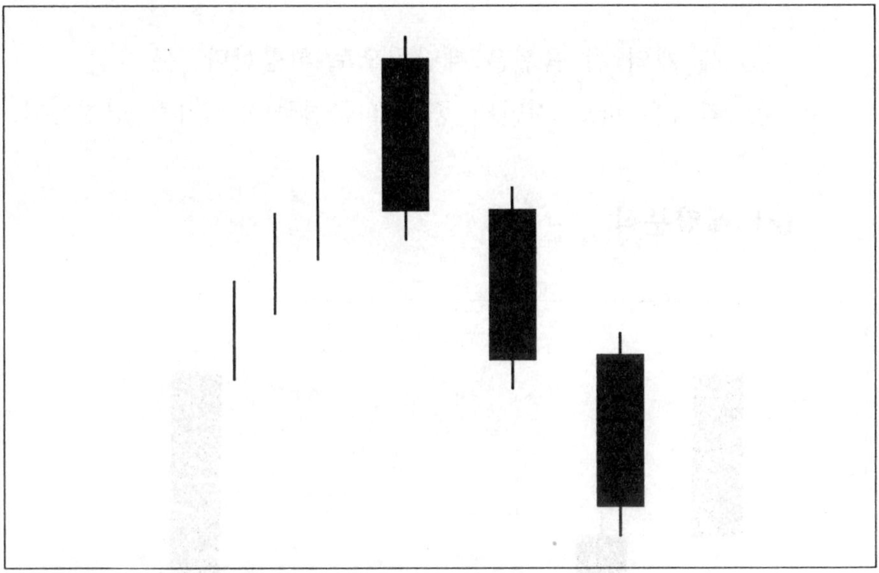

[그림 6-17] 동일흑삼병

(1) 요 약

동일흑삼병(identical three crows)은 앞서 설명한 흑삼병형과 유사하여 상승추세가 지속되다 음선 3개가 연속해서 출현하면서 하락추세로 전환되는 경우이다. 차이점은 두 번째와 세 번째 음선의 시가가 바로 전날의 종가 또는 종가에 근접하여 형성된다는 점이다.

(2) 분석법

동일흑삼병의 특징은 다음과 같다.

① 세 개의 긴 음선은 계단식으로 하향한다.
② 각각은 바로 전날의 종가에 근접하여 시가가 형성된다.

(3) 패턴분석

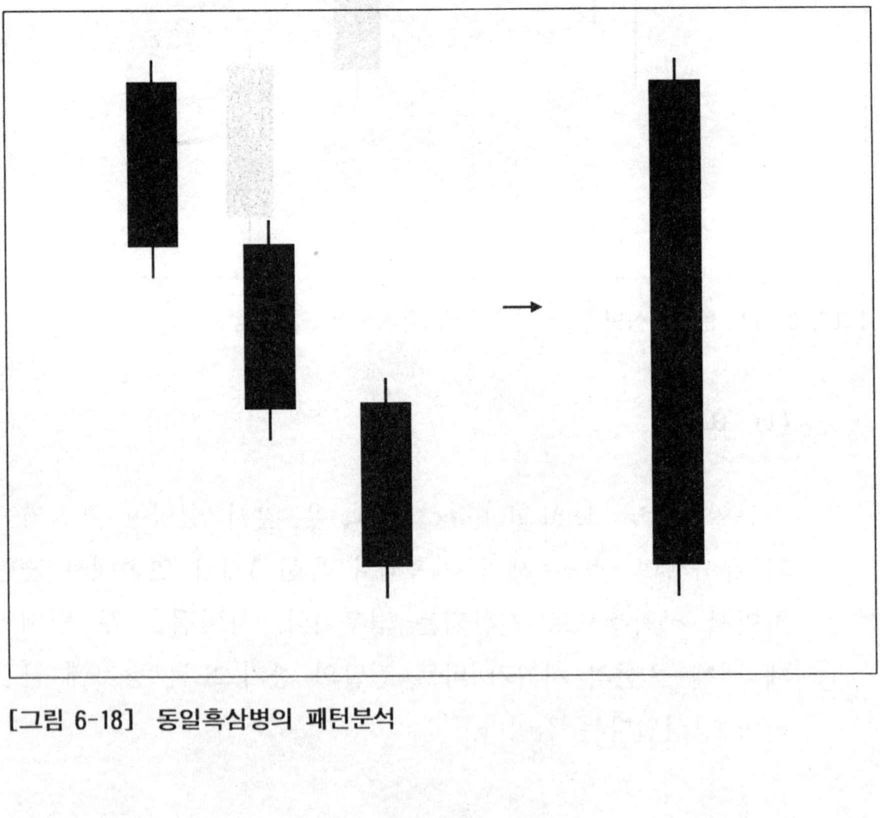

[그림 6-18] 동일흑삼병의 패턴분석

(4) 사 례

① 사례 1

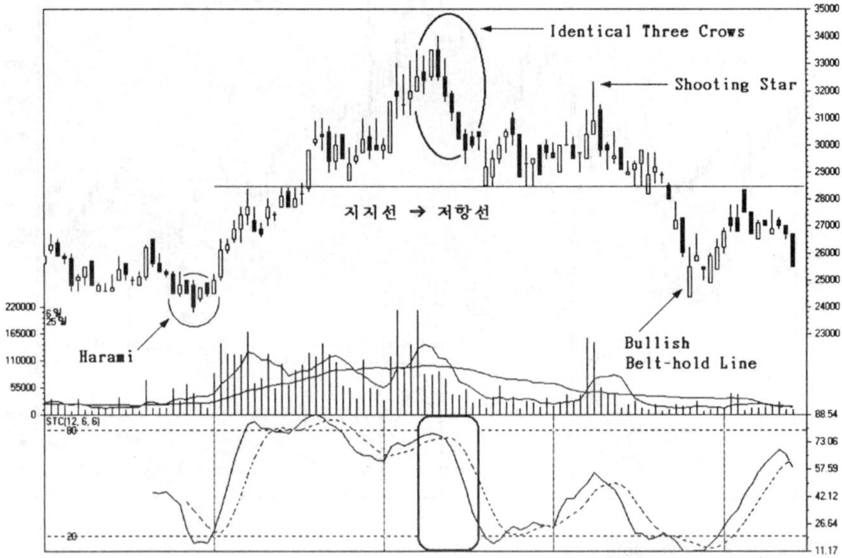

[그림 6-19] 삼부토건 일봉

좌측 하단에서 포아형이 나타나면서 상승하기 시작한 주가가 이후 33,000원대까지 큰 폭으로 상승하였다. 그러나 이후 전일종가 부근에서 음선이 연달아 발생하면서 동일흑삼병이 출현하고 있다. 이로 인해 주가의 상승세가 더 이상 이어지지 못하고 이후 하락세가 지속되고 있음을 볼 수 있다.

이 시점에서 Stochastics 지표도 하락하고 있어 주가하락에 대한 가능성을 높여주고 있다.

② 사례 2

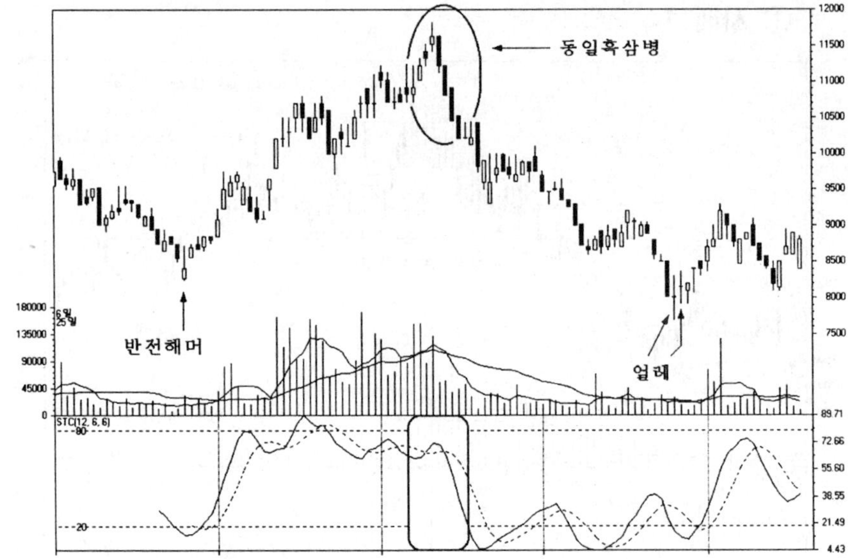

[그림 6-20] 신한 일봉

좌측 하단을 보면 상승포아형이 나타나면서 상승하기 시작한 주가가 33,000원대까지 큰 폭으로 상승하였다. 그러나 이후 전일종가 부근에서 음선이 연달아 발생하면서 동일흑삼병이 출현하고 있다. 이로 인해 상승지지선을 강하게 하향이탈하고 있으며, 주가의 상승세가 더 이상 이어지지 못하고 이후 하락세로 반전되고 있음을 볼 수 있다. 이 시점 이후 거래량이 감소하고 있으며, 보조지표 Stochastics도 하락하고 있어 주가하락에 대한 가능성을 더욱 높여주고 있다.

6. 상승적삼병

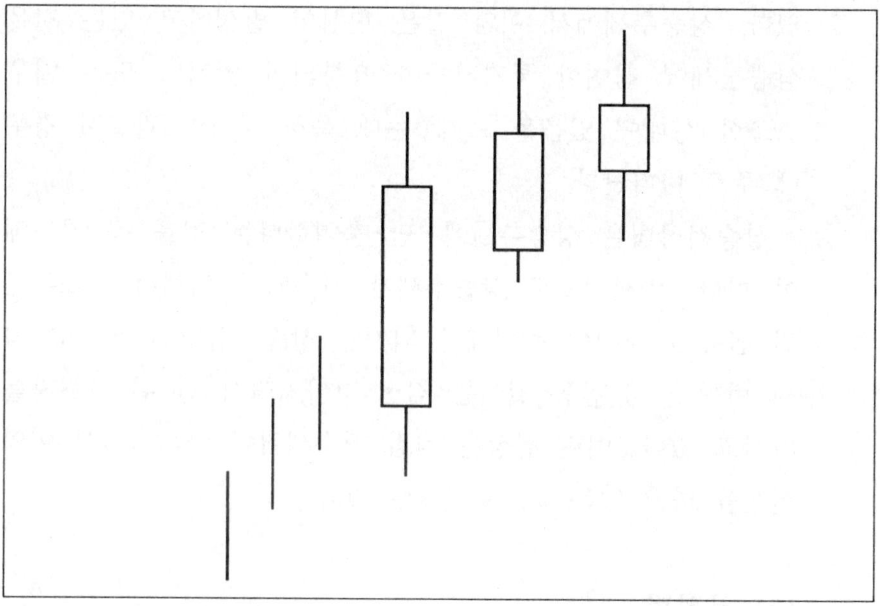

[그림 6-21] 상승적삼병

(1) 요 약

상승적삼병(advance block)은 적삼병에서 변형된 패턴이다. 적삼병은 하락추세의 막바지에서 형성되지만 상승적삼병은 상승추세에서 발생되어야만 한다. 또한 상승적삼병은 적삼병과는 달리 두 번째, 세 번째의 몸통 길이가 점점 작아진다는 점이다. 즉, 점점 상승세력이 약해지고 있다는 것을 알 수 있다.

두 번째와 세 번째 날에 형성된 긴 위 그림자는 장중 최고가를 더 이상 유지하지 못하고 다시 밀리는 현상을 보여주고 있다. 상승추세에서 이와 같은 현상이 발생하고 있는 것은 상승장세에 참여한 투자자들이 흥분되어 있거나 또는 매우 초조한 상태에 있음을 보여주는데 특히 시장이 과열된 경우에 주로 나타난다.

상승적삼병은 상승추세에서만 출현한다는 점을 꼭 기억해야 한다. 일반적으로 상승추세가 지속되기 위해서는 대부분 긴 몸통의 양선이 출현해야 되지만 상승적삼병의 두 번째와 세 번째 날의 몸통 길이는 점점 작아지면서 긴 위 그림자를 가지고 있다. 이런 현상은 점점 매수세력이 약해지면서 이익실현을 하고 있는 것으로 볼 수 있다.

(2) 분석법

상승적삼병의 특징은 다음과 같다.

① 세 개의 양선은 연속해서 종가가 더 높아야 한다.

② 각각의 양선은 전일 양선의 몸통 내에서 시가가 형성되어야 한다.

③ 상승하기 위한 매수세력이 점점 약해지고 있는데 두 번째와 세 번째 날의 긴 위 그림자를 통해 확인할 수 있다.

(3) 패턴분석

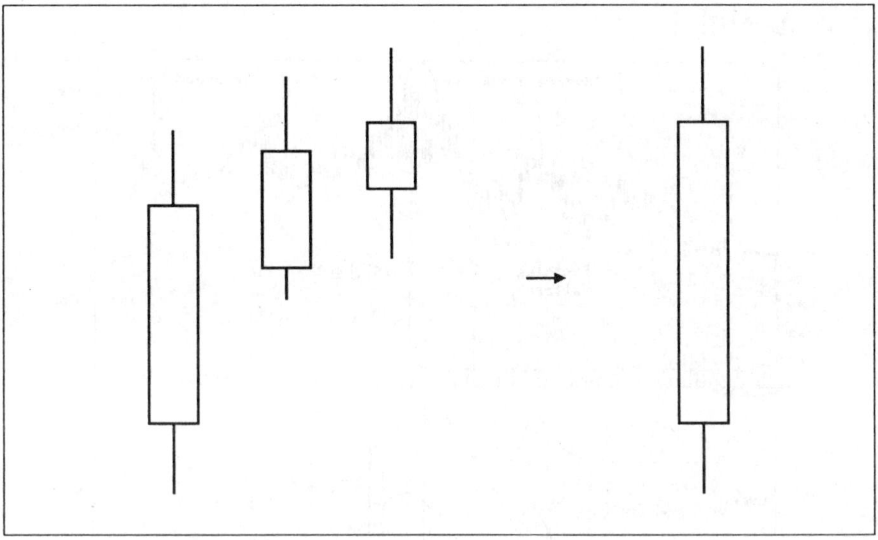

[그림 6-22] 상승적삼병의 패턴분석

(4) 사 례

① 사례 1

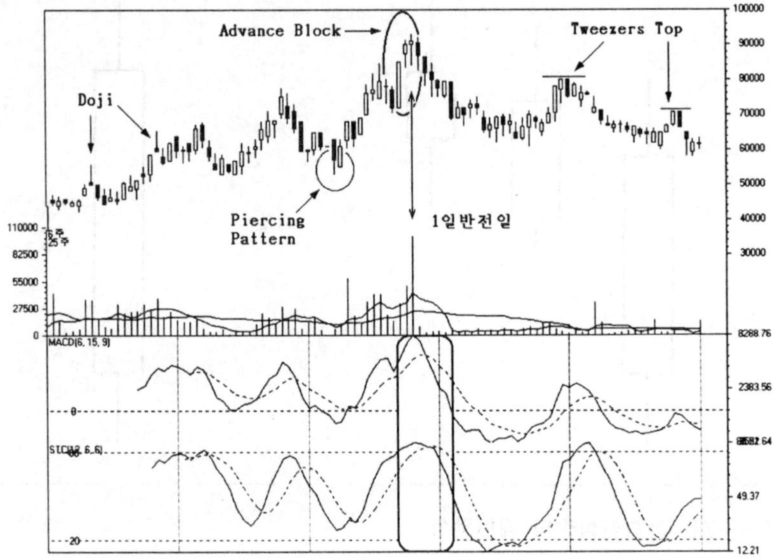

[그림 6-23] 남양유업 주봉

상승적삼병은 적삼병과는 달리 상승추세에서 출현하면서 상승세가 막바지에 도달했음을 암시한다. 양선의 길이가 점점 작아지면서 위 그림자가 길게 나타나고 있어 점점 매수세력이 약해지고 있고 시장참여자들이 매우 흥분되고 초조한 상태에 있음을 보여주고 있다.

이 시점을 전후하여 MACD와 Stochastics 지표도 상승세를 멈추고 하락반전하고 있어 더 이상의 주가상승이 지속되지 못하고 있다.

② 사례 2

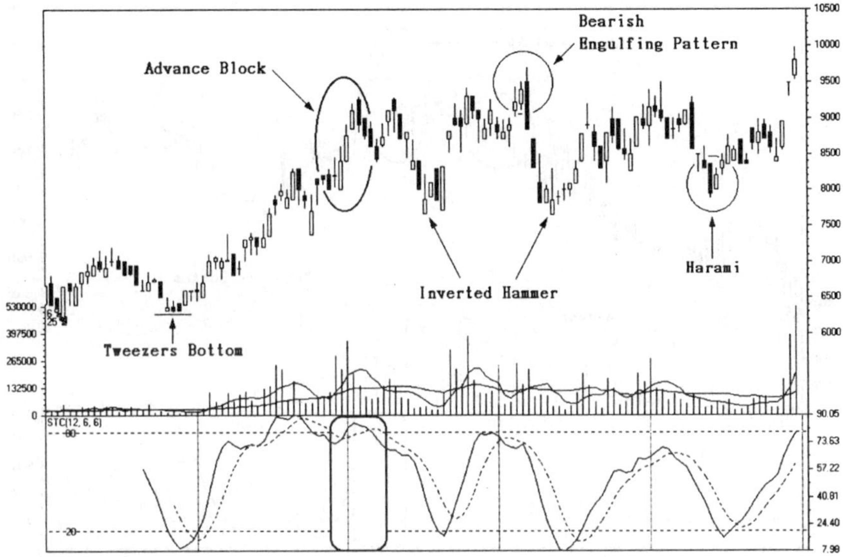

[그림 6-24] 부흥 일봉

중앙 좌측 상단을 보면 상승 막바지에 몸통의 길이가 점점 작아지는 양선이 나타나면서 상승적삼병이 출현하고 있다. 양선의 길이가 점점 작아지는 것으로 점점 매수세력이 약해지고 있다고 판단해 볼 수 있다. 이 시점에서 거래량과 보조지표의 동향을 동시에 파악해 보고 판단한다면 더욱 정확성을 높일 수도 있을 것이다. 좌측 하단에서는 집게형저점이, 중앙 하단에서는 반전해머가 그리고 우측 하단에서는 포아형이 나타나면서 주가 하락세가 멈추고 상승세로 반전되고 있다. 동일시점에서 Stochastics 지표의 움직임을 보면 판단하기가 더욱 수월해진다.

③ 사례 3

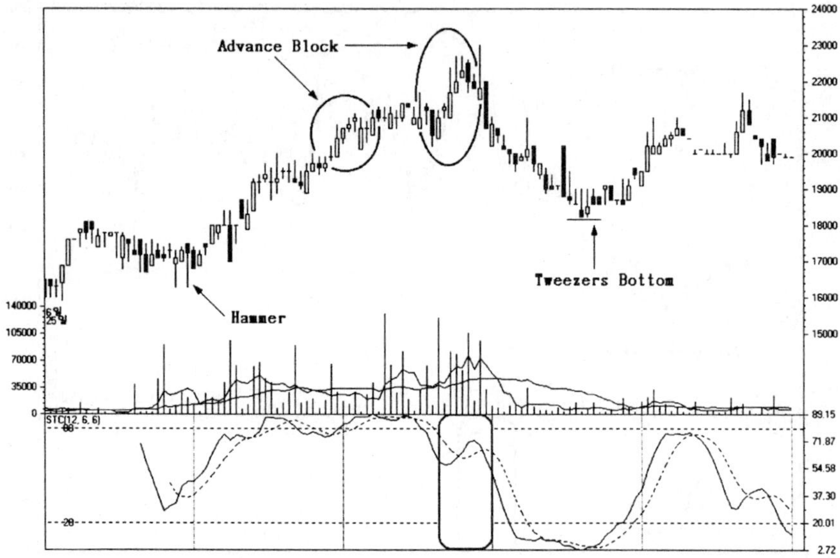

[그림 6-25] 고려아연 일봉

중앙 상단을 보면 상승 막바지에 상승적삼병이 출현하면서 주가의 상승세가 약화되거나 또는 상승세가 멈추면서 하락세로 반전되는 것을 볼 수 있다. 흥미로운 점은 첫 번째 상승적삼병이 나타난 경우에는 보조지표 Stochastics에 커다란 변화가 나타나지 않고 있으나, 두 번째 상승적삼병의 경우에는 하락세로 반전되는 과정에서 보조지표가 큰 폭으로 하락하고 있음을 볼 수 있다. 양선 3개가 연속해서 나타나고 있으나 점차로 몸통의 길이가 작아지고 있어 상승에너지가 약해지고 있음을 느낄 수가 있다.

④ 사례 4

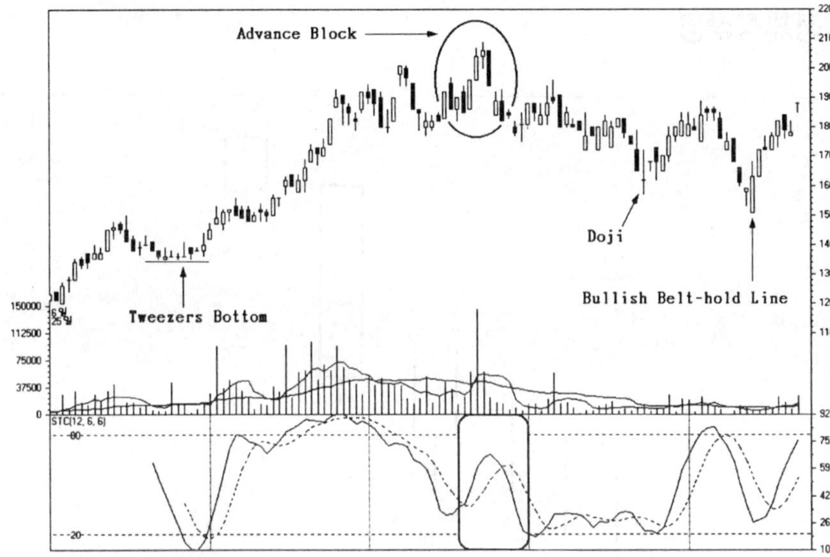

[그림 6-26] 코리아써키트 일봉

중앙 상단을 보면 상승적삼병이 출현하면서 주가의 상승세가 더 이상 이어지지 못하고 횡보 이후 하락세로 반전되고 있다. 첫 번째 양선에 이어 두 번째, 세 번째 양선의 길이가 점점 작아지면서 긴 위 그림자를 보여주고 있어 그동안 11,000원대에서 21,000원대까지 큰 폭 상승에 대한 불안감을 반영하고 있다. 이 시점 이후 거래량도 급속하게 감소하고 있으며 Stochastics지표도 하락반전하고 있어 이후 조정국면으로 진입을 예상해 볼 수 있다. 좌측 하단에서는 집게형저점이, 우측 하단에서는 얼레와 상승절단형이 출현하면서 주가의 하락세가 멈추고 있다.

7. 정체적삼병

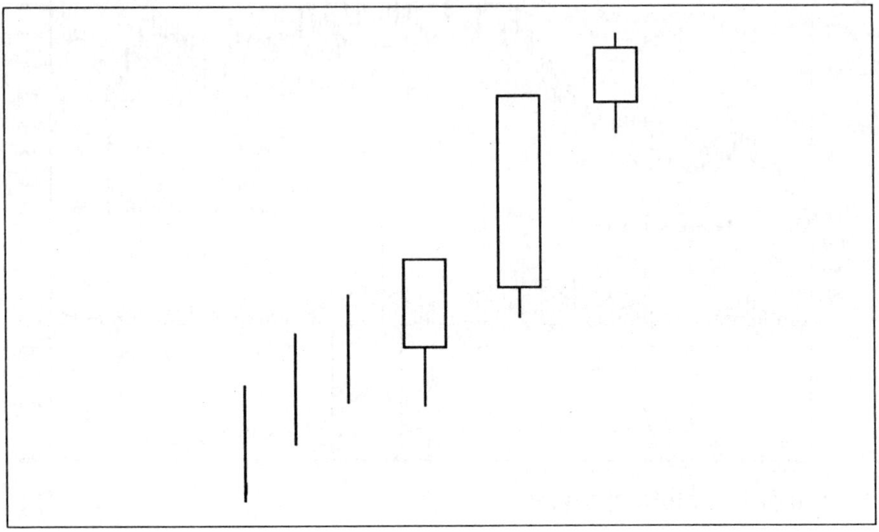

[그림 6-27] 정체적삼병

(1) 요 약

정체적삼병(stalled pattern)은 적삼병이 변형된 패턴으로서, 첫 번째와 두 번째 긴 양선은 신고가를 만들며 세 번째는 작은 양선으로서 때로는 별형을 만들기도 한다. 이 패턴은 영어로 '신중함'을 뜻하는 딜리버레이션(deliberation)으로 부르기도 한다.

세 번째 작은 양선의 시가가 두 번째 양선과 상승갭을 발생시키며 형성된다면 가장 바람직한 정체적삼병이라 할 수 있다. 세 번째 작은 양선으로 인해 이제까지의 상승추세가 반전되기에는 한계가 있어 보인다. 그러나 이런 판단은 저녁별이 출현하고 나서 하락추세가 이어지고서야 확인할 수 있다.

(2) 분석법

정체적삼병의 특징은 다음과 같다.

① 첫째 날과 둘째 날은 긴 양선을 가지고 있다.
② 셋째 날은 두 번째 종가에 근접하여 시가가 형성된다.
③ 셋째 날은 작은 양선 또는 저녁별을 형성하기도 한다.

(3) 패턴분석

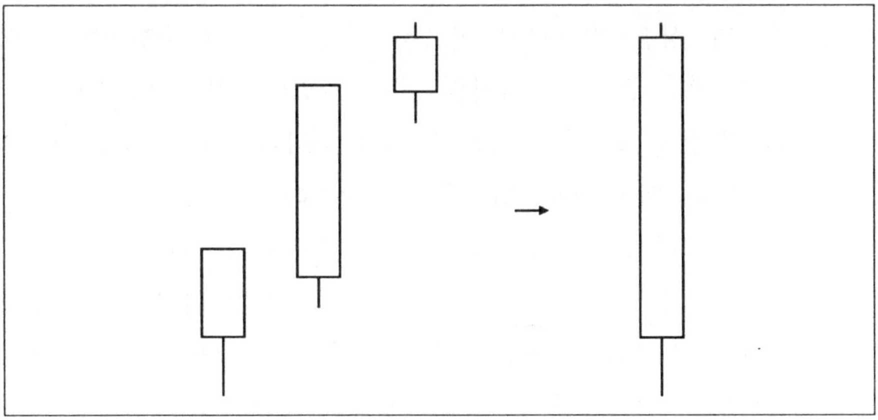

[그림 6-28] 정체적삼병의 패턴분석

(4) 사 례

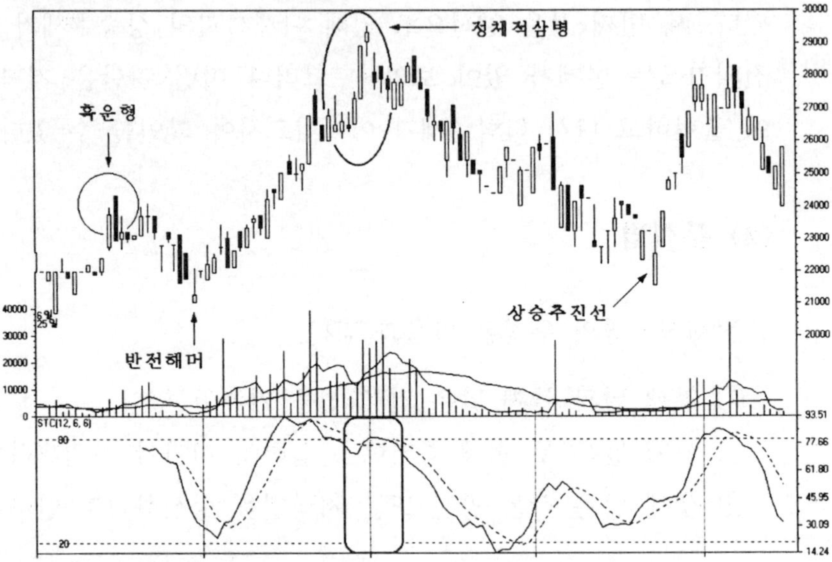

[그림 6-29] 경인전자 일봉

좌측 하단을 보면 반전해머가 나타나면서 상승하기 시작한 주가가 상승 막바지에 이르러 정체적삼병이 출현하면서 더 이상 상승세가 지속되지를 못하고 있다. 작은 양선에 이어 긴 양선이, 또 다시 작은 양선이 나타나면서 추세가 전환되고 있다. 이어 거래량도 급속히 감소하고 있음을 볼 수가 있다. 더불어 보조지표 Stochastics도 상승세가 멈추면서 하락반전하고 있다. 긴 양선에 이어 작은 양선이 나타나면서 상승추세가 약화되고 있음을 볼 수가 있으며, 뒤이어 음선이 나타나면서 고점들이 낮아지고 있어 하락반전형인 저녁별이 형성되고 있음을 볼 수 있다.

제 7 장

추세로 본 캔들차트

1. 저항선과 지지선

저항선이란 주가 및 지수의 고점들을 연결한 선으로 더 이상 상승할 수 없을 정도로 매도세력이 강력하여 매입세력을 압도하는 주가수준을 말한다.

지지선은 저항선의 반대개념으로 주가 및 지수의 저점들을 연결한 선으로 더 이상 하락할 수 없을 정도로 매입세력이 강력하여 매도세력을 압도하는 주가수준을 말한다.

일반적으로 직전에 형성된 최고점은 저항선이 되는 경우가 많으며 반대로 직전에 형성된 최저점은 지지선이 되는 경우가 많다. 또한 저항선이나 지지선이 일단 돌파가 되면 이제까지의 저항선은 지지선으로, 지지선은 저항선으로 그 역할이 바뀌는 경우가 많다.

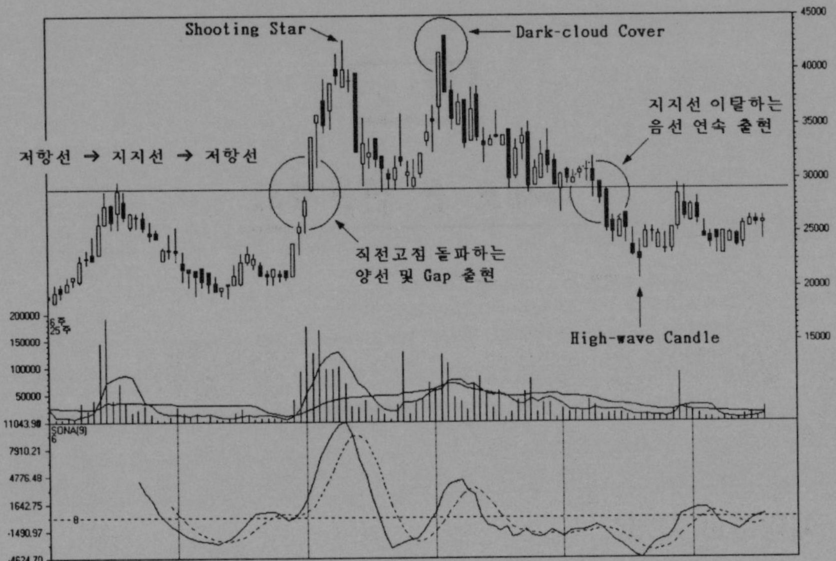

[그림 7-1] 삼화왕관 주봉 : 30,000원대를 전후로 형성된 추세선이 '저항선→지지선→저항선'으로 작용하고 있다. 직전고점(A)이 지지선(B, C)으로 작용하고 또 다시 저항선(D)으로도 작용하고 있다.

저항선과 지지선이 중요한 의미를 가지는 이유는 다음과 같다.

① 현재주가의 최소·최대 목표치를 설정하는 데 유용하다.

② 저항선이나 지지선의 돌파시도가 여러 번에 걸쳐 성공하지 못할 경우 추세전환의 신호로 인식할 수 있다.

③ 장기간에 걸쳐 형성된 것일수록 신뢰도가 높다.

④ 최근에 형성된 것일수록 신뢰도가 높다.

⑤ 매매전략에 이용할 수 있다.

⑥ 10,000원, 20,000원, 100,000원, …… 이와 같은 가격대는 심리적인 지지선이나 저항선으로 작용할 수가 있다.

2. 추 세 선

(1) 추 세

추세는 주가 및 지수가 움직여가는 방향을 말한다.

주가는 일정기간 일정방향으로 움직이기보다는 수시로 방향을 전환하면서 움직이는 경우가 더 많다. 이러한 움직임을 차트 상에 기록하게 되면 여러 개의 산(고점)과 골(저점)이 형성되어 있음을 볼 수가 있다. 이와 같이 형성된 산과 골을 연결하여 앞으로 움직여 가고자 하는 방향을 미리 추적해 볼 수가 있다.

- 상승추세 : 저점(골)의 위치가 지속적으로 상승하는 경우
- 하락추세 : 고점(산)의 위치가 점차적으로 하락하는 경우
- 보 합 : 추세가 명백하지 않는 경우

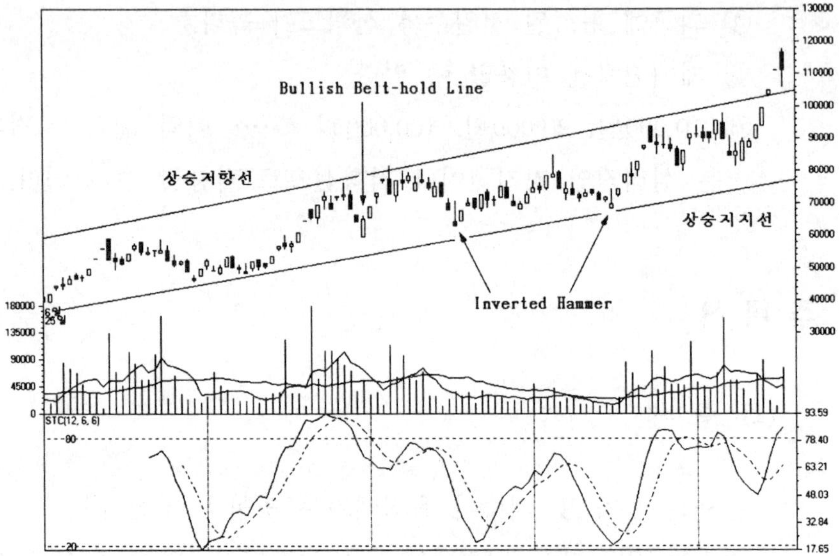

[그림 7-2] 선도전기 일봉 : 상승추세대 – 고점들을 연결한 상승저항선과 저점들을 연결한 상승지지선이 점점 높아가면서 상승추세대를 형성하고 있다. 추세선을 만들기 위해서는 두 개 이상의 산(고점)과 골(저점)이 필요하다.

(2) 추세선 분석

추세선이란 추세를 나타내는 선이다. 추세선을 직선으로 그리기 위해서는 최소한 두 개 이상의 산(고점) 또는 골(저점)들이 필요하지만 추세선을 정확하게 그리기 위해서는 3개 이상의 산(고점) 또는 골(저점)이 필요하다.

추세선의 신뢰도는 산(고점)이나 골(저점)들의 확인과정이 여러 번 진행될수록 추세선의 길이가 길수록 기울기가 완만할수록 커진다. 일단 추세선이 확인되면 일정기간 일정한 추세선상에서 움직일 가능성이 커진다.

추세선은 나타내는 기간에 따라 단기·중기·장기 추세로 분류한다.

① 주추세선이 돌파되는 경우 : 추세반전의 신호로 이전의 움직임과는 반대방향으로 움직이게 된다.
② 보조추세선이 돌파되는 경우 : 추세강화의 신호로 이전의 움직임이 더욱 가속화되리라는 예고신호로 간주해야 한다.

(3) 추세선의 변형

① 추세곡선

추세선은 보통 직선에 가까운 모양이지만 여러 가지 변형을 가끔 볼 수 있다. 이것은 어떤 시점에서 상승 또는 하락의 움직임이 급격하게 나타나는 것으로 직선의 추세선과 방향을 같이하면서 움직이는 곡선이다. 즉 추세의 기울기가 점점 급해지는 형태를 나타낸다.

② 중심추세선

저점들을 이은 상승지지선을 주가가 하향이탈한 이후 되돌림현상에 의해 다시 지지선에 근접하게 된다. 이때 지지선 역할을 했던 추세선은 저항선으로 그 역할이 바뀌게 된다.

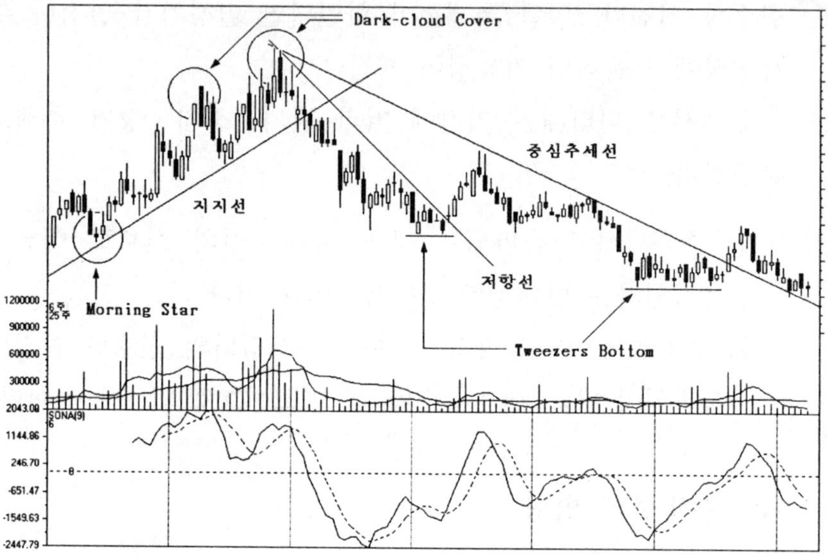

[그림 7-3] 대동공업 주봉 : 지지선 · 저항선 · 중심추세선 – 저점들을 연결한 지지선과 고점들을 연결한 저항선 그리고 저항선에서 지지선으로 역할이 변경된 중심추세선이 형성되어 있다.

그래프 상에 나타난 이러한 추세선을 중심추세선이라 한다. 반대로 저항선이 지지선으로 역할이 바뀌게 되는 경우에도 중심추세선이라 한다.

③ 부채형 추세선

상승(하락)추세에서 하락(상승)으로 추세의 전환이 이루어진 후 하락(상승)하던 주가가 상승(하락)하려다 다시 하락하는 경우 최고점(최저점)으로부터 이 상승(하락)을 시도한 고점(저점)

을 이은 선은 저항선(지지선)역할을 한다. 이러한 과정이 계속 반복되어 제4추세 또는 제5추세까지 생기는 경우도 있다.

(4) 추세전환의 확인

추세는 영원히 한 방향으로만 진행되는 것이 아니고 수시로 방향을 전환하면서 새로운 추세를 형성해 가고 있다. 그래프 상에서 추세선을 그리고 분석하고자 할 때는 반드시 하루 중의 시가, 고가, 저가와 종가를 모두 포함시키는 것이 좋다.

① 종가가 긴 음선 또는 긴 양선을 그리며 추세선을 돌파했다면 추세전환의 가능성이 크다.
② 주가가 일정비율(예 : 3%, 5%, …) 이상 추세선을 벗어나게 되면 이를 추세전환의 신호로 인식한다.
③ 일정시간(예 : 3일, 5일, …) 이상 추세선을 벗어나 있으면 이를 추세전환의 신호로 인식한다.
④ 거래량이 증가하거나 감소하면서 추세전환을 한다.

하루 중의 종가가 추세선을 일시적으로 벗어났다고 해서 추세전환이 완전히 이루어진 것이 아니다. 일시적인 이상매매로 인하여 추세선을 벗어날 수가 있기 때문에 위에 언급한 사항을 고려하면서 실전에 임한다면 많은 시행착오를 줄일 수 있을 것이다.

3. 사 례

① 사례 1

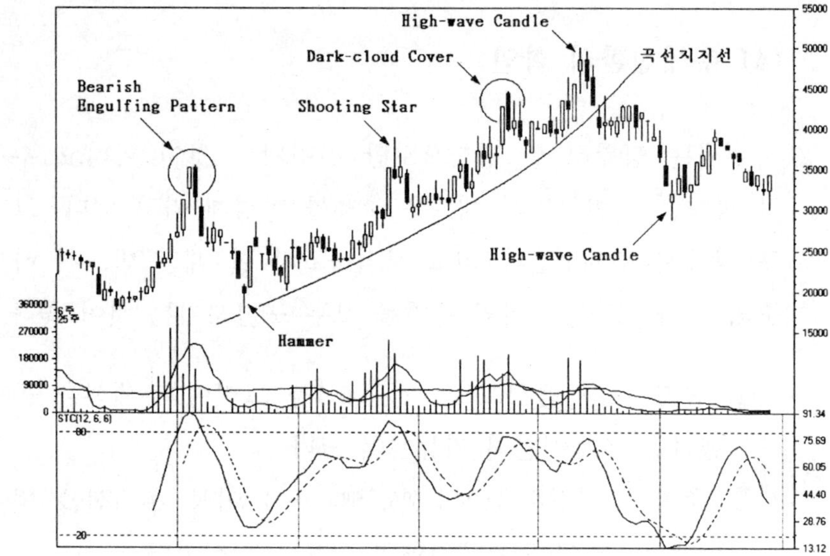

[그림 7-4] 삼양식품 주봉

좌측 하단에서 우측 상단을 보면 20,000원대부터 50,000원대까지 장기간에 걸쳐 주가가 지속적으로 상승하고 있다. 주가의 저점이 점점 높아지면서 직선이 아닌 곡선의 상승지지선이 형성되고 있다. 즉 상승추세의 기울기가 점점 급해지면서 과열국면의 정상 부근에서는 그 기울기가 절정을 이룬다. 이를 추세곡선 또는 곡선지지선이라 부른다. 곡선지지선을 형성하며 주가가 상승하는 도중 유성, 흑운형, 큰 떨림 캔들이 연속해서 나타나며 단기고점을 이루고 있다.

② 사례 2

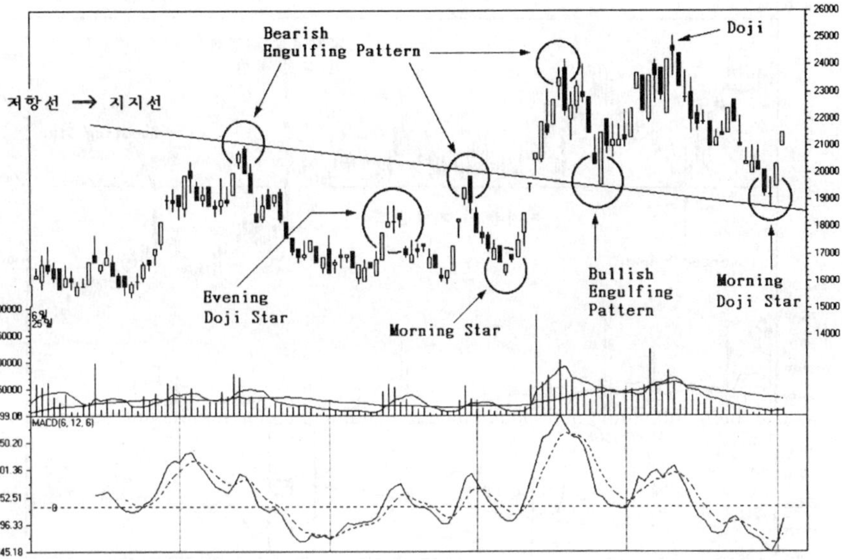

[그림 7-5] 백광산업 일봉

좌측 상단에서 우측 끝부분까지 형성된 추세선이 장기간에 걸쳐 저항선에서 지지선으로 작용하고 있는 모습을 볼 수 있다. 좌측 상단의 첫 번째 고점이 21,000원대에서 형성되어 있다. 이후 이 고점을 돌파하고자 시도하지만 거래량이 수반되지 못하고 직전고점이 저항선이 되면서 다시 하락하고 있다. 그러나 우측 중앙부분을 보면 대량거래를 동반하고 연속된 양선 출현과 상승갭이 발생하며 직전고점을 상향돌파하고 있다. 이 이후에는 직전고점이 지지선이 되어 추가하락을 저지시키고 있다. 추세선에 근접하여 하락장악형과 상승장악형 그리고 샛별형이 출현하면서 추세가 반전되고 있다.

③ 사례 3

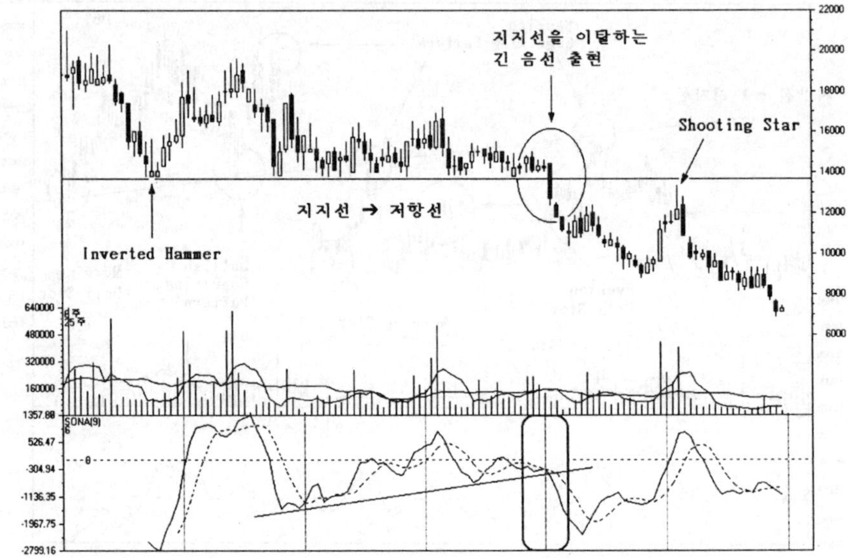

[그림 7-6] 대창공업 주봉

14,000원 전후 장기간에 걸쳐 지지선이 저항선으로 작용하고 있는 추세선이 형성되어 있다. 좌측 부분에서는 14,000원대에서 단기저점이 형성되어 있으며 이후 이 가격대가 장기간에 걸쳐 지지선으로 작용하고 있음을 볼 수 있다. 그러나 긴 음선이 출현하며 장기간 형성된 지지선을 하향이탈하고 있다. Sonar 지표도 동일시점에서 추세선을 이탈하고 있다. 이후 거래량을 동반하며 상승시도가 있었으나 이 추세선을 상향돌파하지 못하고 다시 하락하고 있다. 추세선에 근접하여 반전해머가 출현하면서 상승반전, 유성이 출현하면서 하락반전하고 있다.

④ 사례 4

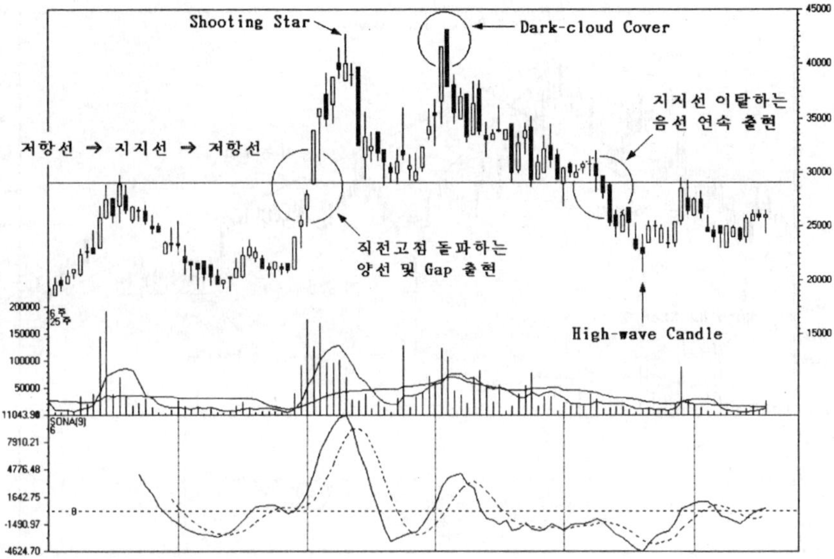

[그림 7-7] 삼화왕관 주봉

좌측 상단을 보면 30,000원 전후 형성된 직전고점이 이후 장기간에 걸쳐 지지선과 저항선으로 작용하는 중요한 가격대로 작용하고 있다. 좌측 상단을 보면 대량거래를 수반하고 상승갭과 긴 양선이 연속해서 출현하면서 직전고점을 상향돌파하고 있다. 이후 이 가격대가 지지선으로 작용하고 있으나 음선이 연속으로 출현하면서 지지선을 하향이탈하고 있다.

일반적으로 저항선을 상향돌파할 때는 상승갭이나 양선이 연속해서 출현하기도 하며 반대로 지지선을 하향이탈할 때는 하락갭이나 음선이 연속해서 출현하기도 한다. 40,000원대 고점에서 유성과 흑운형이 출현하고 있다.

⑤ 사례 5

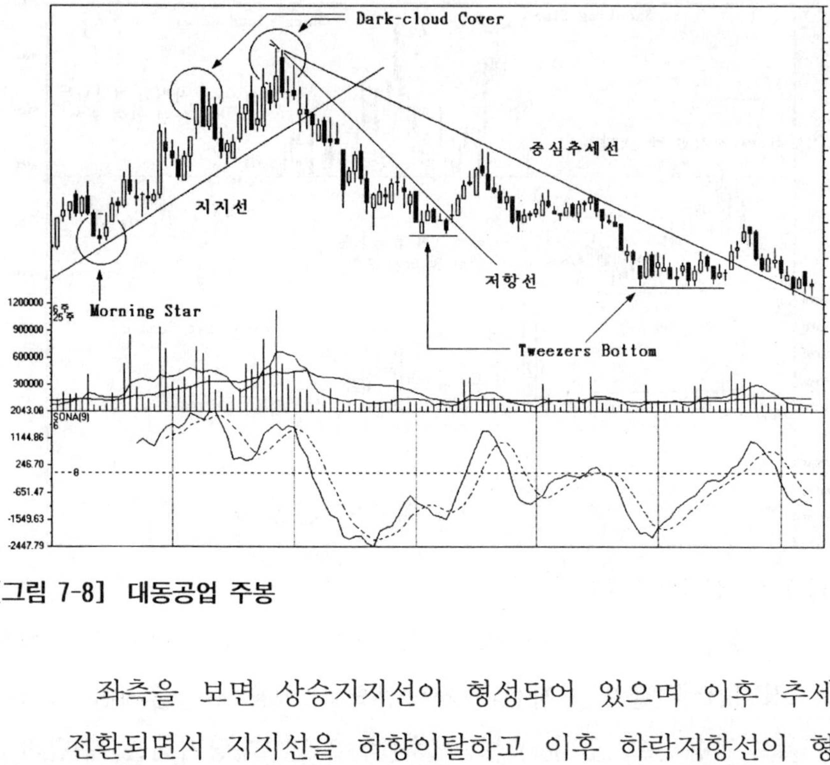

[그림 7-8] 대동공업 주봉

좌측을 보면 상승지지선이 형성되어 있으며 이후 추세가 전환되면서 지지선을 하향이탈하고 이후 하락저항선이 형성되고 있다. 또한 고점을 이은 하락저항선이 상향돌파된 이후에는 하락지지선으로 역할이 바뀌면서 중심추세선을 형성하고 있다.

좌측 상단의 고점을 보면 흑운형이 출현하고 있으며 이후 주가가 하락전환하고 있으며 중앙과 우측 하단을 보면 일정기간 같은 저가를 형성하고 있는 집게형저점이 출현하면서 주가의 하락세를 저지시키고 있다.

⑥ 사례 6

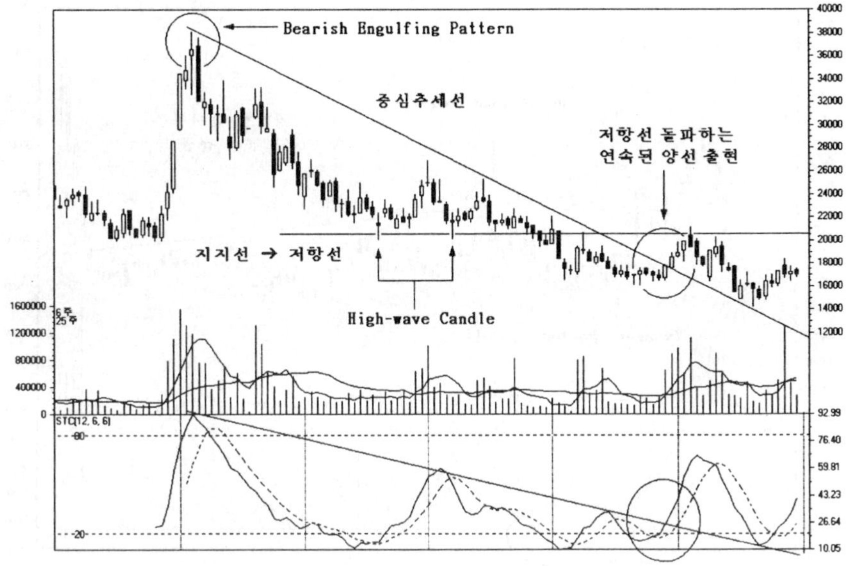

[그림 7-9] 태일정밀 주봉

장기간 하락저항선으로 작용을 하다 양선이 연속으로 나타난 이후 하락지지선으로 역할이 전환된 중심추세선이 형성되어 있다. 동일시점에서 Stochastics 지표도 추세선을 상향돌파하고 있다. 또한 하단을 보면 20,000원대에서 지지선이 저항선으로 역할이 뒤바뀐 추세선을 볼 수 있다.

좌측 상단의 고점을 보면 긴 양선이 연속 나타나면서 20,000원대에서 38,000원까지 큰 폭 상승한 이후 하락장악형이 출현하고 있다. 이 시점에서 Stochastics 지표도 하락반전하며 하락장세를 예고해 주고 있다.

⑦ 사례 7

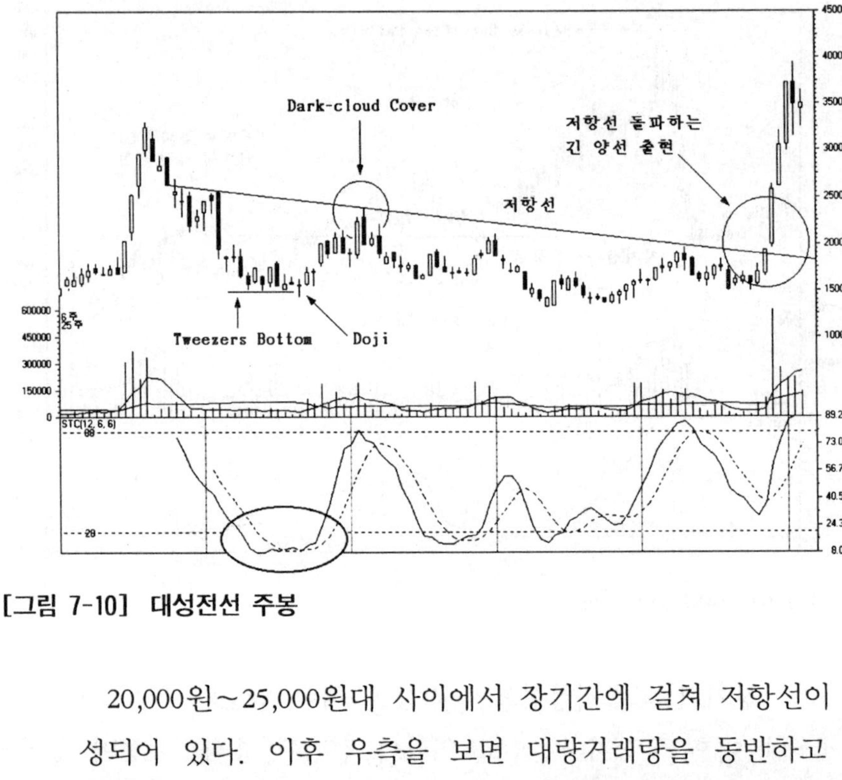

[그림 7-10] 대성전선 주봉

20,000원~25,000원대 사이에서 장기간에 걸쳐 저항선이 형성되어 있다. 이후 우측을 보면 대량거래량을 동반하고 긴 장대 양선이 연속으로 출현하면서 저항선을 상향돌파하고 있다. 좌측 하단을 보면 집게형저점이 형성되면서 주가가 더 이상 하락하지를 못하고 상승세로 반전되고 있다. 이 시점에서 Stochastics 지표도 침체권을 벗어나며 상승전환하고 있다. 상승전환된 이후 주가가 저항선에 근접하고 있다. 그러나 긴 양선에 이어 긴 음선이 나타나면서 흑운형이 출현하고 있다. 주가의 상승세가 하락세로 전환되고 있다.

⑧ 사례 8

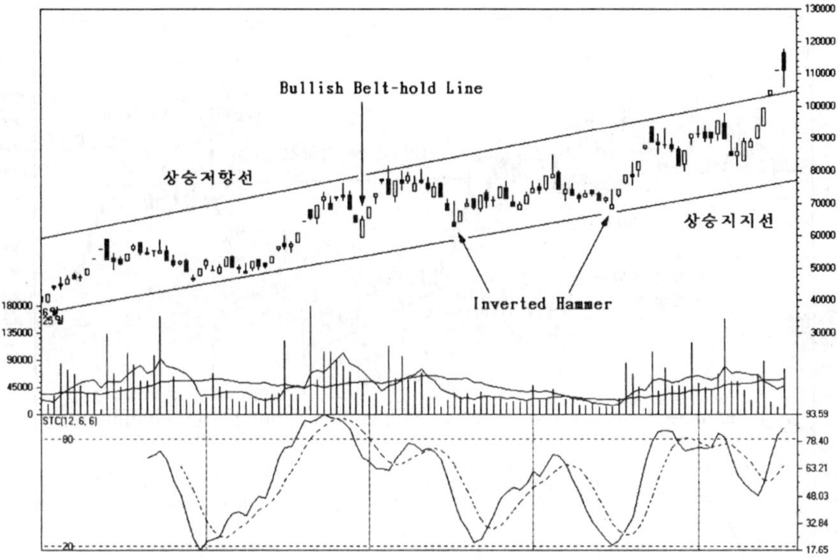

[그림 7-11] 선도전기 일봉

고점을 연결한 상승저항선과 저점을 연결한 상승지지선이 나타나면서 완만하게 상승추세대가 형성되고 있다. 일반적으로 추세대는 경사가 완만할수록 또한 장기간에 형성된 것일수록 신뢰성이 높다고 보고 있다. 중앙과 우측 하단을 보면 주가가 상승지지선에 근접하면서 반전해머가 출현하고 있으며 이후 주가움직임이 상승세로 전환되고 있다. 주가가 상승저항선에 근접하는 경우 보조지표인 Stochastics 지표를 보면 상승세가 멈추면서 하락전환되고 있고 주가가 상승지지선에 근접하는 경우에는 하락세가 상승세로 전환되려고 한다.

⑨ 사례 9

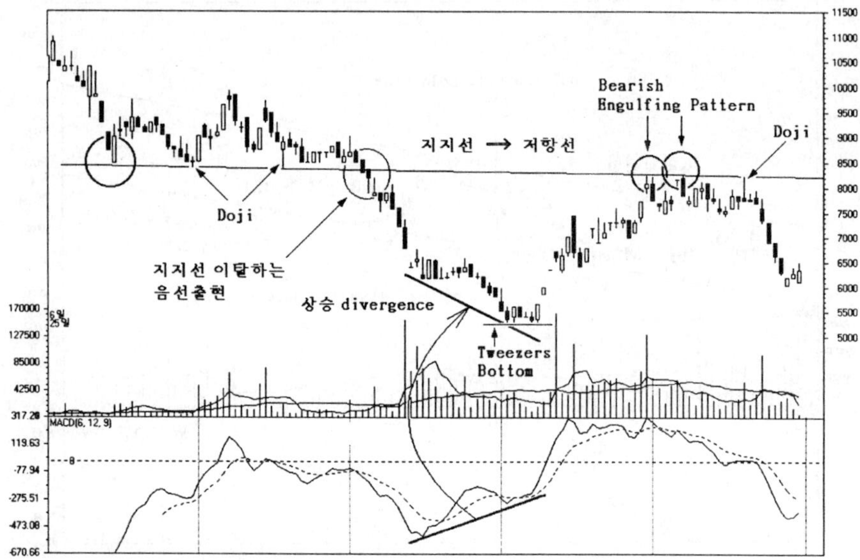

[그림 7-12] 삼익악기 일봉

8,000원~8,500원대 사이에서 지지선이 저항선으로 역할이 바뀌고 있는 추세선이 형성되어 있다. 좌측 상단을 보면 주가가 지지선에 근접하면서 관통형과 얼레가 출현하고 있다. 우측 상단을 보면 주가가 저항선에 근접해서는 하락장악형과 유성이 출현하면서 주가가 하락반전하고 있다. 중앙 하단을 보면 주가의 저점은 큰 폭으로 낮아지고 있는 데 비해 동일 시점에서 MACD의 저점은 큰 폭으로 상승하고 있어 상승 다이버전스가 발생하고 있다.

⑩ 사례 10

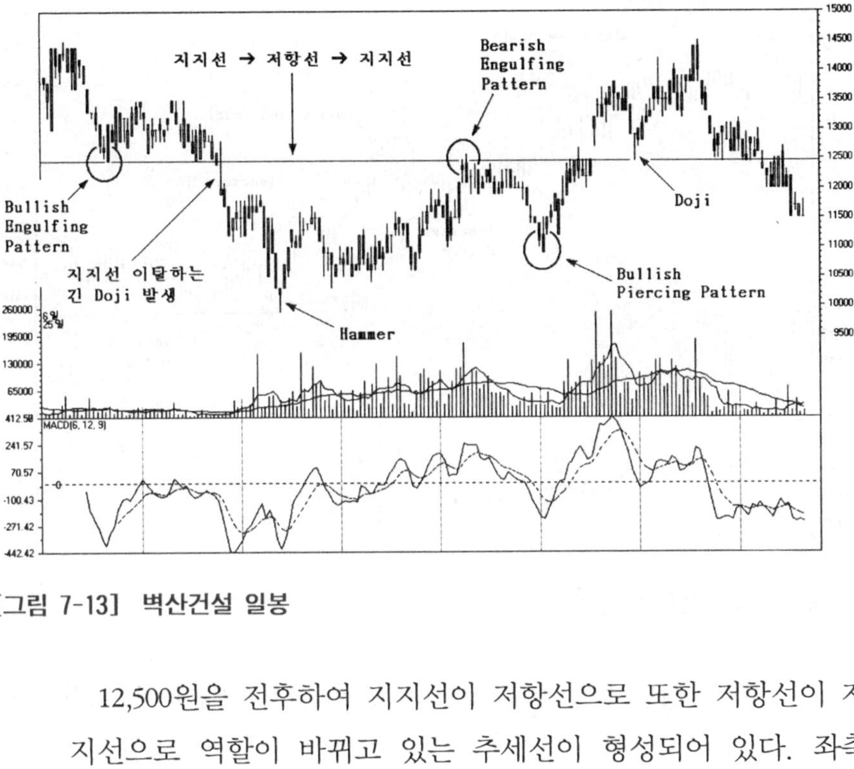

[그림 7-13] 벽산건설 일봉

12,500원을 전후하여 지지선이 저항선으로 또한 저항선이 지지선으로 역할이 바뀌고 있는 추세선이 형성되어 있다. 좌측 중간부분을 보면 지지선을 이탈하는 긴 얼레가 발생하고 있으며 우측 중간부분을 보면 저항선을 상향돌파하는 상승갭이 발생하고 있다. 지지선에 근접해서는 상승반전형이 출현하고 있으며 저항선에 근접해서는 하락반전형이 출현하면서 추세가 전환되고 있다. 중앙 좌측 하단을 보면 해머가 출현하고 있으며 우측 하단을 보면 관통형이 출현하면서 상승세로 급반전하고 있다. 동일시점에서 MACD도 상승세로 급반전하고 있다.

⑪ 사례 11

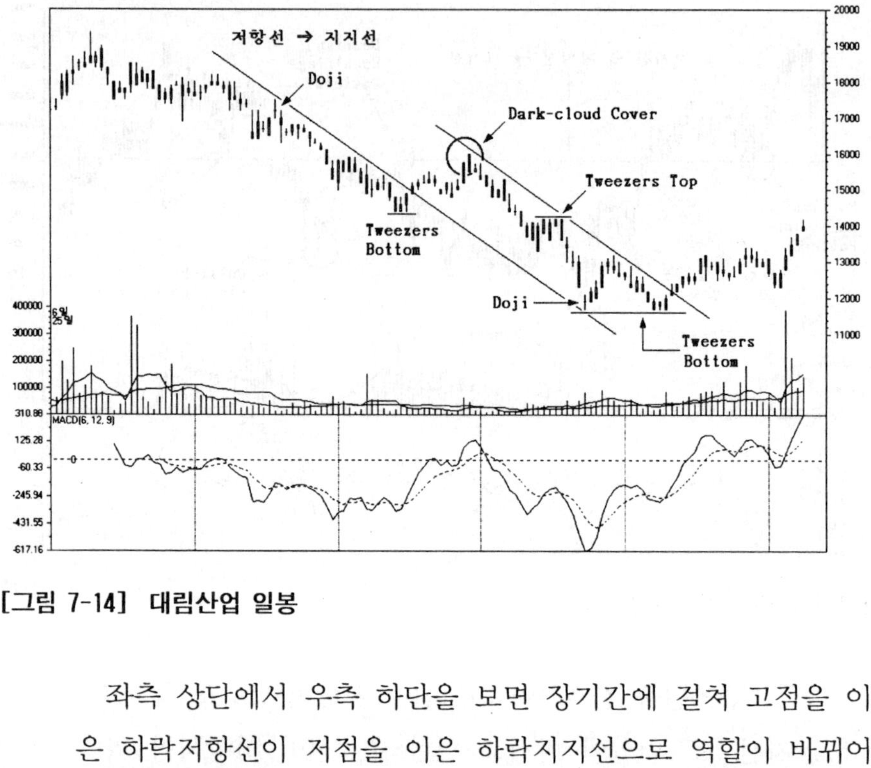

[그림 7-14] 대림산업 일봉

좌측 상단에서 우측 하단을 보면 장기간에 걸쳐 고점을 이은 하락저항선이 저점을 이은 하락지지선으로 역할이 바뀌어 있는 중심추세선이 형성되어 있다. 또한 바로 위에 고점을 이은 하락저항선이 형성되어 있음을 볼 수 있다. 주가가 저항선에 근접해서는 얼레, 흑운형, 집게형고점 등 하락반전형이 출현하면서 지지선을 돌파하지 못하고 있다. 우측 하단을 보면 11,600원을 저점으로 집게형저점이 출현하면서 주가움직임이 상승세로 전환되고 있다. MACD 지표도 이 시점 이후 상승세로 전환되어 있었다.

⑫ 사례 12

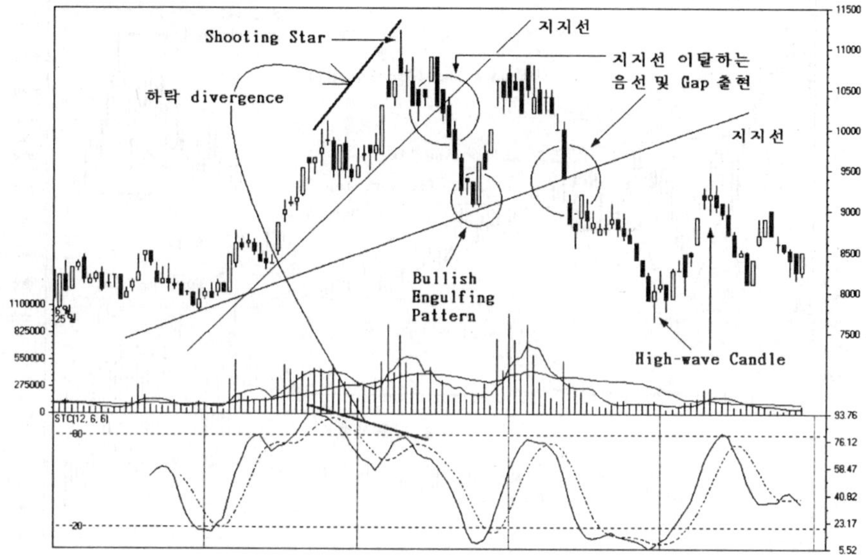

[그림 7-15] 금호건설 일봉

두 개의 지지선이 형성되어 있다. 위 지지선은 긴 음선이 연속으로 나타나면서 지지선을 하향이탈하고 있으며 아래 지지선은 긴 음선과 하락갭이 출현하면서 지지선을 이탈하고 있다. 중앙 좌측 상단을 보면 주가의 고점은 큰 폭으로 상승하고 있는 데 비해 Stochastics 지표의 고점이 하락하면서 하락 다이버전스가 발생하고 있다. 상승 막바지에 11,000원을 고점으로 유성이 출현하면서 상승세가 마무리되고 하락세로 전환되고 있다. 이후 9,000원대를 저점으로 상승장악형이 출현하면서 하락세가 상승세로 전환되고 있다.

⑬ 사례 13

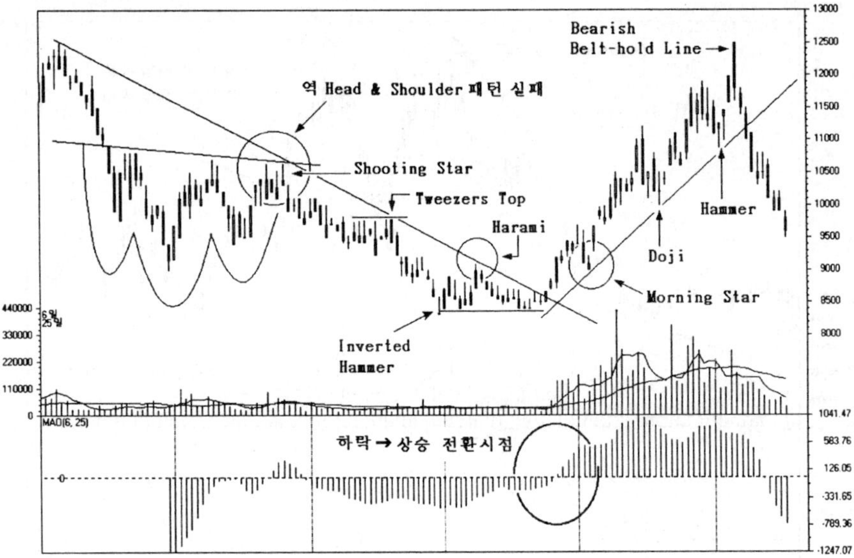

[그림 7-16] 세계물산 일봉

좌측에서 중앙 부분을 보면 고점들을 연결한 하락저항선이 형성되어 있으며 중앙에서 우측을 보면 저점들을 연결한 상승지지선이 형성되고 있어 하락추세가 상승추세로 전환되는 과정을 보여주고 있다. 중앙 하단을 보면 반전해머가 출현하면서 장기간 지속되어 온 하락추세가 멈추고 있다. 이후 저항선을 상향돌파한 주가가 상승하고 있으며 거래량이 큰 폭으로 증가하고 있다. 동일시점에서 MA_Oscillator 지표를 보면 음선막대가 양선막대로 전환되면서 상승신호 즉 매수신호를 보여주고 있다. 저항선과 지지선에 근접하여 형성된 여러 패턴들을 볼 수가 있다.

⑭ 사례 14

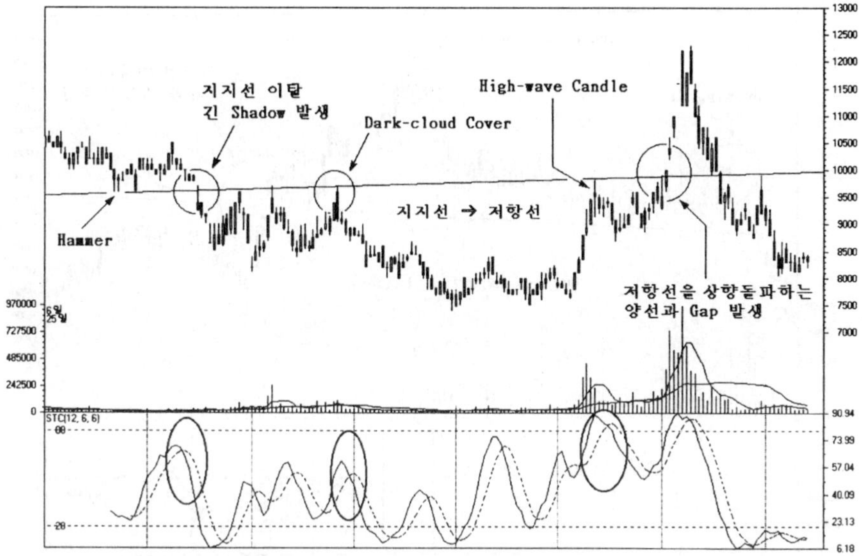

[그림 7-17] 고합상사 일봉

10,000원 전후하여 장기간에 걸쳐 지지선과 저항선으로 작용하고 있는 추세선이 형성되어 있다. 좌측을 보면 긴 그림자가 발생하면서 지지선을 하향이탈하고 있으며 우측을 보면 상승갭이 발생하며 저항선을 상향돌파하고 있다. 일반적으로 주가가 추세선을 돌파하기 위해서는 첫째 양선이나 음선이 연속으로 나타나는 경우 둘째 긴 그림자나 얼레가 발생하는 경우 셋째 상승갭이나 하락갭이 발생하는 경우로 분석할 수가 있다. 그리고 추세선 돌파를 확인하기 위해서는 동일시점에서 보조지표의 움직임을 살펴본다면 신뢰성을 높여볼 수가 있다.

⑮ 사례 15

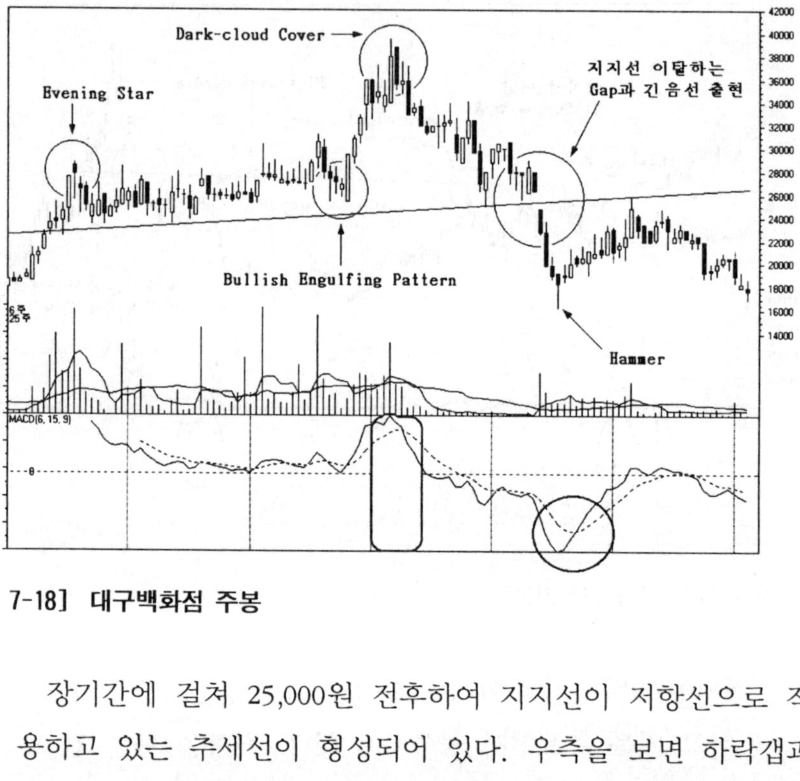

[그림 7-18] 대구백화점 주봉

장기간에 걸쳐 25,000원 전후하여 지지선이 저항선으로 작용하고 있는 추세선이 형성되어 있다. 우측을 보면 하락갭과 긴 음선이 출현하면서 지지선을 하향이탈하고 있다. 중앙 상단을 보면 38,000원대를 고점으로 흑운형이 출현하면서 하락세로 반전되고 있으며 이후 거래량이 급속히 감소하고 있고 MACD 지표도 상승세를 멈추고 하락전환되고 있다. 우측 하단을 보면 18,000원대까지 큰 폭으로 하락한 이후 해머가 출현하고 있고 바로 직전부터 거래량이 증가하고 있으며 MACD 지표도 낙폭을 멈추고 상승세로 전환되고 있다.

⑯ 사례 16

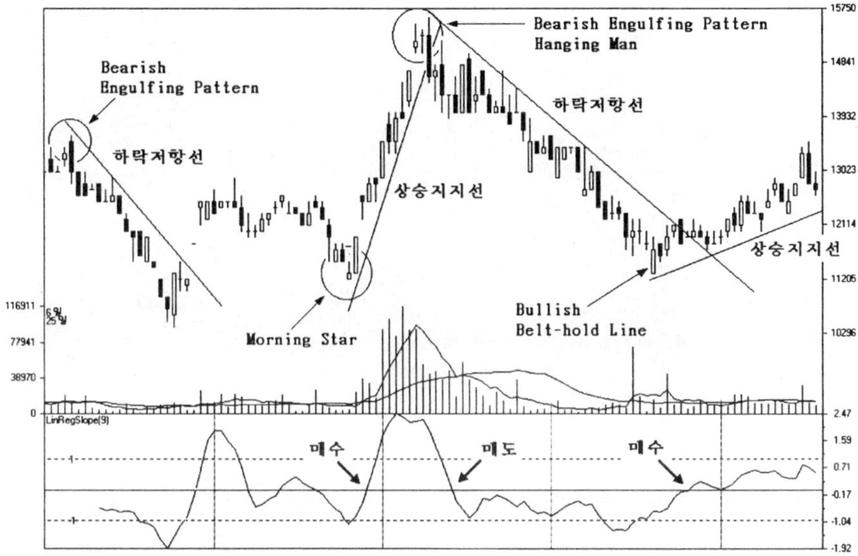

[그림 7-19] 한성기업 일봉

좌측을 보면 하락저항선이 형성되어 있으며 중앙에는 상승지지선에 이어 하락저항선이 형성되어 있다. 그리고 우측에는 상승지지선이 형성되어 있다. 하락저항선과 상승지지선이 번갈아가며 형성되면서 추세가 상승세에서 하락세로 전환되어가고 있다. 중앙 하단을 보면 샛별형이 출현하면서 상승세로 전환되고 있으며 이후 거래량이 큰 폭으로 증가하고 있으며 LinRegSlope 지표도 매수신호를 보여주고 있다. 이후 상승막바지에 하락장악형이 출현하면서 하락세로 전환되고 있으며 거래량도 큰 폭으로 감소하고 있고 LinRegSlope 지표도 매도신호로 전환되고 있다.

제 8 장

이동평균선을 이용한 캔들차트

1. 이동평균선의 개념

이동평균선 분석은 주가예측의 기본적 분석방법으로 일정 기간의 주가 평균치의 진행방향을 확인하고 현재의 주가 진행방향과 어떤 관계가 있는지를 분석함으로써 미래의 주가동향을 미리 예측하고자 하는 지표이다.

그래프 상에서 이동평균선을 이용하는 경우에 단기지표로는 5일, 10일, 20일 평균선을, 3개월가량의 중기지표로는 60일 또는 100일 평균선을, 6개월 이상의 비교적 장기지표로는 120일 또는 200일 이동평균선을 주로 사용하고 있다.

이동평균선을 이용하는 장점으로는 계산하기가 편리하고 계산 결과와 모양에 따라서 기계적으로 매수·매도 신호를 객관적으로 도출해 낼 수 있는 반면, 단점으로는 이미 지나가 버린 과거 주가를 평균하여 미래의 주가 이동방향을 분석하려는 후행성(time-lag)이다.

이동평균선의 종류에는 여러 가지가 있으나 단순이동평균을 가장 많이 사용하고 있으며 그래프 상에서 주가의 추세분석에 주로 이용하고 있다.

주가 이동평균선을 이용한 주가예측방법으로는 이격도분석, 방향성분석, 배열도분석, 지지선분석, 저항선분석, 연관성분석, 크로스분석 그리고 밀집도분석 등이 있다.

2. 이동평균선을 이용한 분석방법

(1) 방향성분석

5일, 20일, 60일, 120일 이동평균선의 방향이 상승 중인지 하락 중인지를 확인하는 방법으로서, 단기·중기·장기 이동평균선의 방향이 차례로 전환되기 때문에 쉽게 추세전환을 판단할 수가 있다.

하락추세에서 상승추세로 전환할 때는 '단기선 상승 ⇒ 중기선 상승 ⇒ 장기선 상승'의 과정을 거치고 상승추세에서 하락추세로 전환할 때도 단기선·중기선·장기선 순으로 하락과정을 거친다.

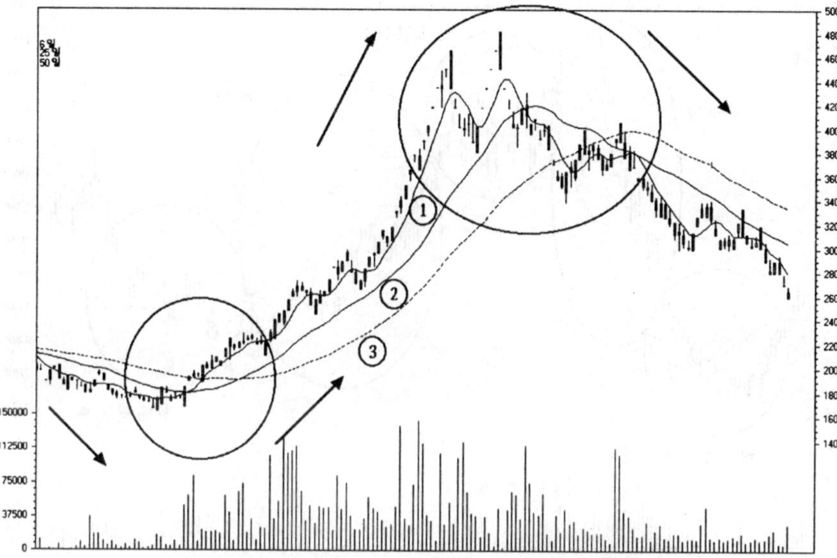

[그림 8-1]　**동성화학 일봉** : 주가가 대세 상승으로 전환될 때는 ①번 단기선, ②번 중기선, ③번 장기선 순으로 방향을 전환하며, 대세 하락으로 전환될 때도 ①, ②, ③번 순으로 방향을 전환한다.

(2) 배열도분석

정배열과 역배열 상태를 분석하는데, 정배열이란 '현재주가 ⇒ 단기이동평균선 ⇒ 중기이동평균선 ⇒ 장기이동평균선' 순서로 위에서 아래로 배열된 상태를 말하며, 역배열은 반대의 경우이다. 주가의 움직임은 일반적으로 '정배열(주가상승) ⇒ 역배열전환(주가하락전환) ⇒ 역배열 (주가하락) ⇒ 정배열전환(주가상승전환) ⇒ 정배열(주가상승)'의 과정으로 순환한다.

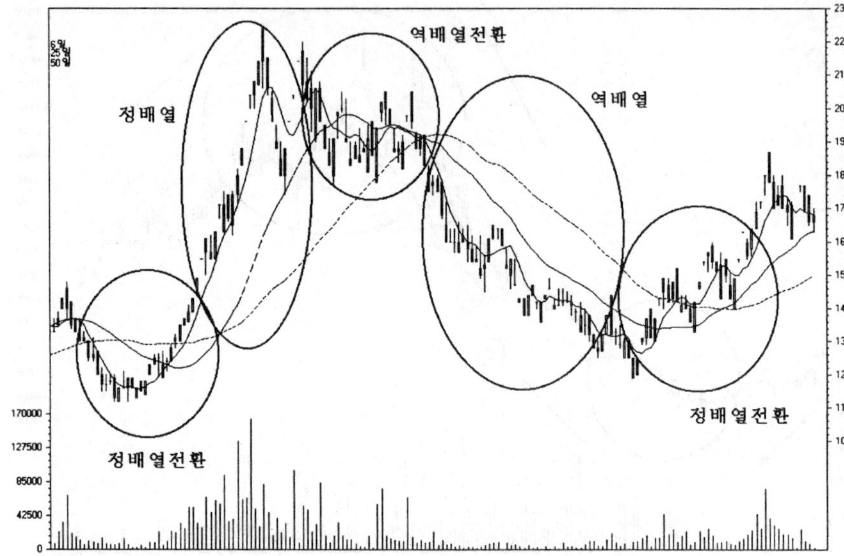

[그림 8-2] 한국폴리우레탄 일봉 : 정배열전환(주가상승전환) ⇒ 정배열(주가상승) ⇒ 역배열전환(주가하락전환) ⇒ 역배열(주가하락) ⇒ 정배열전환(주가상승전환)의 과정을 거치며 순환하고 있다.

(3) 지지선분석

주가가 상승 중일 때에는 단기·중기·장기 이동평균선을 지지선으로 상승하게 되나 하락반전될 때에는 이동평균선을 차례로 하향이탈하게 된다. 이를 지지선분석이라 한다.

지지선분석을 할 때에는 단기·중기·장기 이동평균선의 각 특성을 잘 파악하여 비정상거래로 인한 일시적인 속임수를 예방하고 수익률을 극대화시켜야 하겠다.

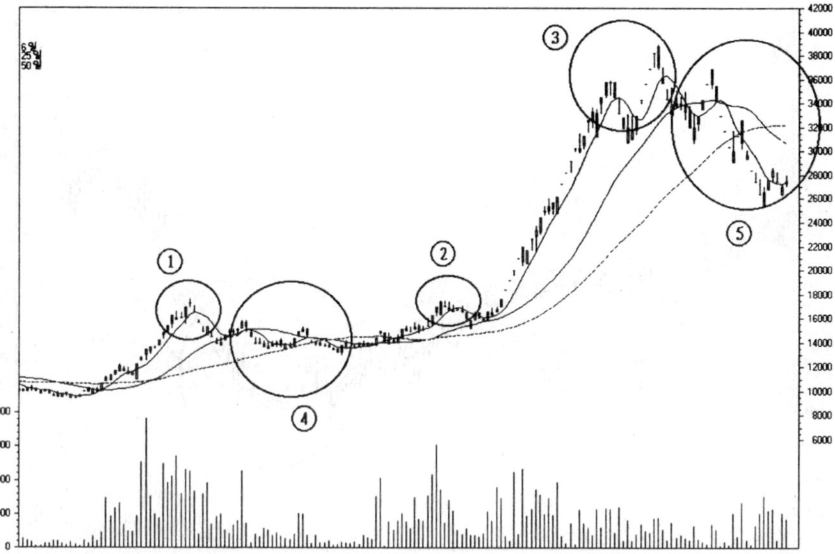

[그림 8-3] 대호 일봉 : ①, ②, ③번은 단기선을 지지선으로 상승을 지속해 오다 하향이탈한 경우이고, ④, ⑤번은 중·장기선의 지지선을 하향이탈한 경우이다. 특히 ⑤번의 경우는, 장기선을 하향이탈한 후 단기선이 저항선이 되어 새로운 추세를 형성해 가고 있다.

(4) 저항선분석

주가가 하락 중일 때에는 단기·중기·장기 이동평균선이 차례로 저항선이 되어 주가가 하락하게 되나 상승반전될 때에는 각 이동평균선을 차례로 상향돌파하면서 주가가 상승하게 된다. 이를 저항선분석이라 한다.

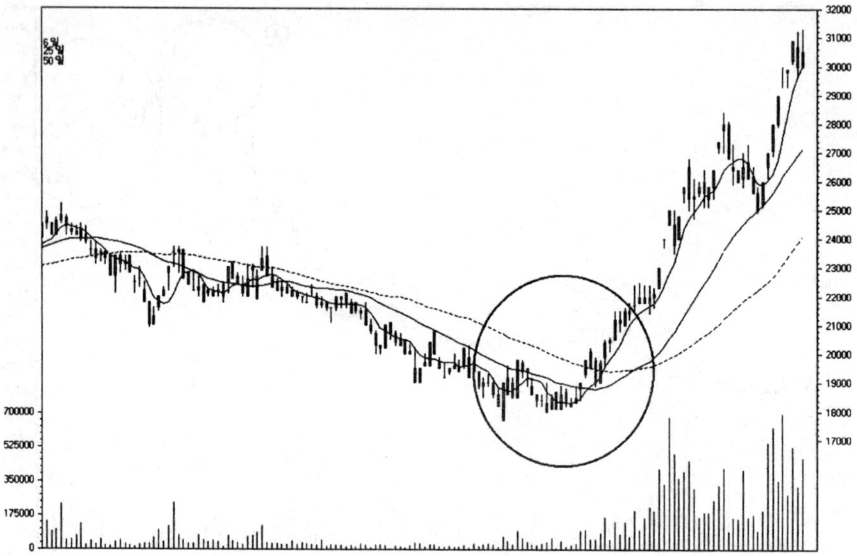

[그림 8-4] 대한전선 일봉 : 주가움직임이 단기·중기·장기 이동평균선의 저항을 받으면서 하락추세를 보였으나, 거래량 증가와 함께 각 이동평균선을 차례로 상향돌파하면서 새로운 상승추세로 진입하고 있다. 상승진입 이후 단기선의 지지를 받으면서 상승하고 있다.

(5) 연관성 분석

주가와 장기·중기·단기 이동평균선은 각기 서로 밀접한 상관관계를 가지고 있어, 하락 말기와 상승 초기에 이들 각 이동평균선들의 전환과정을 잘 살펴보면 상승 초기에 이와 같은 종목들을 선별할 수 있게 된다.

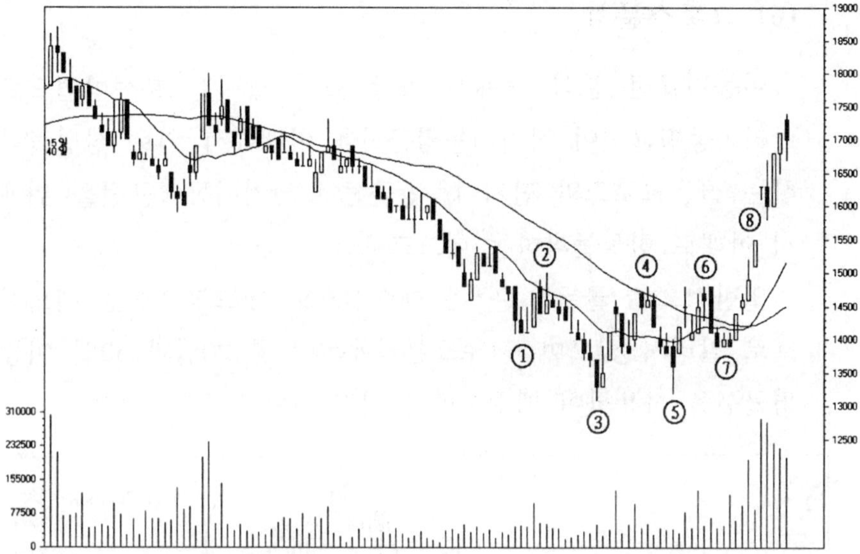

[그림 8-5] **동서증권 일봉** : 이전의 연속적인 하락세에 반발하여 ①-②번 구간에서 조정 반등을 시도하게 되나 단기선의 저항을 받게 된다. 따라서 ②-③번 구간은 거래량이 감소하면서 재차 하락하여 직전저점인 ①번 지점을 하향하게 된다. ③-④번 구간에서는 거래량 증가와 함께 처음으로 단기선을 상향돌파하게 되나 장기선마저 돌파하지는 못한다. 다시 하락하기 시작한 주가는 단기선을 다시 하향돌파하지만 직전저점인 ③번 부근에서 하락세가 멈추는 것이 일반적인 현상이다. 이로써 ⑤번 저점이 형성되는데 ④-⑤번 구간의 폭은 ③-④번 구간 폭의 10~20% 폭 내외에서 결정된다. ⑤-⑥번 구간에서는 단기 이동평균선과 장기 이동평균선이 서로 교차할 수가 있으며, ⑤번에서 상승하기 시작한 주가가 단기선뿐만 아니라 장기선까지도 상향돌파하게 된다. 일반적으로 이 시점이 추세전환시점이 된다. 직전고점인 ④번 부근에서 상승세가 멈추어 고점 ⑥번을 형성하지만 다시 하락 조정 국면에 들어간 주가는 단기선의 지지를 받아 저점 ⑦번을 기록하게 된다. 이후, 이동평균선의 지지를 받아 재상승하게 된 주가는 직전고점인 ⑥번을 통과하게 된다. 즉, ⑦-⑧번 구간이 중요한 매수시점이 된다.

(6) 크로스분석

이동평균선 분석 중에서 가장 널리 알려진 분석방법으로 단기이동평균선이 장기이동평균선을 아래에서 위로 상향돌파하는 골든크로스와 단기이동평균선이 장기이동평균선을 위에서 아래로 하향돌파하는 데드크로스가 있다.

일반적으로 골든크로스는 매수신호로 데드크로스는 매도신호로 알려져 있으며, 크로스분석에는 보통 20일과 60일 이동평균선을 사용하여 매수 · 매도 시점 판단을 하고 있다.

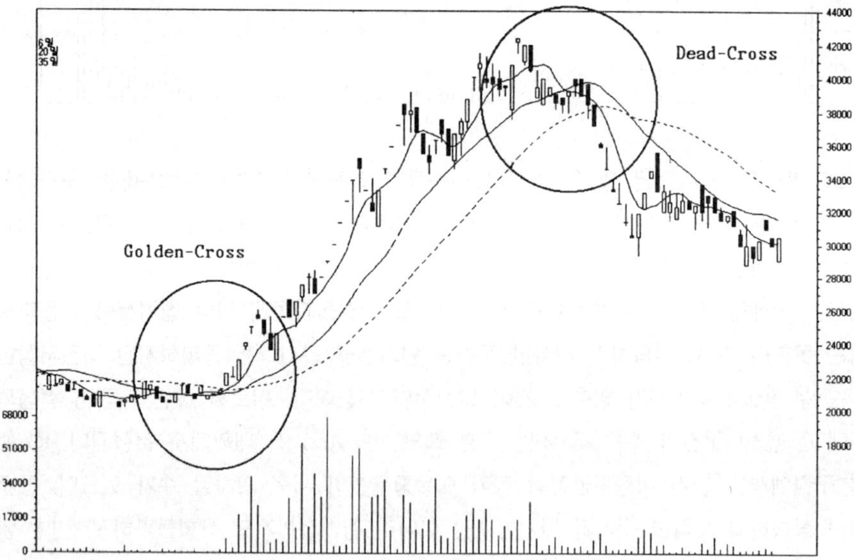

[그림 8-6] 삼화왕관 일봉 : 골든크로스 구역은 단기이동평균선이 중 · 장기 이동평균선을 또는 중기이동평균선이 장기이동평균선을 상향돌파하며 상승하고 있어 중요한 매수시점으로, 반대로 데드크로스 구역에서는 하향돌파하고 있어 중요한 매도시점으로 활용할 수 있다.

(7) 밀집도분석

장기 · 중기 · 단기 이동평균선 사이의 서로 분리된 거리와 밀집도, 그리고 모였다 헤어졌다 하면서 주가가 상승하고 하락하는 순환과정을 통하여 주가의 매매시점을 판단하는 분석기법이다.

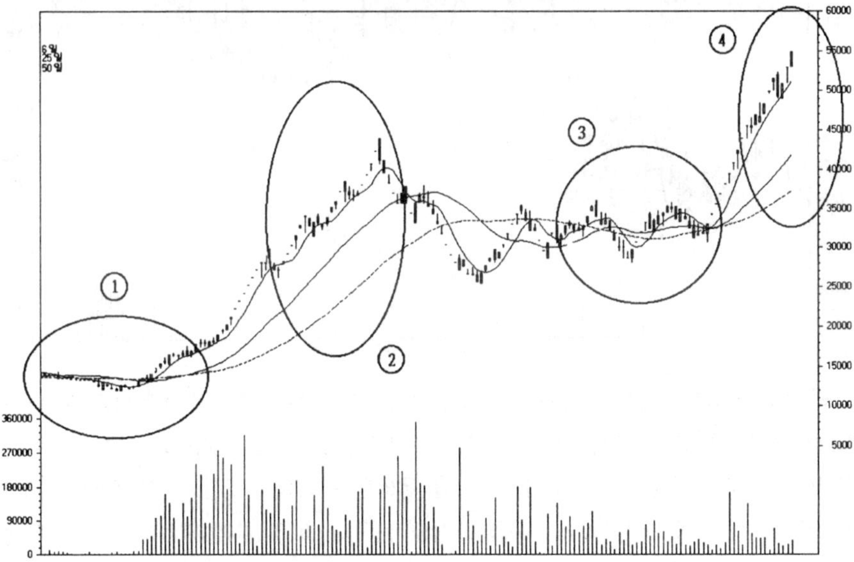

[그림 8-7] 삼부토건 일봉 : ①,②,③,④번 과정을 통하여 단기 · 중기 · 장기 이동평균선이 서로 모였다 헤어지는 과정을 거치면서 조정국면과 상승국면을 보여주고 있다.

3. 이동평균선을 이용한 매매전략

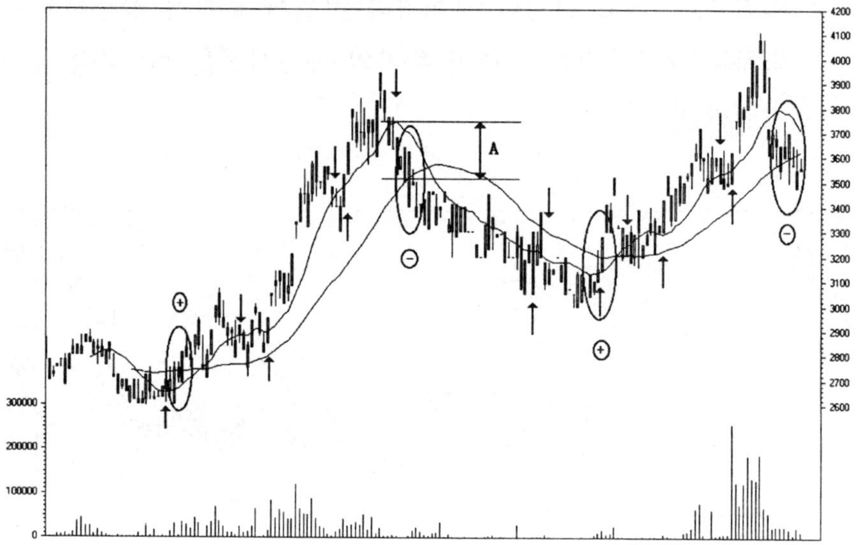

[그림 8-8] **나산 일봉** : 단기와 장기 이동평균선의 특성 - 주가와 이동평균선과의 교차점을 매매시점으로 하였을 경우, 주가가 단기이동평균선을 지지선과 저항선으로 움직이면서 수시로 매수·매도 시점(↑, ↓)을 유발할 수 있지만, 장기이동평균선은 불과 2차례만의 매도·매수 시점(+, —)을 포착할 뿐이다. 이와 같이 단기이동평균선은 장기이동평균선에 비하여 민감하게 움직이므로 경우에 따라서는 빈번한 매매로 매매시점을 놓치는 단점도 있겠지만, 추세전환시점에서는 매매판단이 빨라질 수가 있어 A폭만큼의 매매차익을 더 올릴 수도 있다.

(1) 한 가지 이동평균선을 이용

주가와 한 가지 이동평균선만을 이용하는 가장 간단한 매매로서, 주가가 이동평균선을 상향돌파하면 매입신호로, 반대로 주가가 이동평균선을 하향돌파하면 매도신호로 판단하는 매매기법이다.

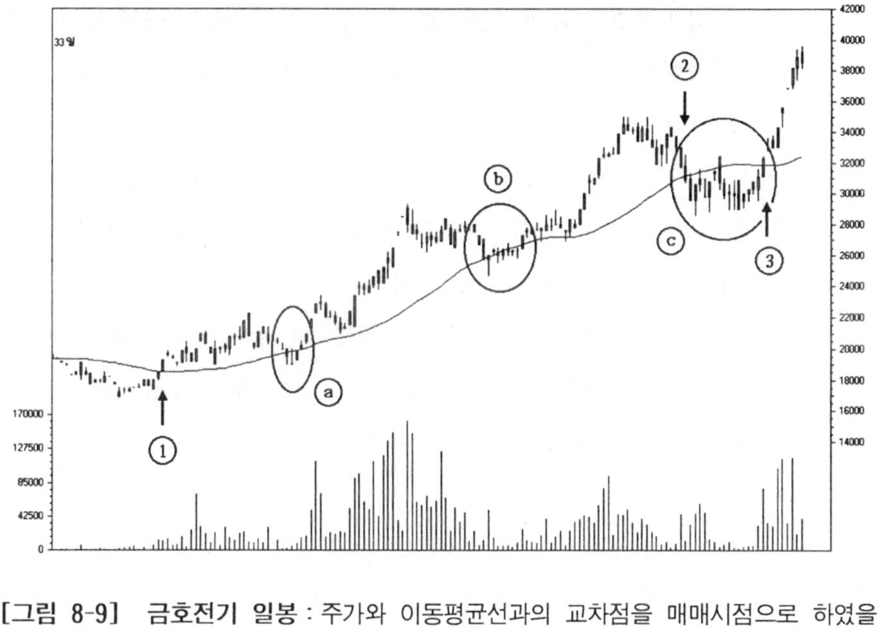

[그림 8-9] 금호전기 일봉 : 주가와 이동평균선과의 교차점을 매매시점으로 하였을 경우 ①번은 좋은 매수시점이 될 수 있다. ⓐ점과 ⓑ점에서는 주가의 이동평균선 하향이탈로 매도해 버리는 오류를 범할 수 있지만 ⓐ점에서는 사흘 정도의 여유를 가지고 비정상적인 속임수를 방지하며, ⓑ점에서는 1~3%의 돌파폭을 보아가며 매매시점을 판단한다면 최대의 수익률을 올릴 수 있을 것으로 판단된다. ②점에서 매도판단을 하였다면 여러 보조지표 등을 참조해 가며 ③점에서 재매수 전략을 수립해야 하겠다.

매매시점에 관한 판단착오를 줄이기 위하여 주가와 이동평균선이 서로 교차하더라도 다음과 같은 거래조건들을 미리 점검하면서 매매에 임해야 하겠다.

① 하루 중의 고가와 저가가 이동평균선을 완전히 상향돌파 또는 하향이탈하여야 매매시점으로 판단한다.
② 종가와 이동평균선이 서로 교차하더라도 미리 정해둔 특정비율을 넘어서는 돌파폭을 보여야만 매매시점으로 인정한다(예 : 1%, 2%, 3%, …, 10pt, 20pt, 30pt, …, 1,000원, 2,000원, 3000원, …)
③ 주가와 이동평균선과의 교차로 매매시점이 결정되더라도 하루에서 사흘 정도의 여유를 가지고 비정상적인 거래로 인한 속임수를 방지한다.
④ 주가와 이동평균선과의 교차로 매매시점이 확인이 되도 다른 보조지표(예 : MACD, RSI, CCI, Stochastic 등)를 이용하여 상호 확인과정이 필요하다.

이상의 거래조건들을 토대로 강세장과 약세장에 따른 적절한 검증과정을 거쳐 자기만의 독특한 거래기법을 만들어야 한다. 또한 차트 분석에 이용되는 이동평균선의 장·단기 특성에 따라서 또는 거래조건들의 검증과정 등에 따라서 수익률과 손실폭에서 많은 차이가 발생할 수 있다.

(2) 두 가지 이동평균선을 이용

단기이동평균선은 매매시점 포착에 중·장기 이동평균선은 추세파악에 주로 이용된다. 단기간의 이동평균일수록 주가의 변동에 민감하게 반응하여 시세의 전환을 가장 빨리 나타내 주는 장점을 갖고 있다. 이와 반대로 중·장기 이동평균선은 시세전환을 늦게 나타내 주는 단점이 있지만 미세한 주가변동에 거의 영향을 받지 않으므로 주가기조를 확인하는 데 신뢰할 수 있다는 장점을 갖고 있다.

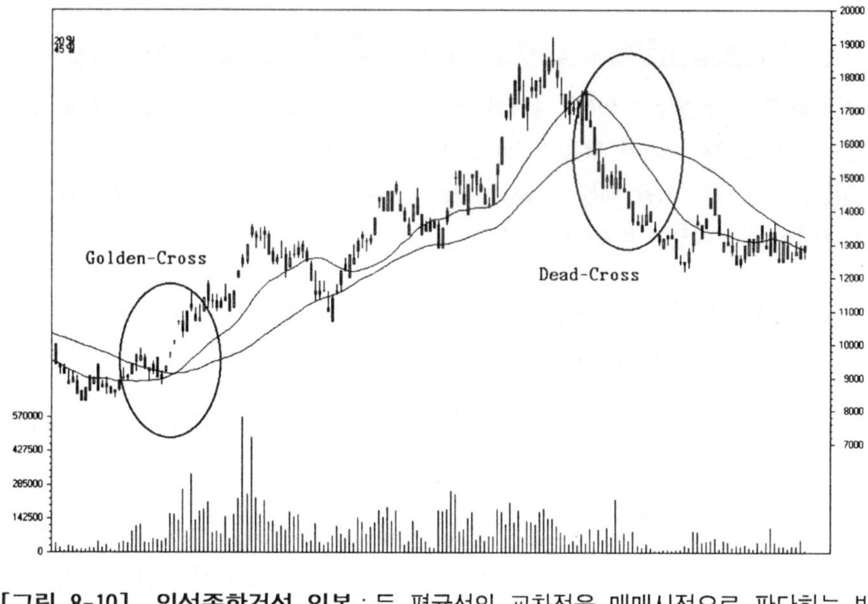

[그림 8-10] 일성종합건설 일봉 : 두 평균선의 교차점을 매매시점으로 판단하는 방법으로 ①, ③번은 골든크로스로 매수시점, ②번은 데드크로스로 매도시점으로 인식하는 방법이다.

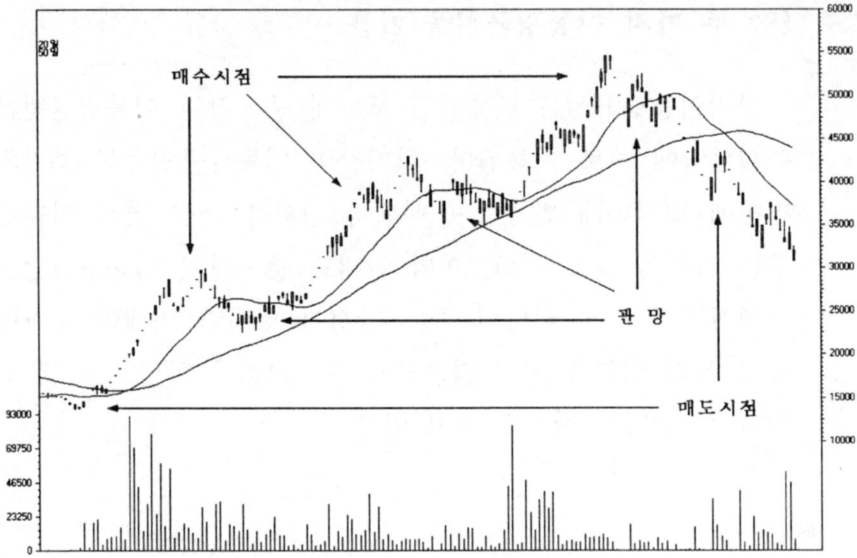

[그림 8-11] 태양금속 일봉 : 주가와 두 이동평균선의 위치에 따라 매매시점을 파악하는 방법으로 ⓐ 주가가 두 이동평균선 위에 있을 때를 매수시점으로 ⓑ 주가가 두 이동평균선 사이에 있을 때를 관망시점으로 ⓒ 주가가 두 이동평균선 아래 있을 때를 매도시점으로 인식하는 방법이다.

두 개의 이동평균선을 이용하여 매매시점을 포착하는 방법으로는 다음의 두 가지 방법이 있다.

첫 번째, 장기와 단기이동평균선이 서로 교차하는 시점을 매매시점으로 파악하는 방법이다. 단기이동평균선이 장기이동평균선을 아래에서 위로 상향돌파할 때(골든크로스)를 매수시점으로, 반대로 단기이동평균선이 장기이동평균선을 위에서 아래로 하향돌파할 때(데드크로스)를 매도시점으로 인식하는 방법이다.

두 번째, 주가와 두 이동평균선과의 위치에 따라 매매시점을 파악하는 방법이다. 주가가 두 이동평균선 위에 있을 경우를 매입시점으로, 주가가 두 이동평균선 아래 있을 경우를 매도시점으로, 주가가 두 이동평균선 사이에 있을 경우를 관망시점으로 인식하는 방법이다.

(3) 세 가지 이동평균선을 이용

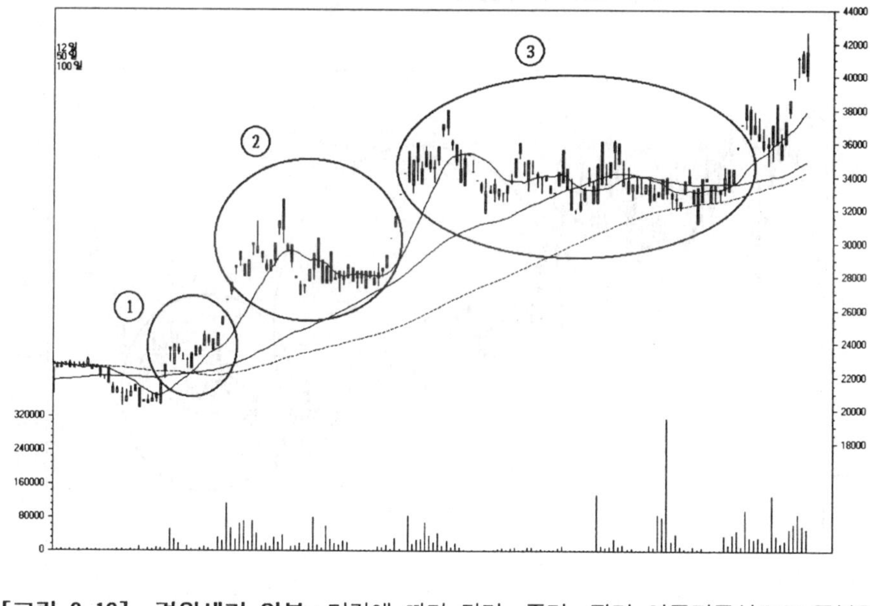

[그림 8-12] 경원세기 일봉 : 기간에 따라 단기 · 중기 · 장기 이동평균선으로 구분하는데, 각 이동평균선은 기간에 따라 주가움직임에 대한 민감도가 달라진다. ①번은 단기선의 지지를, ②번은 중기선의 지지를, ③번은 장기선의 지지를 받으면서 상승하고 있다. 단기선일수록 주가의 움직임과 가장 밀접하게 움직이고 있음을 볼 수 있다.

세 가지 이동평균선은 기간에 따라 단기 · 중기 · 장기 이동평균선으로 구분한다.

각 이동평균선의 특징으로는 기간에 따라 주가움직임에 대한 반응이 달라지는데 단기이동평균선은 주가의 움직임에 가장 빨리 가까이 움직이고 그 다음에 중기이동평균선이, 마지막으로 장기이동평균선이 가장 늦게 서서히 움직이게 된다.

① 하락추세에서의 투자전략

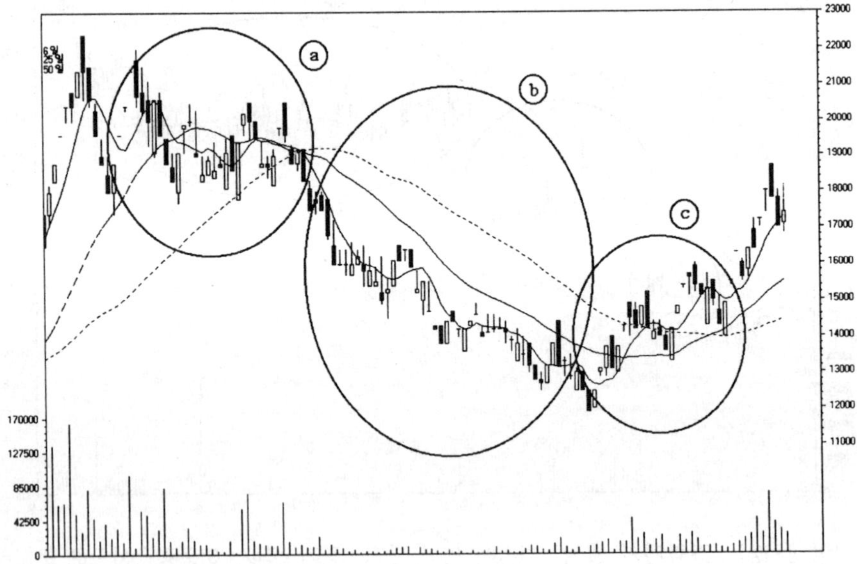

[그림 8-13] 조일알미늄 일봉 : 하락추세의 사례

ⓐ 단기이동평균선이 위에서 아래로 중·장기 이동평균선을 급속히 하향돌파할 경우에는 매도신호이다.

ⓑ 위로부터 장기선·중기선·단기선·주가의 순서로 역배열되어 나란히 하락 중일 경우에는 약세시장일 가능성이 높다.

ⓒ 단기·중기·장기 이동평균선의 역배열 상태가 상당기간 지속된 이후 단기이동평균선이 더 이상 하락하지 못하고 상승하기 시작하면 바닥권이 예상되는 시점이다.

② 상승추세에서의 투자전략

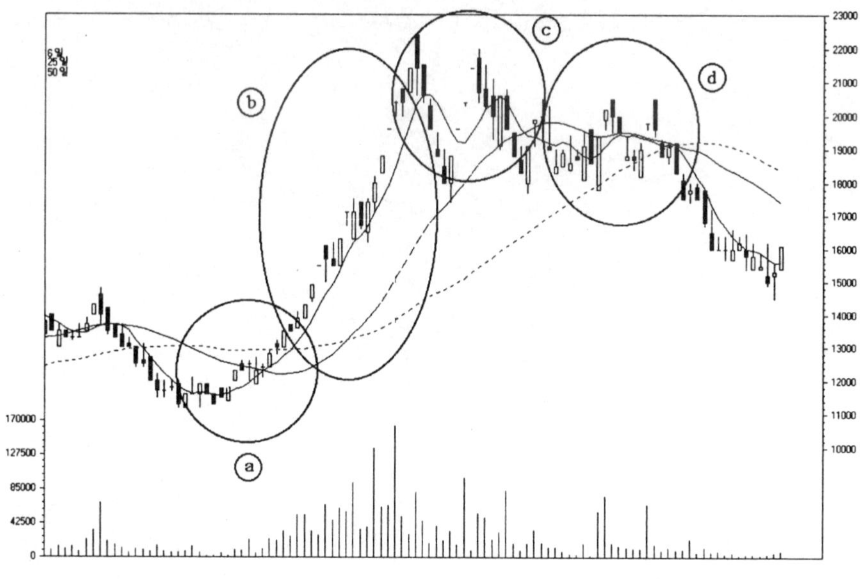

[그림 8-14] 한국폴리우레탄 : 상승추세의 사례

ⓐ 단기이동평균선이 아래에서 위로 중·장기 이동평균선을 급속히 상향돌파할 경우에는 매입신호이다.

ⓑ 위로부터 주가·단기선·중기선·장기선의 순서로 정배열되어 나란히 상승 중일 경우에는 강세국면이다.

ⓒ 단기·중기·장기 이동평균선의 정배열상태가 상당기간 지속된 이후 단기이동평균선이 더 이상 오르지 못하고 약해지면 천정권이 예상되는 시점이다.

ⓓ 단기·중기·장기 이동평균선이 밀집되어 서로 혼란하게 얽혀 있을 때는 장세의 향방이 불투명하므로 매입을 보류하는 것이 좋다.

4. 사 례

① 사례 1

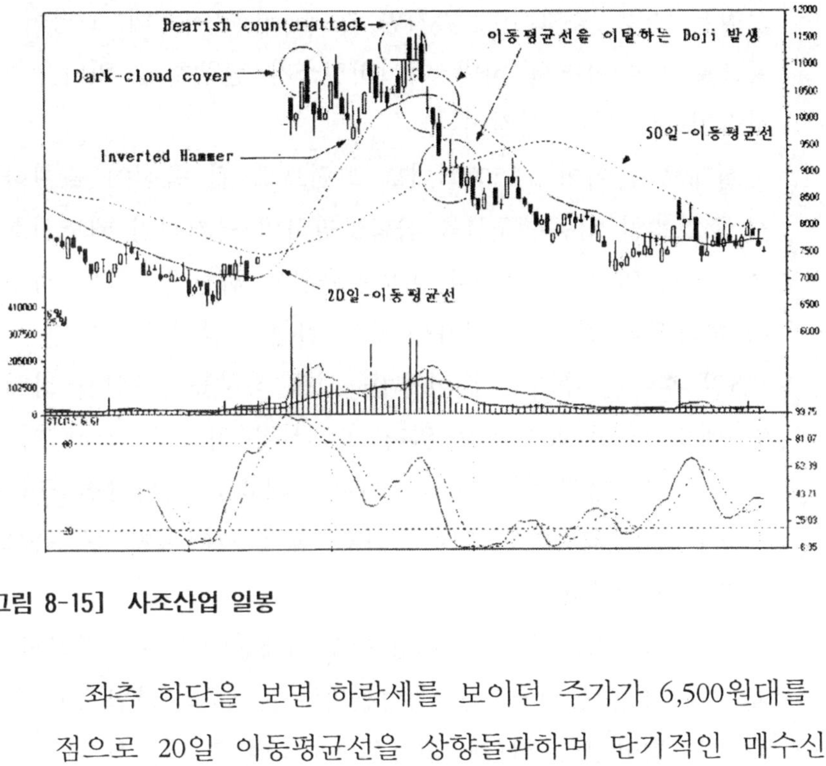

[그림 8-15] 사조산업 일봉

좌측 하단을 보면 하락세를 보이던 주가가 6,500원대를 저점으로 20일 이동평균선을 상향돌파하며 단기적인 매수신호를 보여주고 있다. 곧이어 50일 이동평균선을 상향돌파하며 장기적인 매수신호를 보여주고 있다. 이 시점 이후 거래량이 큰 폭으로 증가하고 있으며 Stochastics 지표도 상승반전하며 골든크로스가 발생하고 있다. 이후 큰 폭의 주가 상승세가 나타났다.

중앙 상단을 보면 고점에서 흑운형이 나타난 이후 저점에서 반전해머가 출현하고 있다. 완만한 상승추세가 전개되면서 11,500원대에서 고점을 형성하였다. 이 과정에서 주가의 고점은 소폭 증가하고 있지만 Stochastics 지표의 고점이 큰 폭으로 낮아지면서 하락 다이버전스가 발생하고 있다. 주가 하락이 예고되는 시점이다.

실제로 곧이어 11,500원대를 고점으로 긴 음선이 출현하면서 주가20일 이동평균선을 하향돌파하며 단기적인 매도신호를 보여주고 있다. 주가20일 이동평균선을 하향돌파하는 과정에서 하락갭과 긴 위 그림자를 갖는 얼레가 발생하고 있다.

5일 후에는 주가50일 이동평균선을 하향돌파하면서 장기적인 매도신호를 보여주고 있다. 이 시점 이후에 거래량이 큰 폭으로 감소하고 있으며 Stochastics 지표도 하락반전하며 데드크로스가 발생하고 있다. 이후 장기간에 걸쳐 큰 폭으로 주가가 하락하고 있다.

한 가지 이동평균선을 이용하여 매매전략을 수립하고자 할 때 주가가 이동평균선을 상향돌파(골든크로스)하면 매수신호로 이동평균선을 하향이탈(데드크로스)하면 매도신호로 인식하고 있다.

그렇지만 일시적인 주가변동으로 많은 속임수 매매가 발생할 수 있기 때문에 크로스가 되는 시점을 전후하여 각 보조지표들의 추세를 동시에 파악해 본다면 향후 주가예측에 높은 신뢰성을 줄 수 있다. 즉 높은 수익률을 올릴 수 있을 것이다.

② 사례 2

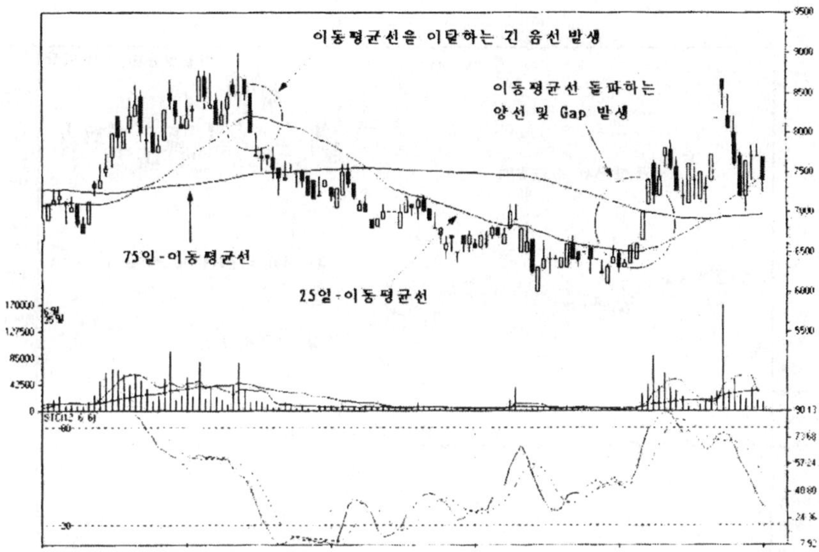

[그림 8-16] 오양수산 일봉

좌측 상단을 보면 완만하게 상승하고 있던 주가가 8,000원대에서 긴 음선이 발생하며 25일 이동평균선을 하향이탈하고 있다. 즉 매도신호로 인식할 수 있다. 이후 거래량이 급속히 감소한 가운데 주가25일 이동평균선의 저항을 받으면서 6,000원대까지 하락하고 있다. 우측 하단을 보면 갑자기 거래량이 큰 폭으로 증가하기 시작하면서 상승갭과 양선이 연속적으로 나타나며 25일 이동평균선을 상향돌파하고 있다. 즉 매수신호를 보여주면서 단기간에 8,500원대까지 상승하였다. 동일시점에서 Stochastics 지표의 움직임을 주시할 필요가 있다.

③ 사례 3

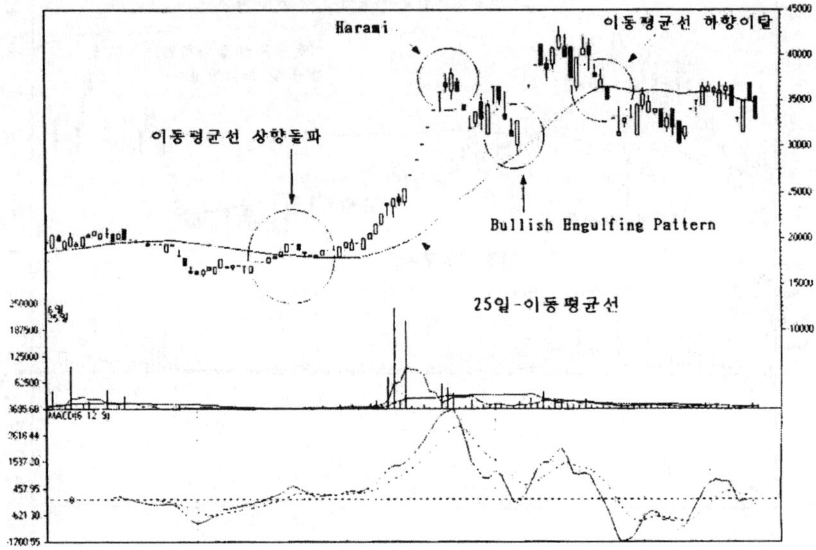

[그림 8-17] 두산 일봉

좌측 하단을 보면 15,000원대를 저점으로 양선이 연속 나타나며 상승하기 시작한 주가가 25일 이동평균선을 상향돌파하면서 매수신호를 보여주고 있다. 이 시점을 전후하여 MACD 지표는 지속적으로 상승추세를 보여주고 있다.

중앙 상단을 보면 35,000원대를 상향돌파한 주가가 포아형이 출현하면서 상승세를 지속하지 못하고 있다. 이 시점에서 MACD 지표도 급반전하며 하락하고 있어 주가의 하락세가 예고되고 있다.

이후 하락하기 시작하여 30,000원대를 전후하여 25일 이동평균선을 만나면서 상승반전형인 상승장악형이 출현하고 있다.

즉 주가25일 이동평균선의 지지를 받으면서 재상승하기 시작한 주가가 직전고점인 35,000원대를 돌파하며 43,000원 가까이 상승하지만 더 이상 거래량이 수반되지를 못하고 다시 하락하고 있다.

우측 상단을 보면 긴 음선과 하락갭이 발생하며 25일 이동평균선을 하향이탈하고 있어 매도신호를 나타내고 있다. 이 시점을 전후하여 MACD 지표도 하락반전하고 있어 주가의 하락 가능성을 높여주고 있다.

주가와 이동평균선이 서로 교차하는 순간, 즉 매수신호와 매도신호를 판단해야 하는 시점에서 단순히 주가의 움직임만 분석할 것이 아니라 거래량의 동향과 여러 보조지표들의 추세를 다 함께 분석해 본다면 더 높은 성공확률과 성공투자가 보장된다고 하겠다.

④ 사례 4

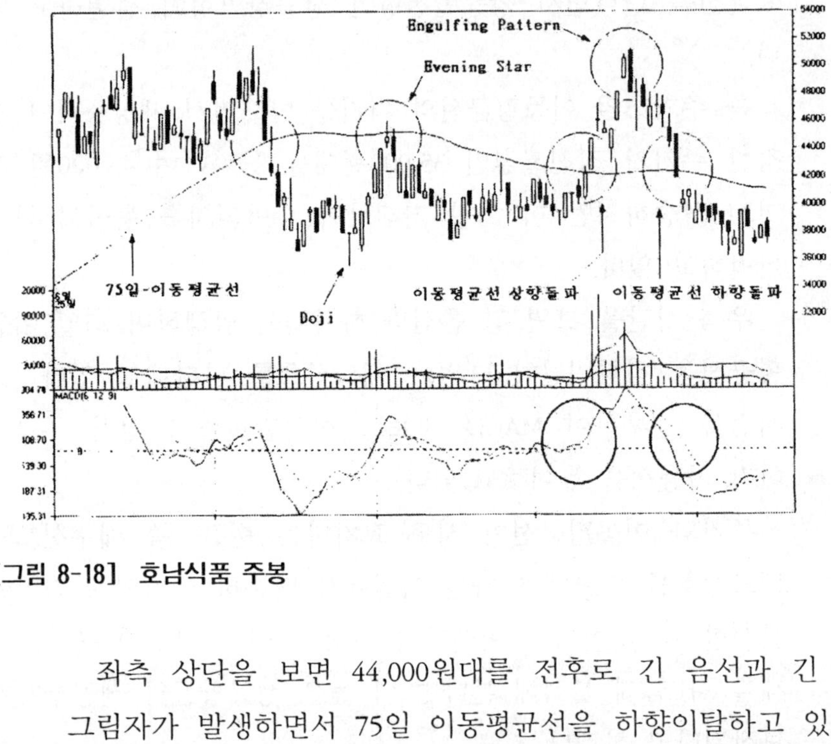

[그림 8-18] 호남식품 주봉

좌측 상단을 보면 44,000원대를 전후로 긴 음선과 긴 위 그림자가 발생하면서 75일 이동평균선을 하향이탈하고 있다. 이후 36,000원대까지 하락한 주가가 긴 아래그림자를 갖는 얼레를 만나면서 상승반전하고 있다.

다시 이동평균선에 근접하면서 상승돌파를 시도하지만 하락반전형으로 작용하는 저녁별을 만나면서 더 이상 상승세가 지속되지 못하고 있다.

우측 하단을 보면 큰 폭의 거래량을 동반한 긴 양선이 연속 출현하면서 이동평균선을 상향돌파하고 있다. 이 시점에서 MACD 지표도 완만한 상승세에서 갑자기 상승세가 급해지고 있다.

이후 50,000원대 고점을 보이자 하락장악형이 출현하면서 추세가 하락반전되고 있다. MACD 지표도 뾰족한 고점을 보인 후에 하락전환하고 있으며 이후 거래량도 감소세를 보이고 있다.

42,000원대에서 긴 음선과 큰 폭의 하락갭이 발생하면서 이동평균선을 하향이탈하고 있다. 즉 다시 매도신호를 나타내고 있으며 이 시점에서 MACD 지표를 보면 하락세가 강하게 나타나고 있다.

일반적으로 지지선이나 이동평균선을 하향이탈하는 경우에는 긴 음선이나 하락 갭 또는 위·아래 긴 그림자를 갖는 얼레가 발생하기도 한다.

이와 반대로 저항선이나 이동평균선을 상향돌파하는 경우에는 긴 양선이나 상승 갭 또는 위·아래 긴 그림자를 갖는 얼레가 발생하는 것이 일반적인 사례이다.

⑤ 사례 5

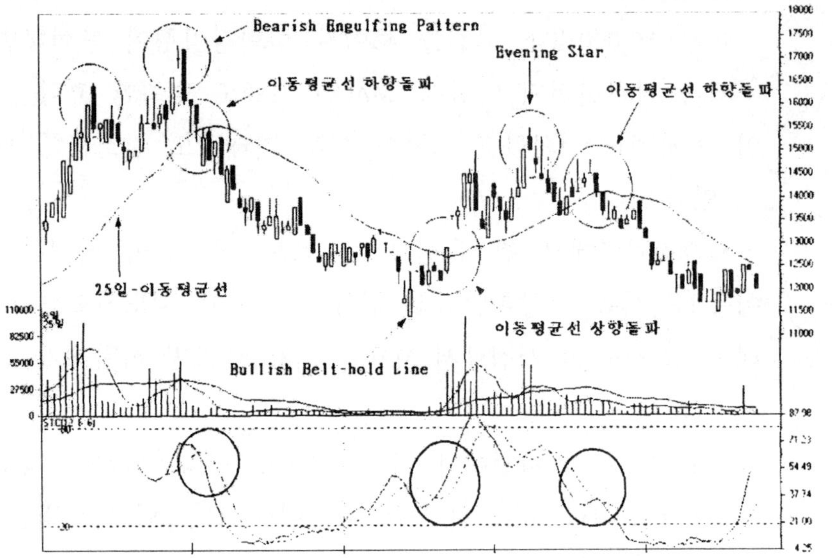

[그림 8-19] 경남모직 일봉

좌측 상단을 보면 16,000원대에서 흑운형이 17,000원대를 고점으로 하락장악형이 출현하면서 두 고점을 형성하고 있다. 이후 긴 음선과 하락 갭이 연속 발생하면서 이동평균선을 하향이탈하고 있어 매도신호를 보여주고 있다.

흑운형과 하락장악형 두 고점이 형성되는 과정에서 거래량이 감소하고 있으며 특히 이동평균선을 하향이탈한 이후에는 급속히 감소하고 있다. 또한 이 시점에서 Stochastics 지표도 하락전환하고 있어 주가하락이 예상되고 있다.

중앙 하단을 보면 11,500원대까지 하락한 후에 긴 양선의 상승절단형이 출현하면서 주가추세가 상승반전하고 있다. 곧 이어 긴 양선과 상승갭이 발생하면서 이동평균선을 상향돌파하고 있어 매수신호를 보여주고 있다.

이 시점을 전후하여 거래량이 큰 폭으로 증가하고 있으며 동시에 Stochastics 지표도 상승전환하고 있어 당분간 주가상승이 지속되리라 예상해 볼 수가 있다.

우측 상단을 보면 15,000원대까지 상승한 이후 반전형인 저녁별이 출현하면서 상승세를 멈추고 하락전환하고 있다. 이후 긴 음선이 연속으로 발생하면서 이동평균선을 하향이탈하고 있어 매도신호를 보여주고 있다.

이 시점에서 거래량이 지속적으로 감소하고 있으며 또한 Stochastics 지표도 꾸준히 하락추세를 보이고 있어 당분간 주가하락이 지속되리라 예상해 볼 수 있다.

⑥ 사례 6

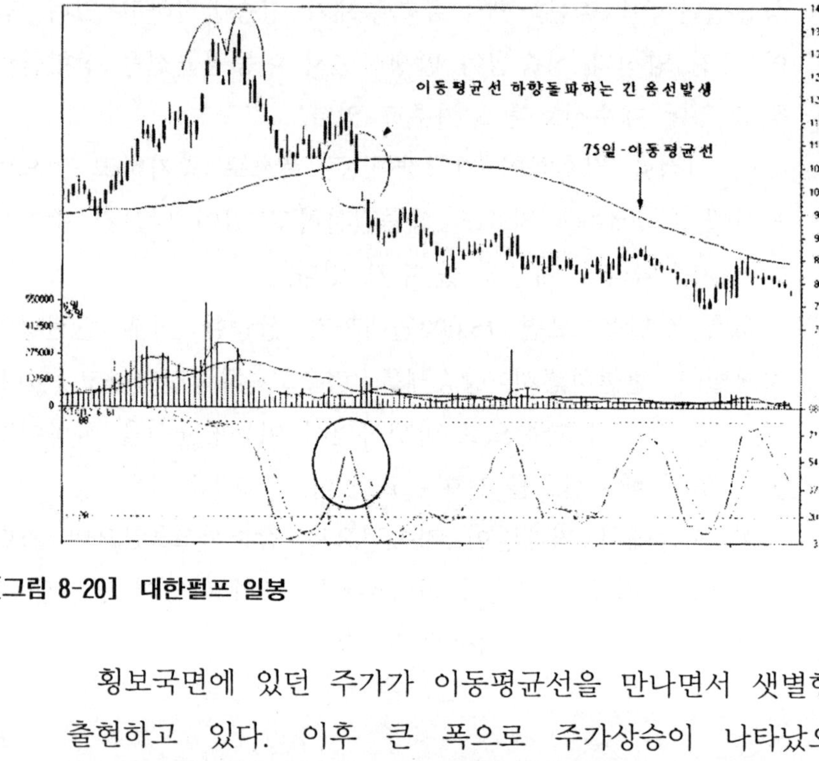

[그림 8-20] 대한펄프 일봉

횡보국면에 있던 주가가 이동평균선을 만나면서 샛별형이 출현하고 있다. 이후 큰 폭으로 주가상승이 나타났으나 40,000원대를 전후하여 다시 이동평균선에 근접하면서 상승반전형인 상승절단형과 얼레가 출현하고 있다.

이 시점 이후 Stochastics 지표가 상승추세를 보이고 있어 향후 주가상승에 대한 기대감이 커지고 있다. 실제로 고점 75,000원대를 기록하였으나 저녁별이 출현하면서 더 이상 주가상승이 지속되지를 못하고 있다.

반전해머가 출현하면서 상승추세로 전환되고 있다.

⑦ 사례 7

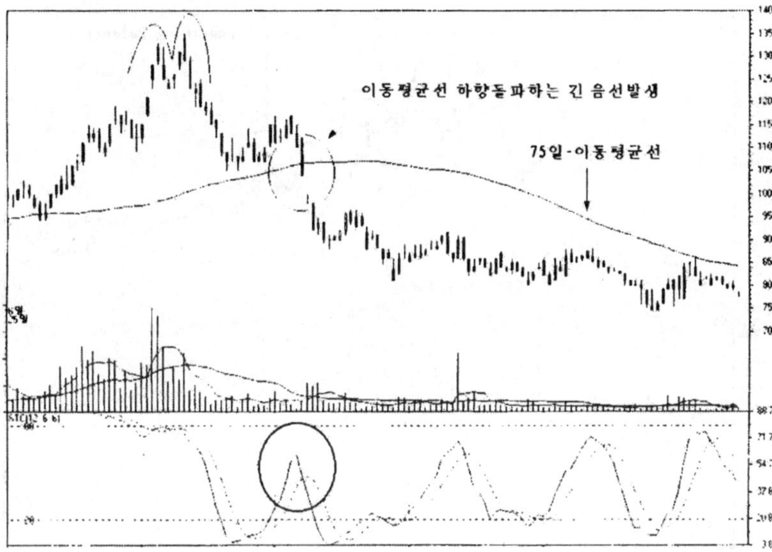

[그림 8-21] 이수화학 일봉

좌측 상단을 보면 13,000원대에서 단기간에 이중천정형이 형성되면서 큰 폭의 상승세가 하락세로 반전되고 있다. 이 시점 이후 거래량이 큰 폭으로 감소하고 있으며 Stochastics 지표도 하락전환하고 있어 주가하락에 대한 가능성이 커지고 있다. 이후 긴 음선과 큰 폭의 하락갭이 발생하면서 75일 이동평균선을 하향이탈하고 있다. 이 시점에서 Stochastics 지표도 뾰족한 고점을 남기고 하락세로 급반전하고 있다. 이후 이동평균선이 저항선 작용을 하고 있는 듯하나 거래량이 지속적으로 감소하면서 바닥권에 근접하고 있어 조만간 상승전환시점을 기다리는 듯하다.

⑧ 사례 8

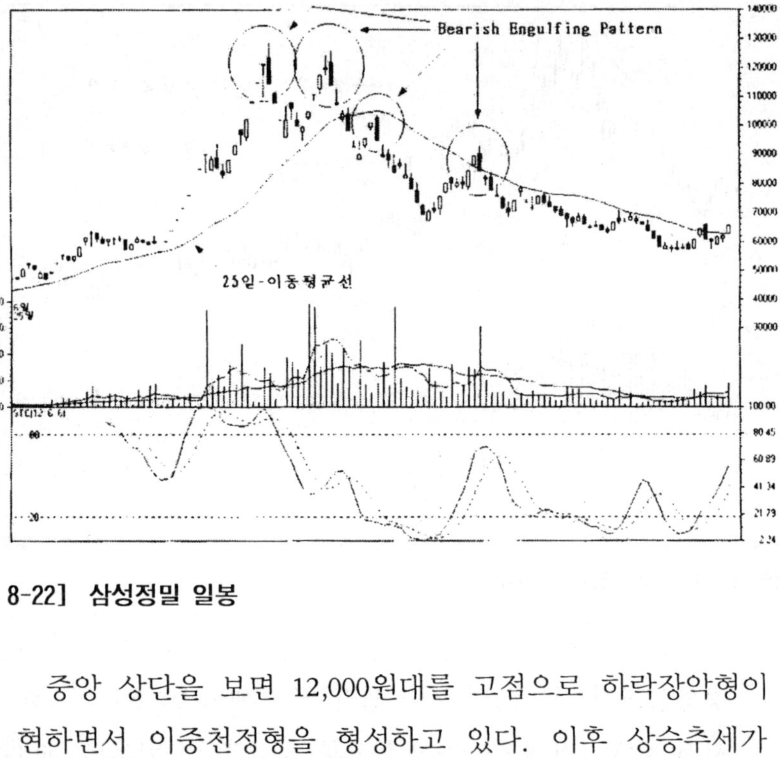

[그림 8-22] 삼성정밀 일봉

중앙 상단을 보면 12,000원대를 고점으로 하락장악형이 출현하면서 이중천정형을 형성하고 있다. 이후 상승추세가 하락추세로 전환되었다.

큰 폭의 하락갭과 긴 음선이 발생하면서 이동평균선을 하향이탈한 이후에 되돌림현상이 나타나지만 이동평균선 상향돌파 시도에는 실패하고 있다. 연속으로 하락반전패턴인 하락장악형이 출현하면서 더 이상의 상승을 허용하지 않고 있다.

하락장악형이 출현하는 시점 이후에는 Stochastics 지표가 하락전환하면서 하락세를 보이고 있다.

⑨ 사례 9

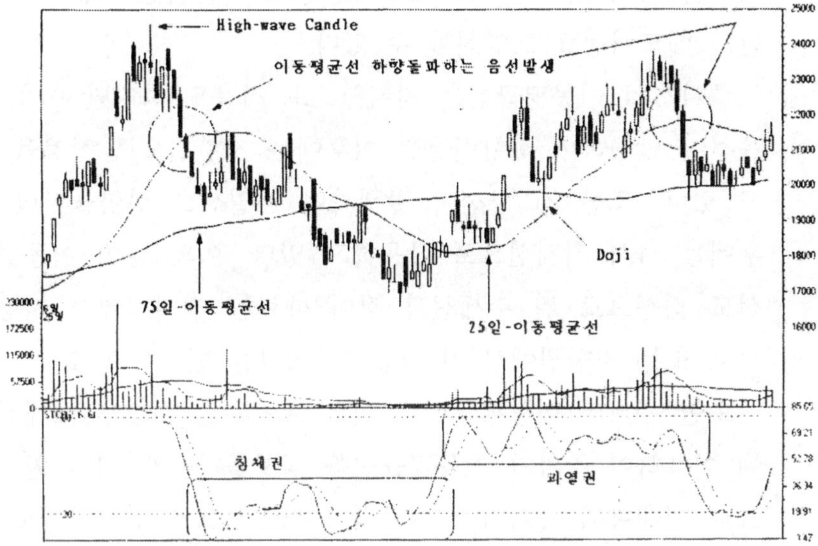

[그림 8-23] 동성화학 일봉

좌측 상단을 보면 긴 음선이 연속으로 발생하며 25일 이동평균선을 하향이탈하고 있어 매도신호를 보여주고 있다. 이후 긴 양선과 상승갭이 발생하며 25일선을 상향돌파하고 있어 매수신호를 보여주고 있다. 또 다시 긴 음선이 연속해서 발생하며 25일선을 하향이탈하고 있어 매도신호를 보여주고 있다.

Stochastics 지표를 보면 주가가 이동평균선을 하향하고 있는 동안에는 침체권을 보여주고 있으며, 주가가 이동평균선을 상향하고 있는 동안에는 과열권을 보여주고 있다. 따라서 침체권을 벗어나는 순간을 매수시점으로 과열권을 이탈하는 순간을 매도시점으로 인식할 수 있다.

주가75일 이동평균선은 지지선으로 작용도 하지만 이후 긴 음선이 발생하며 하향이탈한 이후에는 저항선으로 작용을 하고 있다. 또한 긴 양선이 발생하며 75일선을 상향돌파한 이후에는 다시 지지선으로 작용하고 있다. 이와 같이 이동평균선도 직선으로 된 추세선과 같이 때로는 지지선에서 저항선으로 또는 저항선에서 지지선으로 역할을 변경하고 있다.

또한 주가와 이동평균선이 서로 교차되는 순간을 매매전략에 이용하여 주가가 이동평균선을 상향돌파하게 되면 일반적으로 거래량이 증가하기 시작하고 매수신호로 인식하기도 한다. 같은 방법으로 주가가 이동평균선을 하향돌파하게 되면 일반적으로 거래량이 감소하기 시작하고 매도신호로 인식하기도 한다.

제 9 장

패턴으로 본 캔들차트

1. 반전형 패턴

(1) 반전형 패턴의 분석

그래프 상에 그려지는 일정기간 움직여 온 주가의 특정한 모양을 패턴이라 하며, 이런 패턴은 크게 반전형 및 지속형 패턴으로 구분된다. 먼저 반전형 패턴(reversal pattern)은 이전까지의 주가움직임이 전환되어 반대방향으로 이동할 것을 예시해 주는 패턴이며, 지속형 패턴(continuation pattern)은 이전의 주가움직임이 잠시 횡보 후 다시 지속될 것임을 알려주는 패턴이다.

반전형 패턴은 이전까지 장기간에 걸친 주가움직임이 추세전환되어 반대방향으로 이동할 수 있도록 이전의 뚜렷한 추세선이 확인되어야 한다. 또한 이러한 추세선을 돌파하는 시점부터 반전형 패턴이라 부른다.

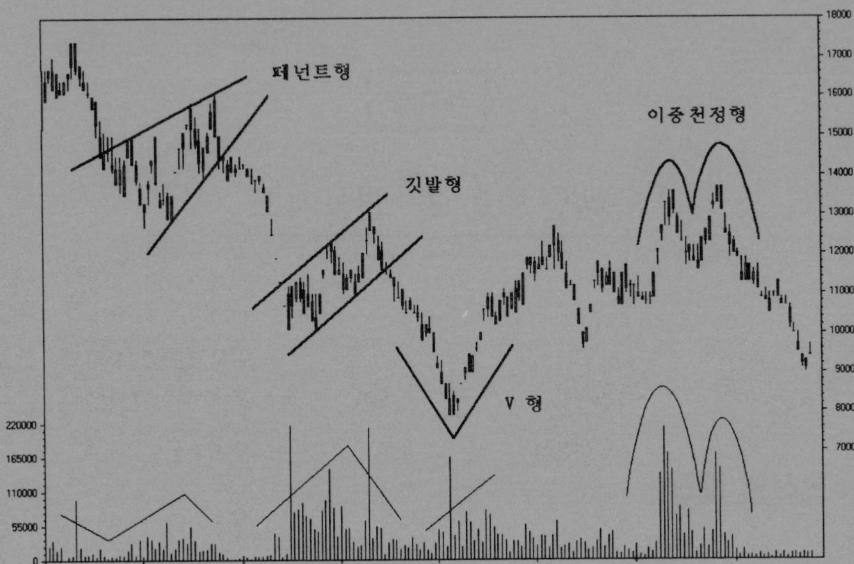

[그림 9-1] 지누스 일봉 : 반전형과 지속형 – 페넌트형과 깃발형은 지속형으로 이전의 주가움직임과 같은 방향으로 움직이며 V형과 이중천정형은 반전형으로 이전의 주가 움직임이 추세전환되어 반대방향으로 움직인다.

(2) 헤드 앤 숄더

반전형 패턴 중에서 가장 널리 알려져 있으며 가운데 가장 높은 봉우리를 포함한 세 개의 봉우리가 나타난다고 해서 3산형 패턴이라 부르기도 한다.

이 패턴은 상승과 하락이 세 번씩 반복해서 일어나며 가운데 봉우리를 머리(head), 왼쪽을 왼쪽어깨(left shoulder), 오른쪽을 오른쪽어깨(right shoulder)라 한다. 헤드 앤 숄더 패턴은 주가의 움직임이 네크라인(neck-line)을 완전히 하향돌파한 순간부터 완성된다.

헤드 앤 숄더 패턴이 완성된 후에는 과거 경험과 통계에 의해 어느 수준까지 하락할 것인지 미리 목표치를 예상해 볼 수가 있다. 일반적으로 예상목표치는 머리에서 네크라인과의 하락폭만큼 네크라인에서 더 하락한다고 예상해 볼 수 있는데 이 목표치는 최소한의 목표치일 뿐이다.

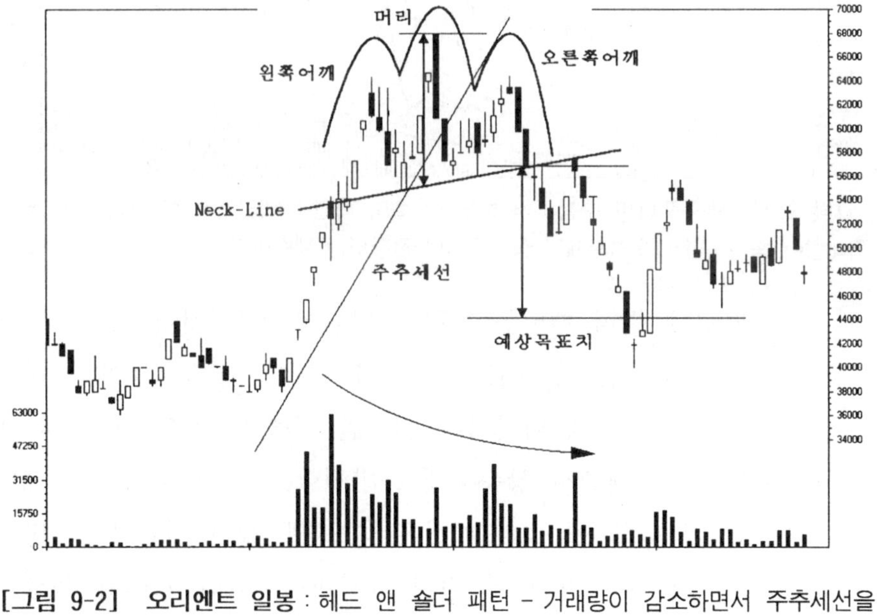

[그림 9-2] 오리엔트 일봉 : 헤드 앤 숄더 패턴 – 거래량이 감소하면서 주추세선을 하향이탈한 이후 왼쪽어깨 · 머리 · 오른쪽어깨를 형성하고 있으며 겨드랑이를 연결한 네크라인을 볼 수가 있다. 또한 머리에서 네크라인과의 하락폭만큼 앞으로 더 하락하리라는 예상목표치가 설정되어 있다.

① 역 헤드 앤 숄더

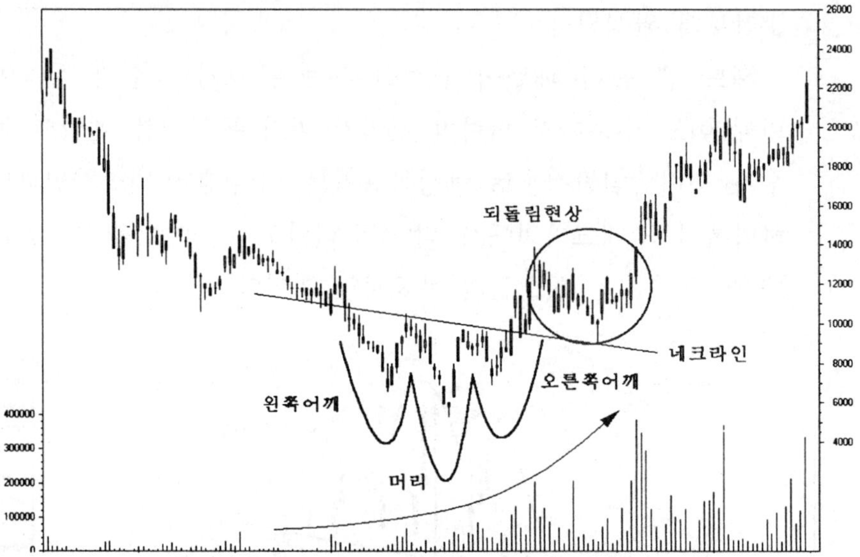

[그림 9-3] 세우포리머 주봉 : 역 헤드 앤 숄더 패턴 – 해드 앤 숄더 패턴과는 달리 거래량이 증가하면서 하락추세가 상승추세로 전환되는 패턴이다.

헤드 앤 숄더 패턴을 거꾸로 뒤집어 놓은 것이 역 헤드 앤 숄더 패턴이다. 즉, 헤드 앤 숄더 패턴은 상승추세에서 하락추세로 반전할 때 나타나는 패턴인 반면 역 헤드 앤 숄더 패턴은 하락추세에서 상승추세로 반전할 경우에 나타나는 패턴이다. 역 헤드 앤 숄더 패턴은 헤드 앤 숄더 패턴과 그 방향만 반대일 뿐이지 모든 점이 유사하다. 다만 거래량 동향에서 차이가 있어 왼쪽어깨, 머리, 오른쪽어깨로 갈수록 거래량이 점점 증가하고, 또한 되돌림현상이 헤드 앤 숄더 패턴의 경우보다 더 자주 일어나는 차이가 있다.

② 복합 헤드 앤 숄더

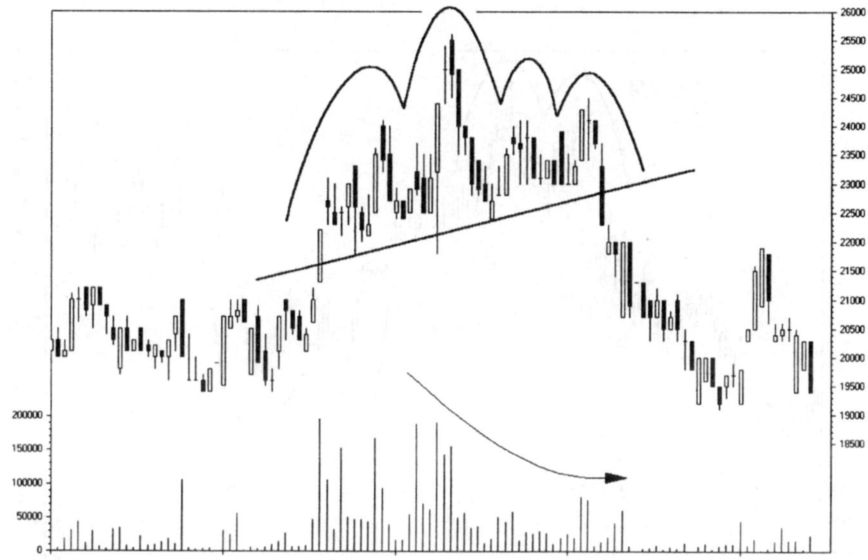

[그림 9-4] 삼환기업 일봉 : 복합 헤드 앤 숄더 패턴 - 때로는 머리나 어깨가 여러 개 형성될 수도 있다.

실제로 헤드 앤 숄더 패턴이 이론에 의해서 움직이는 것이 아니고 변형된 형태로 나타나는 경우가 있다. 때로는 머리가 두 개 아니면 한쪽의 어깨가 두 개로 나타나는 경우도 있다. 그러나 변형된 헤드 앤 숄더 패턴이라도 그 분석은 헤드 앤 숄더 패턴과 동일하다.

(3) 이중천정형과 이중바닥형

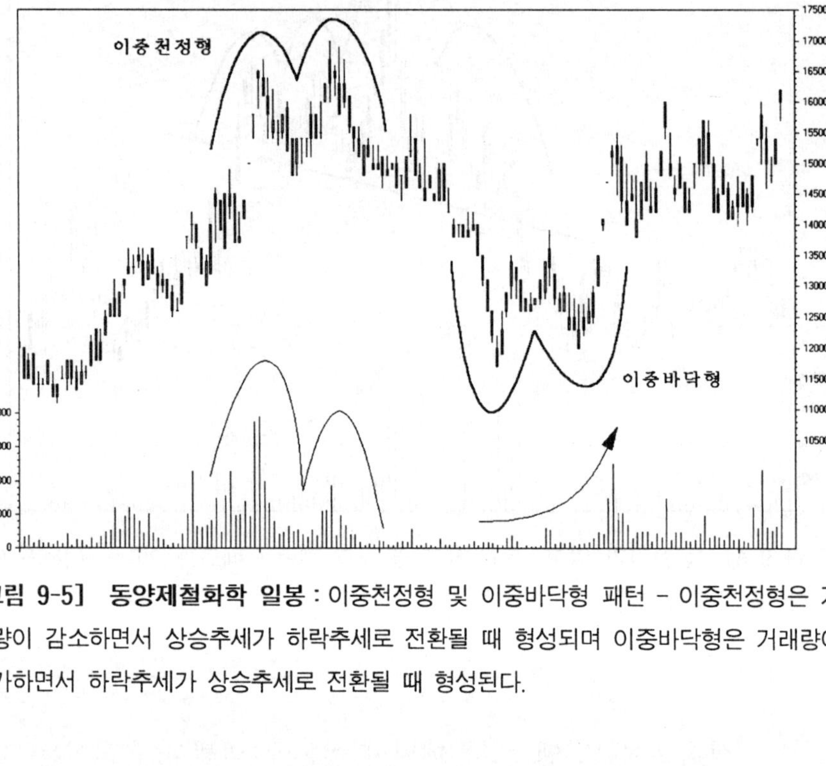

[그림 9-5] 동양제철화학 일봉 : 이중천정형 및 이중바닥형 패턴 – 이중천정형은 거래량이 감소하면서 상승추세가 하락추세로 전환될 때 형성되며 이중바닥형은 거래량이 증가하면서 하락추세가 상승추세로 전환될 때 형성된다.

① 이중천정형

이중천정형(double top)은 그래프 상에서 자주 볼 수 있는 패턴으로 상승추세가 하락추세로 전환될 때 주로 발생한다. 이중천정형은 M자형으로 그리고 이중바닥형은 W자형이라 부르기도 한다.

이중천정형을 확인하기 위해서는 일반적으로 양 봉우리를 형성하는 데 걸린 시간이 장기간(대략 1개월 이상)일수록 또는 주가움직임의 진폭이 클수록 신뢰도가 높다고 볼 수 있다.

이중천정형도 헤드 앤 숄더 패턴처럼 앞으로 얼마나 더 하락할지 예상목표치를 계산할 수가 있다. 이중천정형의 최소한의 예상목표치는 두 봉우리 고점에서 단기바닥인 골까지의 거리만큼 앞으로 더 하락하리라고 예상한다. 이중바닥형의 경우는 이중천정형을 그대로 뒤집어 설명을 할 수가 있다.

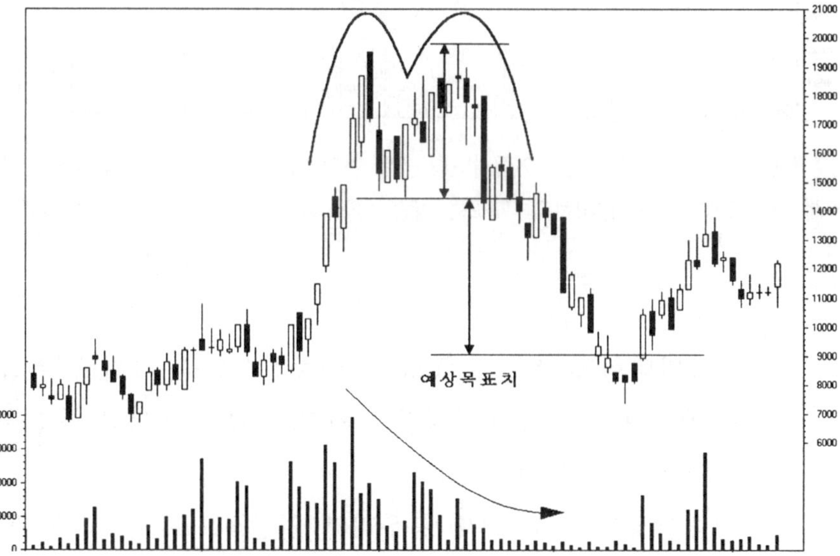

[그림 9-6] 의성실업 일봉 : 이중천정형 – 거래량이 감소하면서 상승추세가 하락추세로 전환되고 있다. 두 봉우리 고점에서 골까지의 길이만큼 앞으로 더 하락한다고 예상목표치를 설정할 수가 있다.

② 이중바닥형

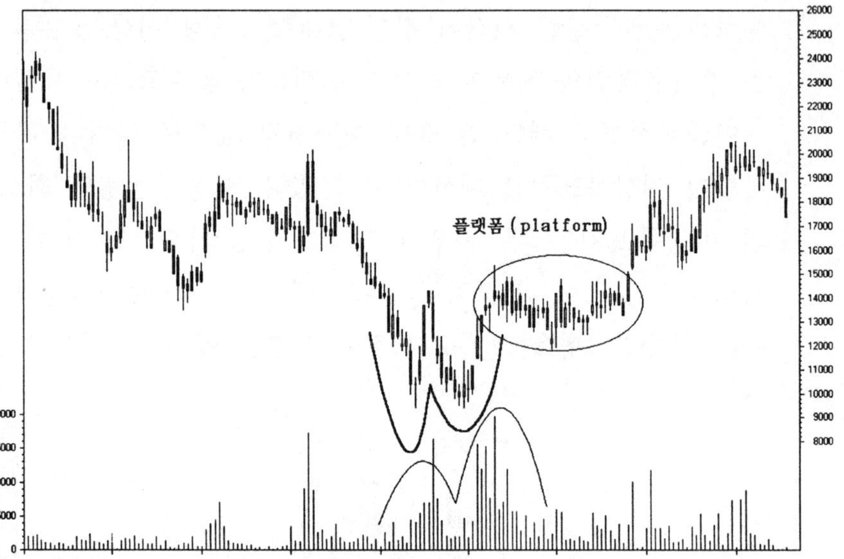

[그림 9-7] 아남전자 주봉 : 이중바닥형 - 두 번째 바닥이 첫 번째 바닥보다 더 완만하게 그리고 더 높게 형성된다. 때로는 상승 시에 플랫폼(platform)이 형성되기도 한다.

이중바닥형(double bottom)은 이중천정형을 그대로 뒤집어 놓은 형태이나, 이중바닥형만이 가지고 있는 독특한 특징들이 있는데 다음과 같다.

이중천정형은 첫 번째 봉우리가 일반적으로 두 번째 봉우리보다 높게 나타나지만 종종 두 번째가 더 높게 나타나는 경우도 있다. 그러나 이중바닥형에서는 두 번째 바닥이 첫 번째 바닥보다 더 낮은 경우는 거의 없다. 일반적으로 이중천정형에서는 두 번째 봉우리가 첫 번째 봉우리에 비해 뾰족하게 나타나지만, 이중바닥형에서는 두 번째 바닥의 경사가 첫 번째 바닥의 경사보다 완만할 때가 많다.

(4) 선형, 원형바닥형, 원형천정형

① 선형

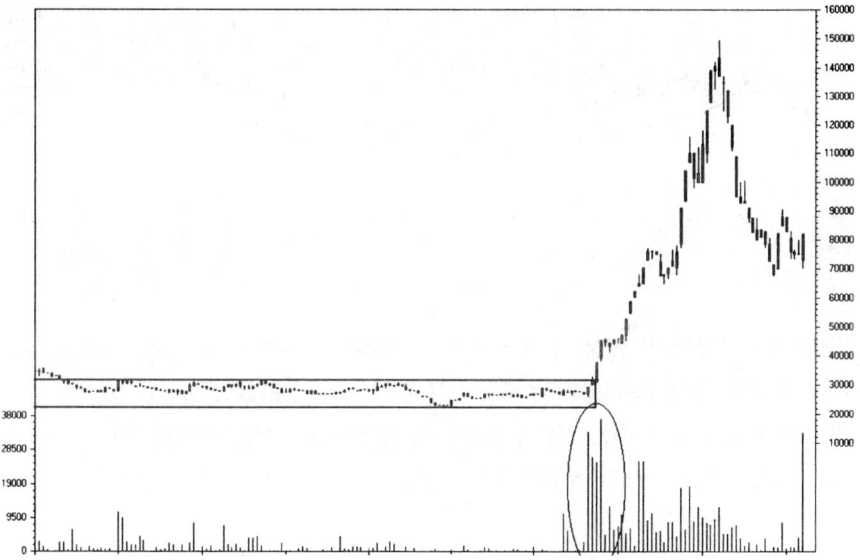

[그림 9-8] **BYC 주봉** : 선형 - 유일한 꿈의 패턴으로 알려지고 있다.

선형(line)은 그래프 상에서 살펴보면 적은 등락폭으로 장기간에 걸쳐 보합권을 유지하며 횡보한 후 거래량이 증가하면서 지금까지의 등락폭보다 상당히 큰 폭으로 저항선을 상향돌파하면서 주가가 상승하는 패턴이다.

② 원형바닥형

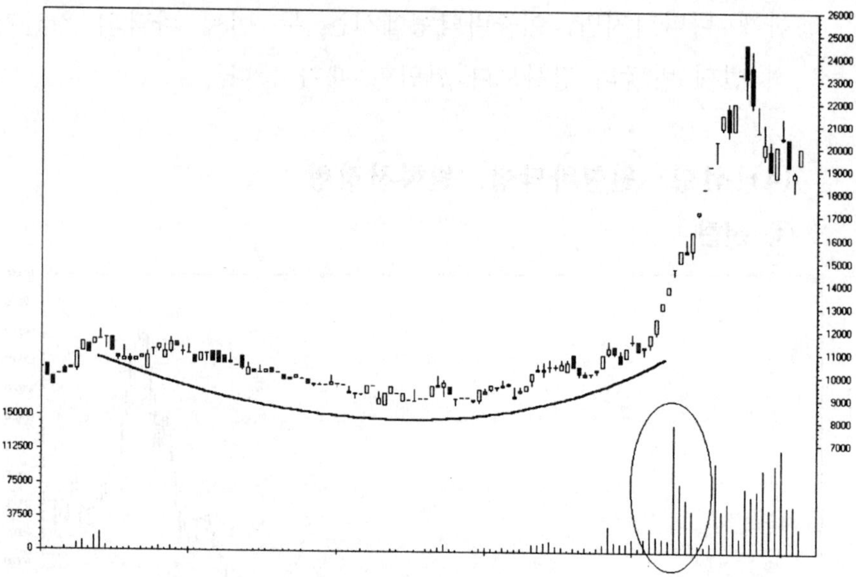

[그림 9-9] 부산산업 일봉 : 원형바닥형 – 판독하기가 매우 쉽고 성공할 확률도 높은 동시에 앞으로 주가이동방향과 추세전환시점을 서서히 그리고 정확하게 가르쳐 준다. 따라서 투자결정 및 매매전략을 수립하는 데 충분한 시간적인 여유를 준다는 장점이 있지만 인기가 높고 거래가 활발한 주식에 있어서는 거의 찾아보기 어렵다.

원형바닥형(rounding bottom)은 주가의 하락추세가 완만한 곡선을 그리면서 서서히 상승추세로 전환되는 패턴으로 원형천정형보다 소요되는 시간이 더 많이 걸리고 모양과 형태도 더욱 확실하다. 또한 상승추세로 진입하면서 플랫폼을 자주 형성하는 특징이 있다.

③ 원형천정형

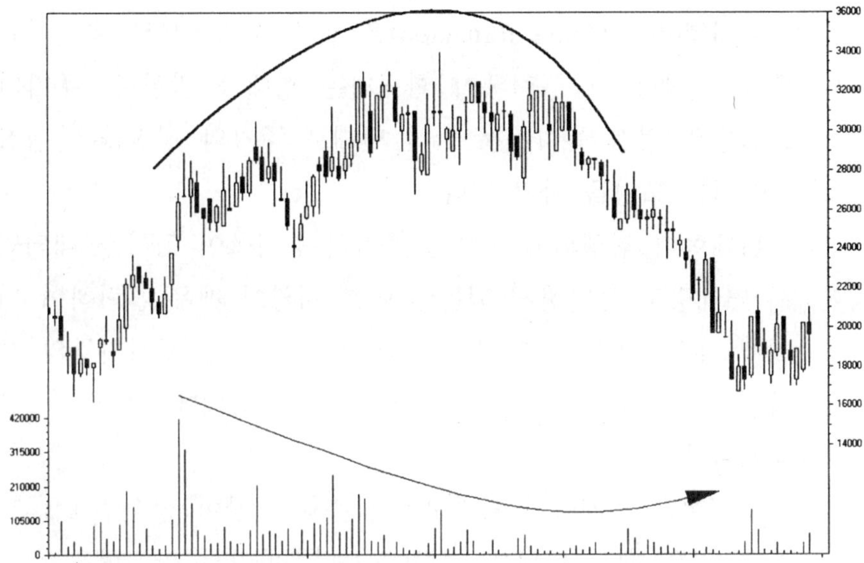

[그림 9-10] 한일이화 일봉 : 원형천정형 – 상승추세가 서서히 하락추세로 전환되는 패턴으로 형성과정에서 거래량이 점진적으로 감소한다.

원형천정형(rounding top)은 일명 접시형으로 불리기도 하는데 원형바닥형과는 달리 주가의 상승추세가 완만한 곡선을 그리면서 서서히 하락추세로 전환되는 패턴이다. 비교적 형성되는 기간이 선형보다 짧다.

(5) 확대형

확대형(broadening formation)은 좁은 등락폭으로 움직이던 주가가 점점 그 등락폭이 확대되는 형태를 말한다. 주가의 고점들은 점점 높아가는 반면 반대로 주가의 저점들은 점점 낮아지는 모양을 하고 있다.

확대형이 진행되고 있으면 주가의 등락폭이 점차 확대되면서 거래량도 증가하게 되는데 이는 시황이 매우 혼란하여 미래에 대한 예측이 불가능한 상태이거나 또는 투자가들의 투자심리가 극히 민감하고 극도로 불안정 상태에 있다는 것을 의미한다.

확대형은 거래량이 활발하면서 주로 시장이 상승추세를 보이고 있을 때 나타나는 경향이 높다. 따라서 확대형은 상승추세의 말기적 현상으로 간주되어야 한다.

확대형은 일반적으로 세 개의 산(peaks)과 두 개의 골(trough)로 구성되어 있다. 이 패턴은 주가의 움직임이 한 방향으로 수렴하기보다는 오히려 각 방향으로 분산되는 결과로서, 각 산들의 고점들은 점점 그 높이가 높아지는 데 비하여 각 골들의 저점들은 그 높이가 점점 낮아지는 모양이다.

확대형은 일정한 매수세력이나 매도세력을 확인하기가 어려우며 또한 주가의 향방을 예측하기가 불확실한 일부 투기적인 세력에 의해서 움직이고 있다고 보아야 한다. 따라서 이 패턴이 나타난 이후에는 대부분 주가의 큰 폭 하락이 있었다.

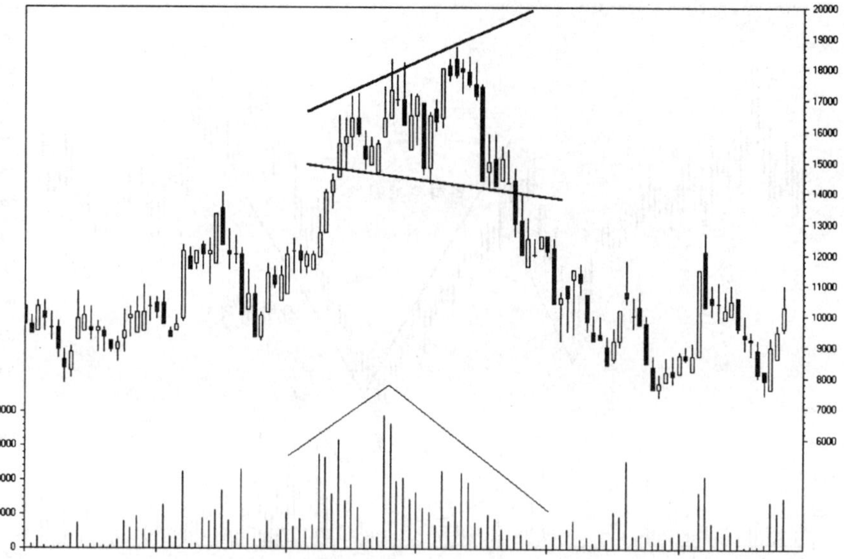

[그림 9-11] 대원전선 주봉 : 확대형 - 최소한 세 개의 산과 두 개의 골들로 이루어져 있으며 두 개의 골을 잇는 추세선(지지선)을 완전히 하향돌파한 이후에 확대형이 완성되었다고 본다.

(6) V형

V형은 영문알파벳의 'V'자처럼 매도세가 지배하는 하락국면에 이어 매수세 일변도의 상승국면으로 급속하게 변해 버리는 반전패턴을 말한다. V형은 조정국면에서는 존재하지도 않으며 강세장과 약세장에서 사전에 아무런 예고도 없이 급속한 속도로 추세전환이 나타나므로 V형의 완성은 얼마 동안 시간이 지나고 나서야 확인이 가능하다.

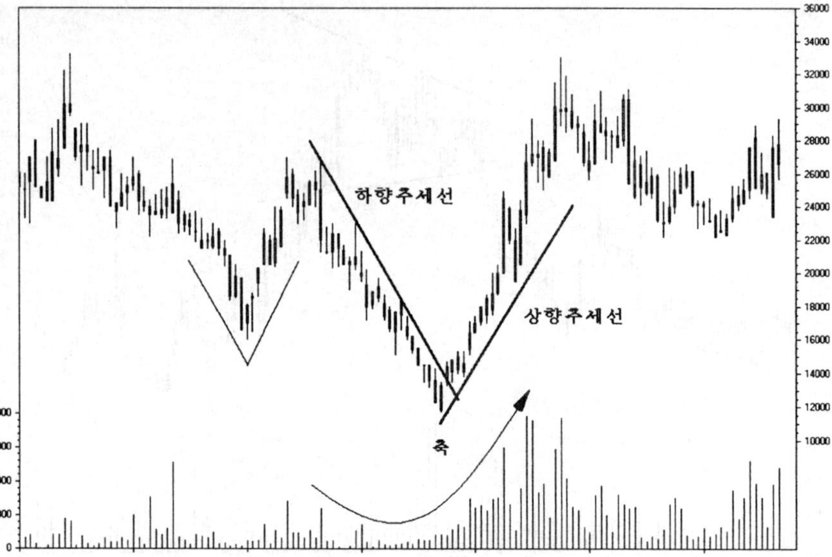

[그림 9-12] 쌍용화재보험 일봉 : V자형 – 하향추세선, 축, 상승추세선으로 구성되어 있다.

V자형은 일반적으로 하락추세선, 축, 상승추세선과 같이 3 국면으로 형성되고 있다. 하락추세선은 주가하락이 매우 급격하게 나타나며 거래량의 감소현상이 나타나지만 추세 마지막 부근에서 소폭 증가한다. 축은 V자형의 바닥으로 매우 짧은 시간에 형성된다. 상승추세선은 주가가 하향추세선(저항선)을 상향돌파하고 올라가는 시점이며 상승반전 후 거래량이 점점 증가하기 시작한다. V자형은 예상하지 못한 대형 호재·악재에 의해서 발생하는 시장심리의 극전인 전환으로 이것은 주가움직임의 대역전이다.

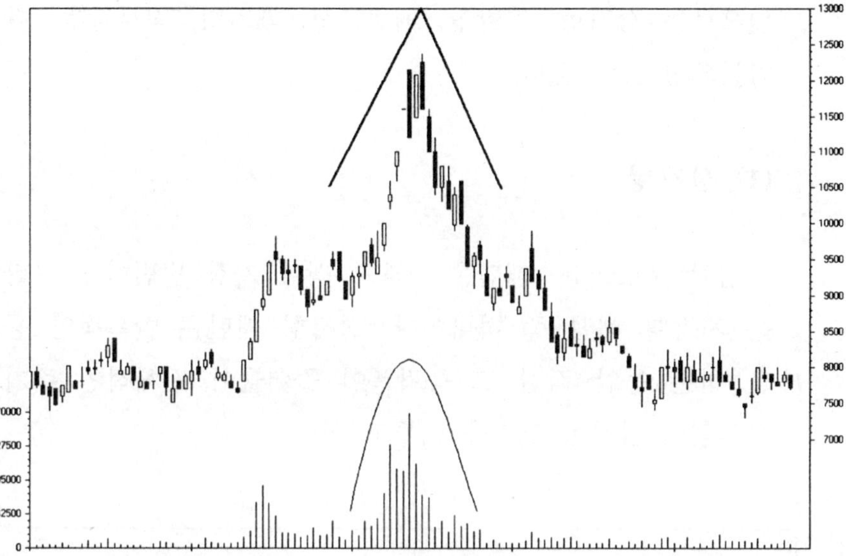

[그림 9-13] 고합물산 일봉 : 역 V형 - V형과는 달리 상승추세가 하락추세로 급변하면서 형성되며 거래량이 증가하다가 급속히 감소한다.

2. 지속형 패턴

지속형 패턴이란 이전까지의 주가움직임이 잠시 횡보국면을 보이면서 앞으로 현재의 주가추이를 지속시키기 위한 모양을 형성하는 과정을 말한다.

지속형 패턴은 이전까지의 주가움직임이 일시적으로 정지한 상태에서 진행하므로 반전형 패턴에 비하여 그 형성기간이 비교적 작게 걸리며 그 영향력도 일시적이다. 지속형 패턴으로는 삼각형, 깃발형, 페넌트형, 쐐기형, 직사각형, 다이아몬드형 등이 있다.

(1) 삼각형

삼각형(triangle) 패턴은 그래프 상에 가장 빈번하게 나타나는 지속형 패턴 중 하나이다. 삼각형 패턴은 반복적인 등락을 하는 동안 점점 그 등락폭이 줄어들어 전체적인 주가의 움직임이 삼각형 모양을 이루고 있다.

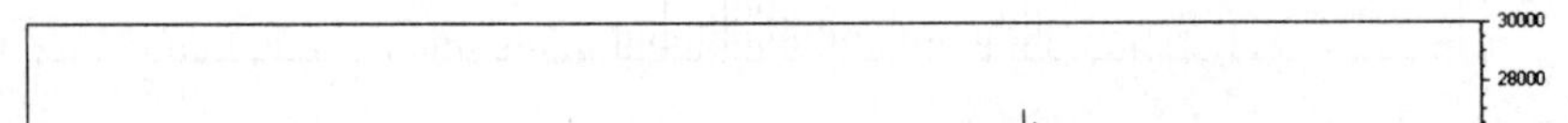

[그림 9-14] 고려포리머 주봉 : 삼각형 패턴 – 지지선과 저항선 그리고 밑변과 꼭짓점으로 구성되어 있다. 생긴 모양에 따라 이등변, 상승, 하락, 역삼각형으로 분류한다.

삼각형 패턴에서 고점들을 이은 추세선은 강력한 저항선으로 각 저점들을 이은 추세선은 강력한 지지선으로 작용을 하므로 점점 그 폭이 줄어들게 되어 결국 두 추세선은 수렴하게 된다.

삼각형 패턴은 최소한 4번 이상 주가의 등락이 있어야 하며 또한 밑변과 꼭짓점으로 구성되어 있다. 삼각형 패턴을 형성한 주가는 보통 밑변과 꼭짓점 간 거리의 2/3 지점을 통과한 이후에 추세선을 돌파하게 된다.

삼각형 패턴의 종류에는 이등변삼각형, 상승삼각형, 하락삼각형, 역삼각형이 있다.

이등변삼각형은 약세장에서 나타나면 큰 폭 하락을, 강세장에서 나타나면 큰 폭 상승을 가져온다.

상승삼각형은 주가가 상승하는 도중에 자주 나타나므로, 앞으로 주가가 계속 상승하리라는 것을 예고하는 신호로 인식하고 있다.

하락삼각형은 주로 주가가 하락하는 도중에 자주 나타나므로, 앞으로 주가가 하락하리라는 것을 예고하는 신호로 인식하고 있다.

역삼각형은 깔때기형이라 자주 불리는데 시장의 투자심리가 매우 불안정하고 극히 민감한 경우에 종종 나타나며 주로 주가가 하락하는 경우에 나타난다.

삼각형 패턴에서도 목표치계산이 가능하다. 주가가 저항선이나 지지선을 돌파하였을 경우 앞으로 그 추세선을 돌파한 수준에서 밑변 길이만큼 최소한 더 움직인다고 예상해 볼 수 있다. 또한 주가의 예상목표치를 계산해 보면서 이전의 중요한 지지선이나 저항선 또는 갭 등이 존재하고 있는지 살펴보아야 한다.

삼각형 패턴이 진행 중일 때 매매전략은 삼각형 패턴의 지지선 부근에서 저가매수를 할 수 있으나 가능한 한 삼각형 패턴이 완성된 이후 즉 저항선을 상향돌파한 이후 매수하는 것이 바람직한 매매방법이다.

(2) 깃발형과 페넌트형

깃발형과 페넌트형은 주가가 거의 수직에 가까운 빠른 속도로 움직인 이후 기존의 주가움직임에 일시적으로 반발하는 세력들이 등장하여 잠시 횡보국면을 보이는 과정에서 나타나는데, 이때 주가의 수직적인 움직임은 마치 깃대와 같다.

깃발형과 페넌트형은 다음과 같은 특징이 있다.

① 깃발형과 페넌트형이 성립되기 위해서는 반드시 그 이전의 주가움직임이 거의 수직에 가까워야 한다.
② 일반적으로 이 패턴들은 1주일~3주일 사이의 단기간에 형성되어야 한다.
③ 깃발형과 페넌트형은 예외 없이 반전형으로는 작용할

수 없으며, 주가는 기존의 깃대 형성 움직임과 반대방향으로 움직인다.

깃발형과 페넌트형은 각각 상승형과 하락형 두 가지가 있다.

깃발형과 페넌트형은 수직에 가까운 깃대가 세워지고 그 중간에 깃발이 나부끼는 모양으로 앞으로 주가의 예상목표치는 그 이전의 깃대 길이만큼 더 움직일 것으로 예측해 볼 수 있다. 즉 추세선이 돌파된 지점에서 깃대의 길이만큼 더하거나 뺀 위치까지 최소한 더 움직일 것으로 예상해 보는 것이다.

상승깃발형은 수직에 가까운 급격한 상승을 보인 이후 일시적으로 횡보하는 모양을 나타내는데 이 당시 거래량은 주가급등 시 함께 증가하였다가 깃발형 모양을 형성하면서 점점 줄어들지만 주가가 추세선을 벗어나 급상승할 때는 다시 증가하기 시작한다.

하락깃발형은 상승깃발형에 비해 자주 나타나지는 않지만 나타나도 상승깃발형에 비해 신뢰도가 떨어진다. 또한 상승깃발형의 형성기간이 1~3주일인 데 비해 하락깃발형은 2주일 정도의 시간이 필요하다.

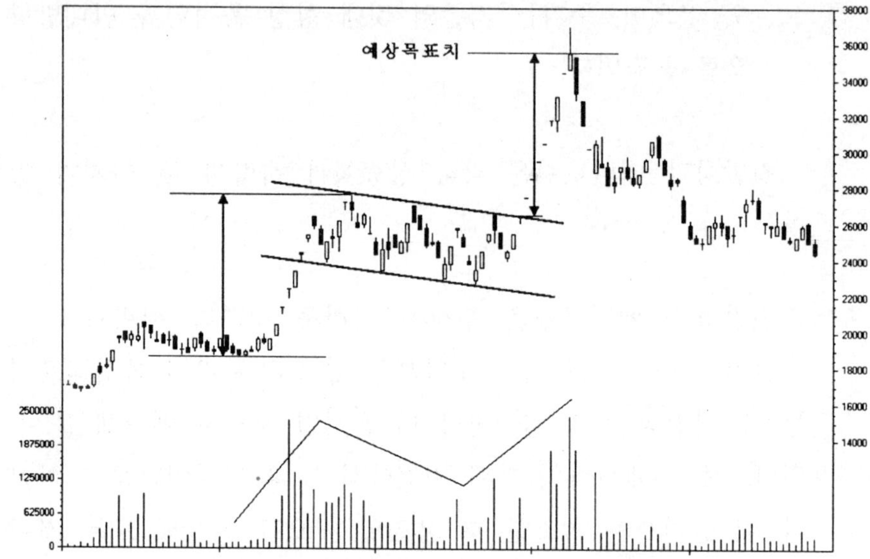

[그림 9-15] **국민은행 일봉** : 상승깃발형 - 수직에 가까운 깃대가 세워지고 그 중간에 깃발이 나부끼는 모양을 하고 있으며 예상목표치는 그 이전의 깃대 길이만큼 즉 추세선이 돌파된 지점에서 깃대의 길이만큼 더 상승할 것으로 예상해 보는 것이다.

(4) 쐐기형

쐐기형(wedge)은 앞서 설명한 깃발형과 삼각형의 혼합형이다. 쐐기형은 고점을 연결하는 저항선과 저점을 연결하는 지지선이 서로 평행되지 않고 두 선이 점점 좁아져 한곳으로 모이는 모양이라 페넌트형과 구별된다.

또한 쐐기형과 삼각형 패턴과의 차이점은 다음과 같다. 먼저 이등변삼각형의 경우는 두 추세선의 방향이 서로 다르고,

상승·하락 삼각형의 경우는 어느 한쪽 추세선이 거의 수평을 이루고 있지만, 쐐기형은 깃발형과 같이 아래 위의 두 추세선이 모두 같은 방향을 향하고 있다.

쐐기형은 상승쐐기형과 하락쐐기형으로 구분된다. 상승쐐기형은 아래 지지선과 위 저항선 모두 상향 기울기를 나타내고 있으며 아래 지지선의 기울기가 위 저항선의 기울기보다 급경사를 이루고 있다. 하락쐐기형은 그 반대의 경우로 상승시에 나타나며 위 저항선의 기울기가 아래 지지선의 기울기보다 급경사를 이루고 있다.

쐐기형은 지속형 패턴 중의 하나로서 하락쐐기형은 급상승에 대한 경계심리, 이익실현, 저가매수 등으로 저항선의 기울기가 지지선의 기울기보다 더 급하게 하락하며 이 패턴이 완성된 이후에는 계속 상승하게 된다.

쐐기형의 방향은 깃발형이나 페넌트형처럼 기존의 추세방향과 반대방향으로 형성된다. 즉 주가가 상승추세를 보이면 하락쐐기형이 형성되고, 하락추세를 보이면 상승쐐기형이 형성된다. 따라서 상승쐐기형은 주가하락을 하락쐐기형은 주가상승을 예고한다고 볼 수 있다. 이와 같이 쐐기형의 방향이 기존의 추세방향과 반대로 나타나는 이유는 이익실현과 저가매수로 인해 거래가 주도되기 때문이다.

거래량은 일반적으로 쐐기형의 진행 도중에는 감소하는 경향이 있고 패턴형성이 완성되고 추세선을 돌파할 시점에 다시 증가하는 경향이 있다.

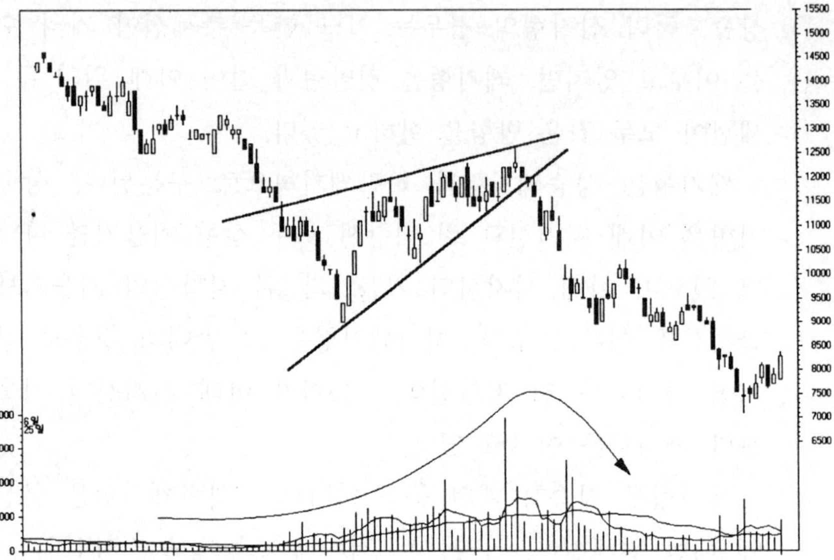

[그림 9-16] 범양건영 일봉 : 상승쐐기형 – 하락 시에 형성되며 아래 지지선과 위 저항선 모두 상향 기울기를 나타내고 있다. 아래 지지선의 기울기가 위 저항선의 기울기보다 급경사를 이루고 있다.

(5) 직사각형

직사각형(rectangle) 패턴은 매도세력과 매수세력이 서로 균형을 이루고 있으나 거래가 활발하지 못한 경우에 나타나게 된다. 주가가 수주일에서 수개월에 걸쳐 장기간 매수·매도 양 세력이 서로 균형을 이루면서 횡보하는 모양으로 위·아래 두 저항선과 지지선이 수평으로 평행선을 이루고 있다.

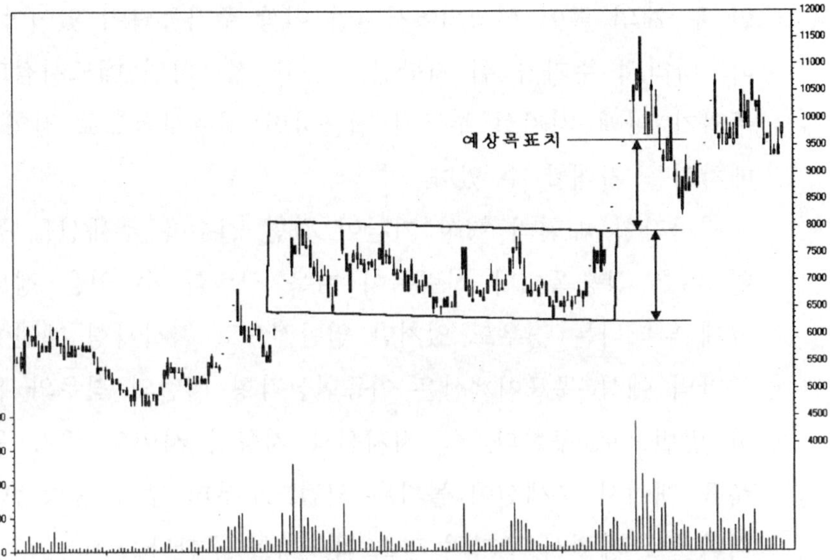

[그림 9-17] 서울식품 일봉 : 직사각형 - 위 저항선을 그을 수 있는 최소한 두 개의 산과 아래 지지선을 그을 수 있는 최소한 두 개의 골이 형성되어야 하며 목표치계산이 가능하다.

주가의 위 수평선은 강력한 저항선으로 아래 수평선은 강력한 지지선으로 작용하면서 주가가 뚜렷한 방향을 찾지 못하고 소폭의 등락만을 거듭하면서 거래량이 급격히 감소하는 형태를 말한다. 직사각형은 지속형 패턴 중의 하나로 거의 모든 경우에 기존의 추세가 그대로 유지되며 이등변삼각형 패턴이 변형되어 나타난 것으로 보인다.

직사각형 패턴이 형성되기 위해서는 위 저항선을 그을 수 있는 최소한 두 개의 산과 아래 지지선을 그을 수 있는 최소한 두 개의 골이 형성되어서 4번 이상 주가등락이 있어야 한다. 따라서 주가가 위 저항선 부근에 접근하면 매도시점으로 주가가 아래 지지선 부근에 접근하면 매수시점으로 잡아 매매차익을 기대할 수 있다.

직사각형 패턴의 형성 기간이 길면 길수록 추세선을 돌파한 이후 상승폭이나 하락폭이 더욱 신뢰할 수 있을 정도로 크게 나타나는 경우도 있지만 일반적으로 직사각형 패턴에서 주가의 예상 목표치계산은 이등변삼각형 패턴의 경우와 유사한 방법으로 구한다. 즉 지지선과 저항선 사이의 주가 등락폭을 재어서 추세선이 돌파된 시점으로부터 주가 등락폭만큼 더하거나 빼어서 주가의 최소 목표치를 구한다.

(6) 다이아몬드형

다이아몬드형(diamond)은 역삼각형과 이등변삼각형이 서로 합쳐진 모양으로 주가의 큰 변동이 있고 난 이후 많이 나타나는 패턴이다. 다이아몬드형이 형성되는 동안 주식시장은 침체되기도 하고 과열되기도 하는 장세를 반복하는데 불안정한 투자심리 상태를 나타내는 것이다. 또한 이 패턴은 직사각형 패턴이 변형된 형태라고 볼 수도 있으며 일반적으로 주가상승 시 거래량은 증가하고 주가하락 시 거래량은 감소하게 된다.

다이아몬드형은 때때로 상승추세가 가속화되는 막바지에 나타나 반전패턴으로서의 역할을 수행하는 경우도 있으나 하락추세가 가속화되는 막바지에는 잘 나타나지 않는다.

다이아몬드형의 형성 초기에는 주가의 상하 등락폭이 점점 커지면서 대량거래를 수반하지만 이후 투자심리가 안정을 찾아가면서 주가변동폭도 점점 작아지고 동시에 거래량도 눈에 보이게 감소한다.

다이아몬드형은 직사각형 패턴처럼 아래·위 추세선이 돌파되는 순간 완성된 것으로 판단하며 완성 이후 예상되는 주가 목표치는 다이아몬드의 추세선이 돌파된 시점으로부터 다이아몬드의 두께만큼 더 상승하거나 하락하는 수준으로 판단한다.

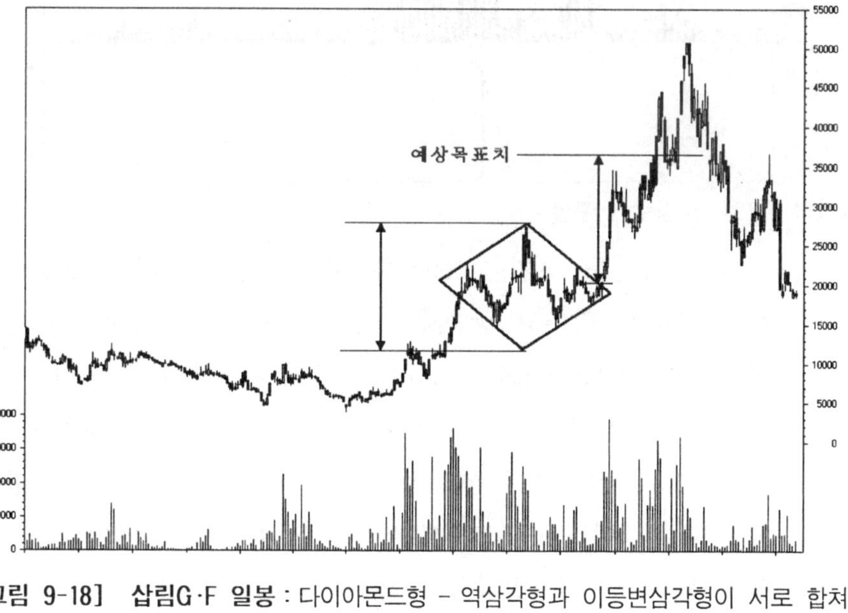

[그림 9-18] 삼림G·F 일봉 : 다이아몬드형 – 역삼각형과 이등변삼각형이 서로 합쳐진 모양으로 목표치계산이 가능하다.

3. 사 례

① 사례 1

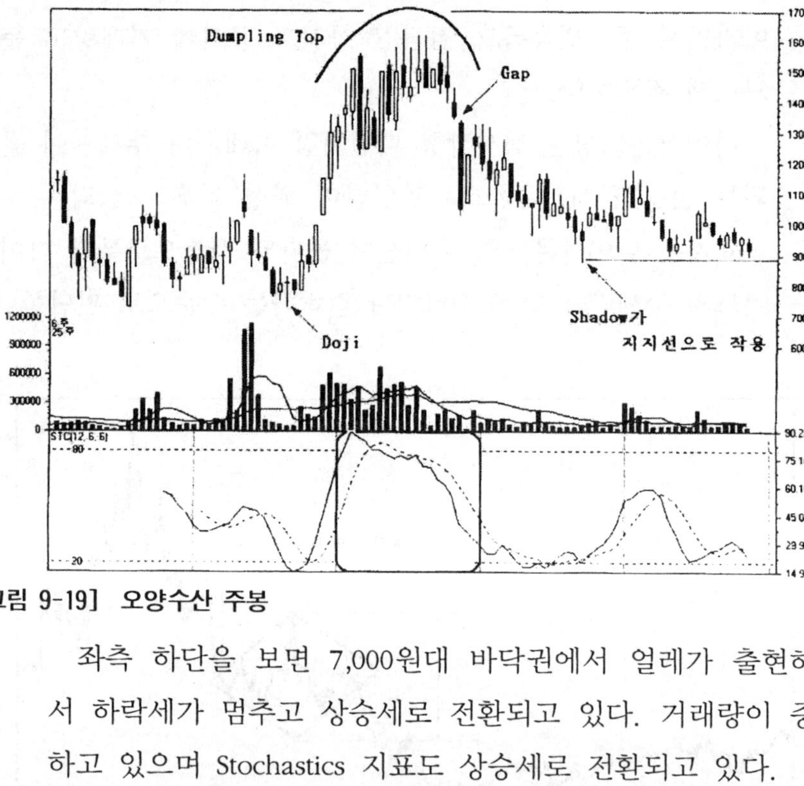

[그림 9-19] 오양수산 주봉

좌측 하단을 보면 7,000원대 바닥권에서 얼레가 출현하면서 하락세가 멈추고 상승세로 전환되고 있다. 거래량이 증가하고 있으며 Stochastics 지표도 상승세로 전환되고 있다.

이후 긴 양선이 연속적으로 출현하면서 15,000원대까지 상승하였으나 상승세가 완만해지면서 하락세로 서서히 전환되고 있다. 그러다 13,000원대에서 하락갭이 발생하면서 둥그런 Dumpling Top을 형성하고 있으며 동일시점에서 Stochastics 지표도 지속적으로 하락하고 있었다.

② 사례 2

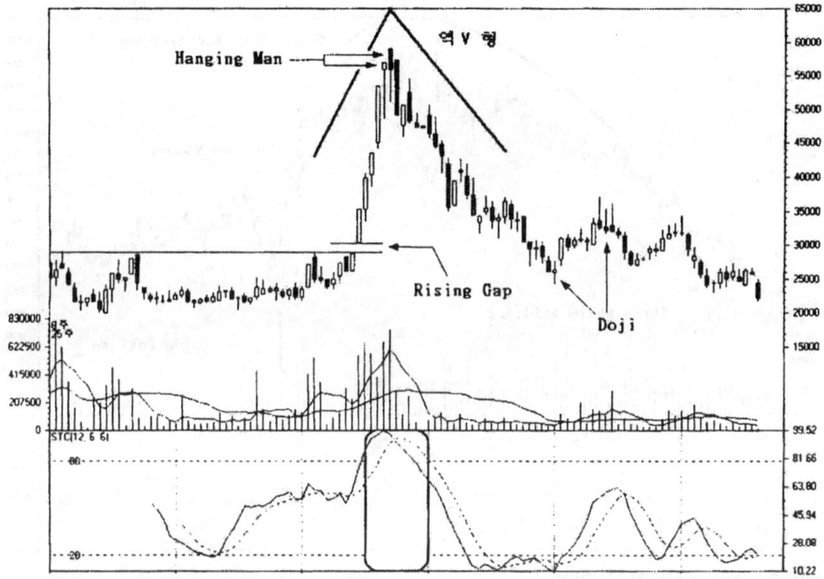

[그림 9-20] 동방유량 주봉

좌측 하단을 보면 20,000원~25,000원대 사이에서 등락을 거듭한 주가움직임이 상승갭이 발생하면서 큰 폭으로 상승하고 있다. 55,000원대를 넘어서면서 행잉맨이 2개 연속 출현하고 있으며 상승세가 하락세로 급반전되고 있다. 이 시점을 전후하여 전반적인 주가움직임이 역V형 반전패턴을 보여주고 있으며 이후 거래량이 급속히 감소하고 있고 Stochastics 지표도 하락전환하며 데드크로스가 발생하고 있어 주가의 하락세가 지속되리라 예상해 볼 수가 있다.

행잉맨의 하락반전형과 역V자형의 반전패턴이 동일시점에서 형성되면서 주가의 상승세가 하락세로 급반전되고 있다.

③ 사례 3

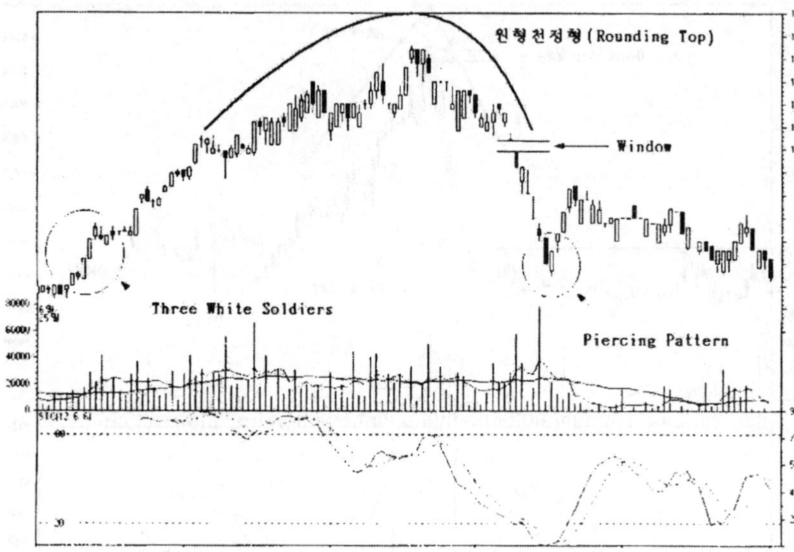

[그림 9-21] 금강피혁 일봉

좌측 하단을 보면 7,000원대를 저점으로 적삼병이 출현하면서 거래량 증가와 함께 상승하기 시작한 주가가 5월말 12,000원대를 기록하였다. 10,000원대부터 상승세가 완만해지기 시작하면서 12,000원대를 고점으로 서서히 하락세로 전환되고 있다. 중앙 우측을 보면 하락세로 전환되는 도중에 하락갭이 발생하면서 원형천정형이 형성되고 있다. 이 과정이 진행되는 동안 Stochastics 지표가 점진적으로 고점과 저점이 낮아지고 있음을 볼 수 있다. 하락하는 도중 긴 음선 밑에서 긴 양선이 솟아오르며 관통형이 출현하고 있다. 이후 하락세가 진정되고 있다.

④ 사례 4

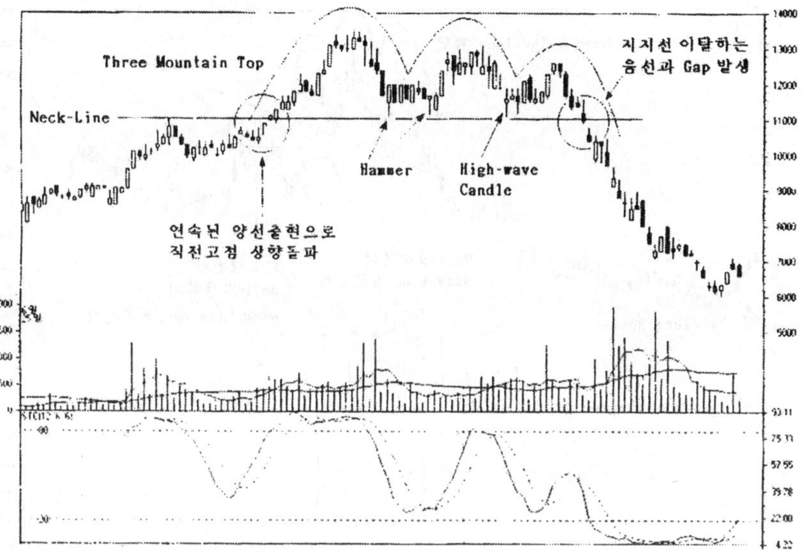

[그림 9-22] 경기화학 일봉

중앙 상단을 보면 13,000원대를 전후하여 3개의 봉우리가 나타나면서 삼봉형이 형성되고 있다. 좌측 상단에서는 네크라인을 상향돌파하기 위해 양선들이 연속으로 나타나고 있으며 우측 상단에서는 음선과 하락갭이 나타나면서 네크라인을 하향이탈하고 있다.

삼봉형을 형성하는 과정에서 Stochastics 지표의 고점이 조금씩 낮아지고 있어 점점 매수세력이 분산되어 가고 있음을 볼 수 있다. 또한 네크라인에 근접할 때마다 해머와 큰 떨림 캔들이 나타나면서 하락세가 상승세로 전환되고 있다.

⑤ 사례 5

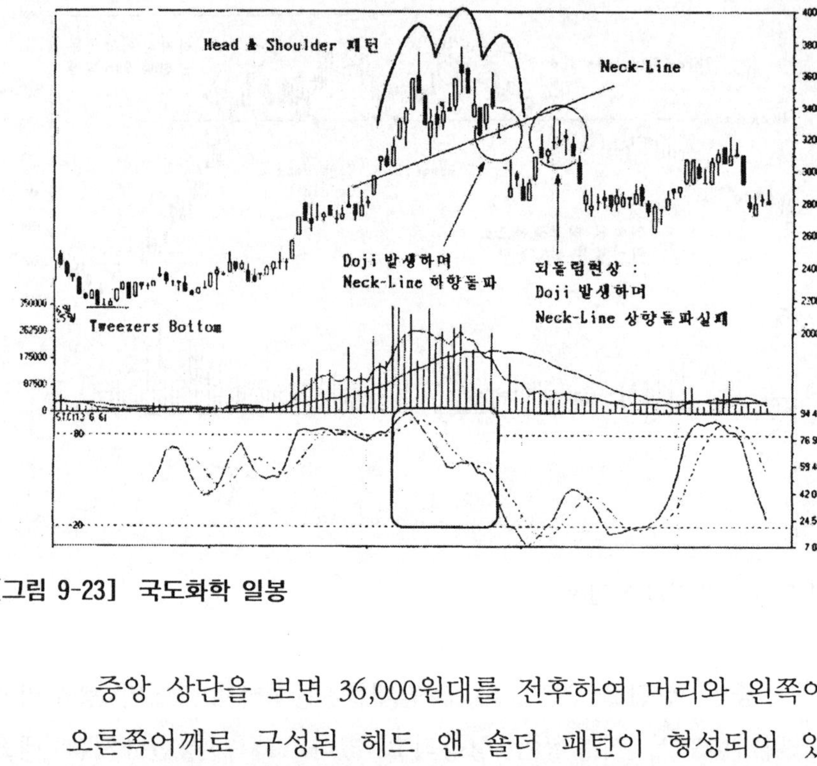

[그림 9-23] 국도화학 일봉

중앙 상단을 보면 36,000원대를 전후하여 머리와 왼쪽어깨, 오른쪽어깨로 구성된 헤드 앤 숄더 패턴이 형성되어 있다. 이 과정에서 거래량이 서서히 감소하고 있으며 Stochastics 지표도 급속히 감소하고 있어 조만간 주가의 하락반전 가능성이 높아지고 있다.

네크라인을 하향이탈하면서 얼레와 하락갭이 발생하고 있으며 이후 되돌림현상이 나타나면서 긴 위 그림자를 갖는 얼레가 나타나고 있어 시장참가자들이 흥분되어 있고 긴장되어 있음을 반영하고 있다.

⑥ 사례 6

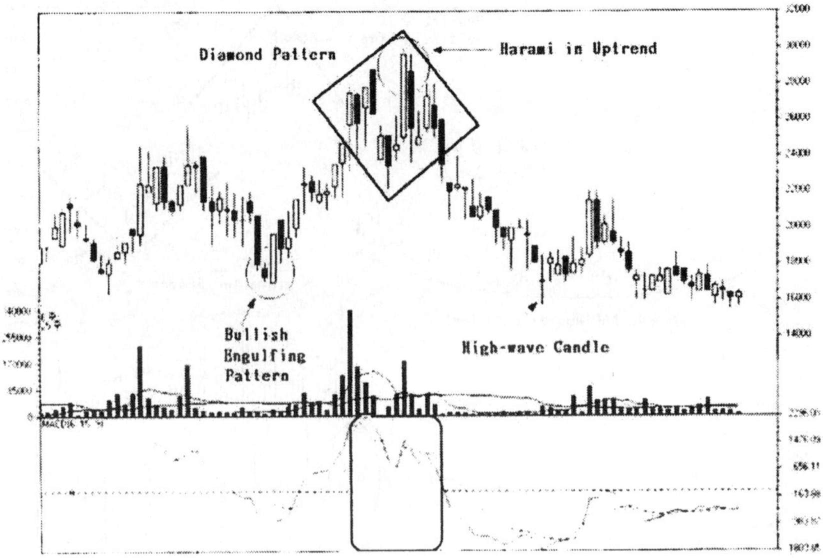

[그림 9-24] 미창석유 주봉

중앙 상단을 보면 상승추세가 지속된 이후 다이아몬드형이 출현하면서 하락추세로 반전되고 있다. 이 과정에서 거래량이 급속히 감소하고 있으며 MACD 지표도 고점이 점점 낮아지고 있어 하락반전에 대한 가능성이 매우 높아지고 있다.

일반적으로 다이아몬드형은 지속형으로 작용을 하지만 때로는 상승 말기에 형성되어 반전형으로 작용하기도 한다. 긴 양선이 나타나며 직전고점과 30,000원대 돌파를 시도하지만 다음에 음선이 나타나며 포아형 출현으로 더 이상의 상승을 저지하고 있다. 이 패턴을 형성하는 과정에서 MACD 지표는 이미 고점이 낮아지고 있었다.

⑦ 사례 7

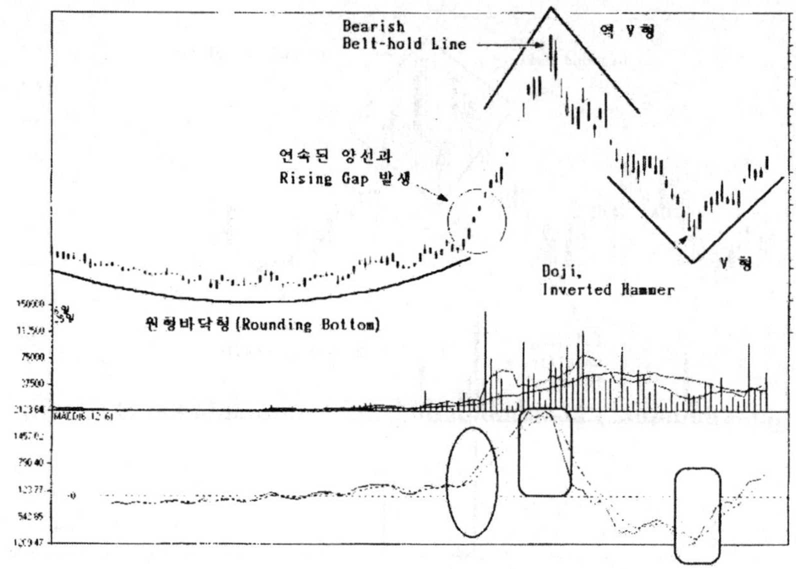

[그림 9-25] 부산산업 일봉

좌측에서 중앙 하단을 보면 9,000원대를 전후하여 장기간 원형바닥형을 형성하고 있다. 이후 거래량이 증가하기 시작하면서 양선과 상승갭이 연속적으로 나타나며 주가가 큰 폭으로 상승하고 있다. 이후 24,000원대까지 상승한 주가가 하락절단형을 고점으로 급반전하면서 역V형 반전패턴을 형성하고 있다. 또한 12,000원대까지 하락한 이후에 얼레와 반전해머가 나타나면서 주가가 상승세로 급반전하고 있다.

MACD 지표의 움직임을 보면 동일시점에서 상승반전과 하락반전이 이루어지고 있음을 볼 수 있다.

⑧ 사례 8

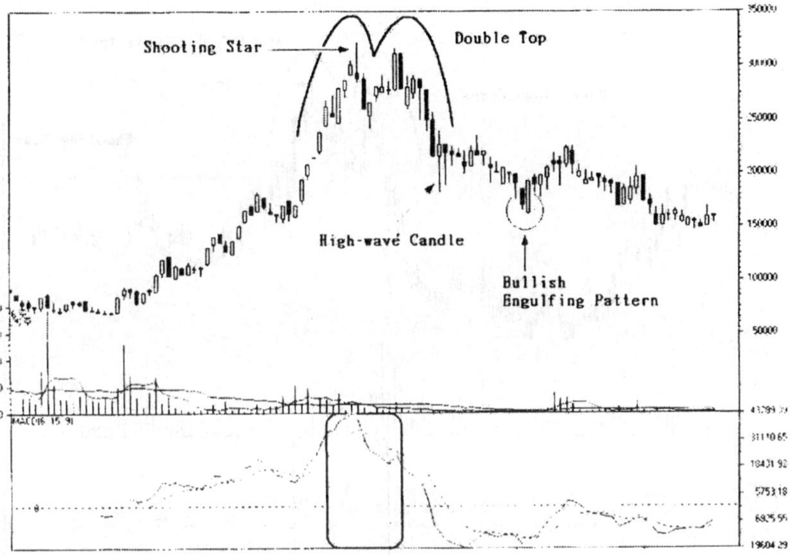

[그림 9-26] 만호제강 주봉

6,000원대를 저점으로 횡보한 주가가 상승하기 시작하여 30,000원대까지 큰 폭으로 상승하였다. 그러나 상승 막바지에 유성형이 출현하면서 주가의 상승세가 하락세로 반전되고 있다. 이후 24,000원대를 저점으로 두 개의 봉우리를 만들면서 이중천정형을 형성하고 있다.

이 형성과정을 살펴보면 거래량이 점점 감소하고 있으며 MACD 지표도 첫 번째 봉우리 이후 고점이 큰 폭으로 낮아지고 있어 두 번째 반등시도가 지속되지를 못하고 조만간 하락전환될 가능성이 높아지고 있음을 보여주고 있다. 이후 큰 떨림 캔들과 상승장악형을 볼 수 있다.

⑨ 사례 9

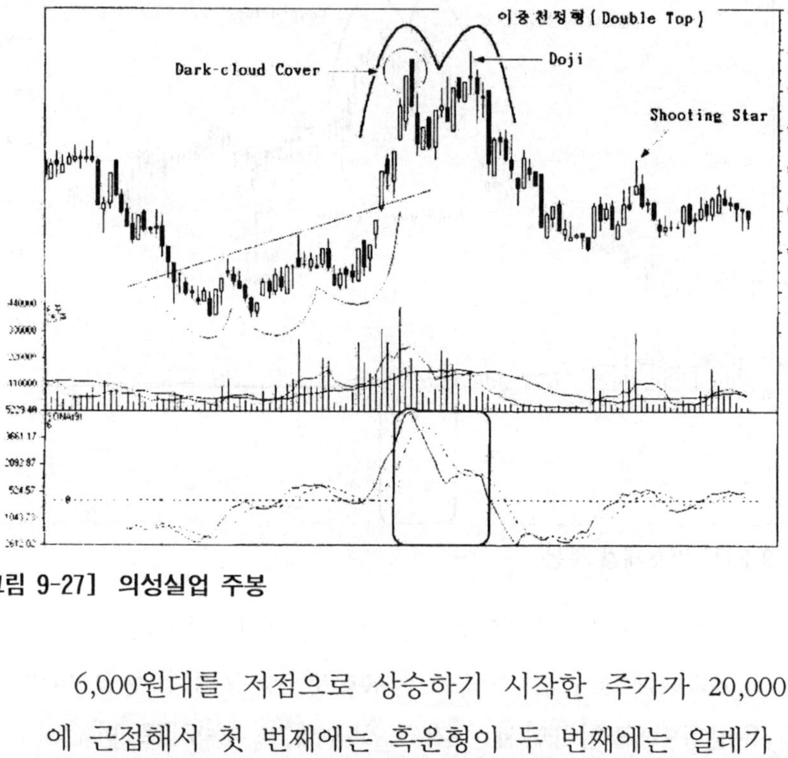

[그림 9-27] 의성실업 주봉

6,000원대를 저점으로 상승하기 시작한 주가가 20,000원대에 근접해서 첫 번째에는 흑운형이 두 번째에는 얼레가 나타나면서 이중천정형을 형성하고 있다. 이 형성과정을 살펴보면 거래량이 점점 감소하고 있으며 Sonar 지표도 고점이 큰 폭으로 낮아지고 있어 조만간 주가의 하락반전 가능성을 예상해 볼 수 있다.

좌측 하단을 보면 세 개의 바닥으로 만들어진 삼바닥형이 형성되어 있다. 이 형성과정에서 거래량이 점점 증가하고 있으며 Sonar 지표의 저점도 소폭이나마 증가하고 있다.

⑩ 사례 10

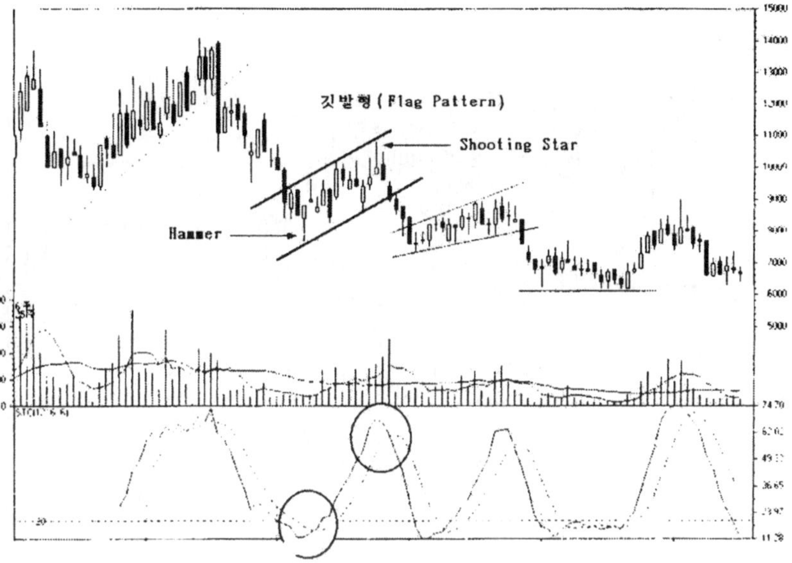

[그림 9-28] 신일산업 주봉

중앙 부분을 보면 깃발형이 형성되면서 하락세가 일시적으로 진정되고 있다. 해머 출현으로 하락세가 반전되면서 깃발형의 저점을 형성하고 유성형이 나타나면서 일시적인 반등세가 더 이상 지속되지를 못하고 다시 하락전환되면서 깃발형의 고점을 형성하고 있다. 이 형성과정에서 Stochastics 지표의 움직임을 보면 하락전환되는 시점에서 골든크로스가 발생하고 상승전환되는 시점에서 데드크로스가 발생하면서 추세가 전환되고 있음을 볼 수 있다. 또한 거래량이 증가하고 감소하는 현상이 현저하게 나타나고 있다.

⑪ 사례 11

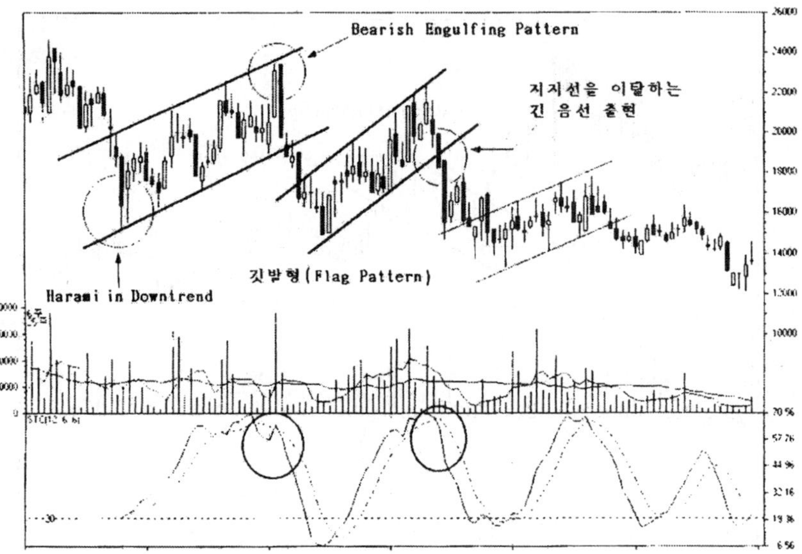

[그림 9-29] 코리아써키트 주봉

주가가 하락하는 동안 일시적인 반등을 보이면서 깃발형이 연속해서 나타나고 있다.

첫 번째 깃발형은 포아형이 나타나면서 깃발형의 저점을 보여주고 있고 하락장악형이 나타나면서 깃발형의 고점을 보여주고 있다. 두 번째 깃발형의 경우 긴 음선이 연속으로 나타나면서 깃발형의 지지선을 하향이탈하고 있으며 이 시점 이후 거래량이 급속히 감소하고 있다. Stochastics 지표도 과열권에서 하락전환하며 데드크로스가 발생하고 있어 주가하락이 예상되고 있다.

⑫ 사례 12

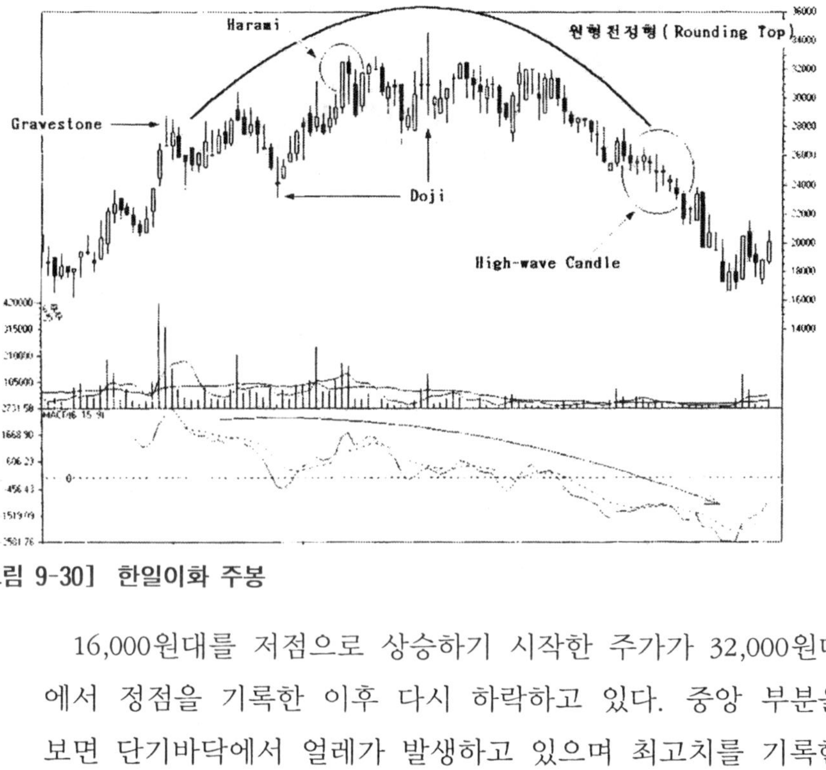

[그림 9-30] 한일이화 주봉

16,000원대를 저점으로 상승하기 시작한 주가가 32,000원대에서 정점을 기록한 이후 다시 하락하고 있다. 중앙 부분을 보면 단기바닥에서 얼레가 발생하고 있으며 최고치를 기록한 정점에서 위·아래 긴 그림자를 가진 얼레가 발생하면서 이후 추세가 완만하게 하락하고 있다.

좌측 상단에서는 비석형이 출현한 이후 원형천정형이 형성되기 시작하였고 우측 하단에서는 큰 떨림 캔들이 연속으로 나타나면서 완성되고 있다. 이 과정에서 MACD 지표의 움직임을 보면 서서히 고점이 낮아지고 있으며 거래량도 서서히 감소하고 있음을 볼 수 있다.

⑬ 사례 13

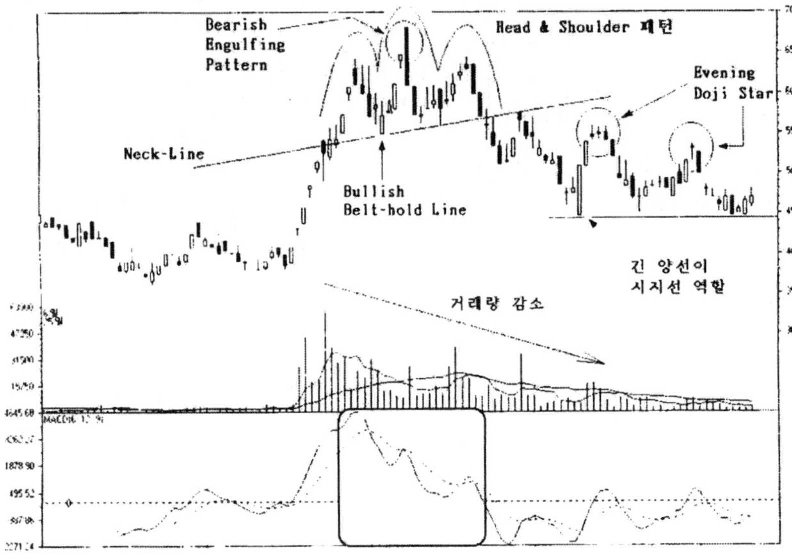

[그림 9-31] 오리엔트 일봉

중앙 상단을 보면 머리와 왼쪽어깨 그리고 오른쪽어깨가 나타나면서 헤드 앤 숄더형이 형성되고 있다. 작은 양선과 긴 음선으로 구성된 하락장악형이 출현하면서 머리의 고점을 형성하고 있고 이후 단기고점들이 낮아지는 하락추세가 진행되고 있다.

헤드 앤 숄더형이 형성되는 과정에서 거래량이 감소하고 있으며 MACD 지표도 고점이 서서히 낮아지고 있어 향후 주가하락 가능성을 높여주고 있다.

⑭ 사례 14

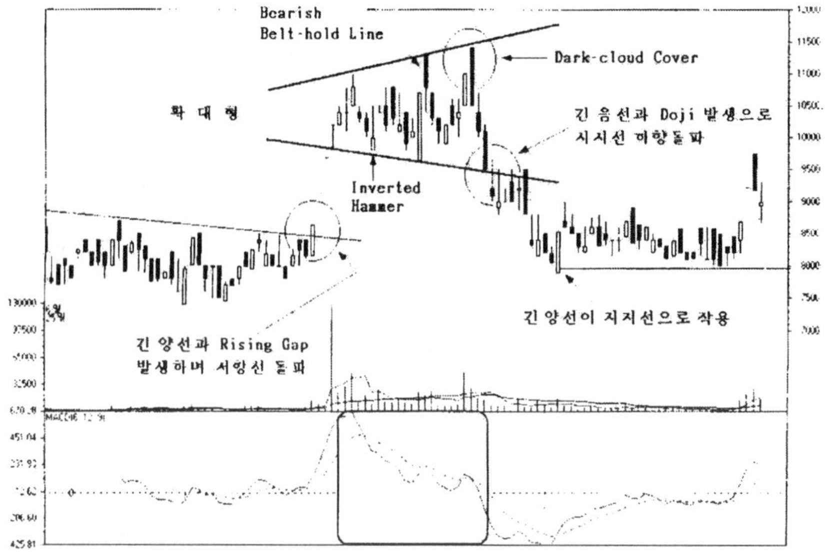

[그림 9-32] 명성 일봉

중앙 상단을 보면 고점이 점점 높아지면서 저점이 점점 낮아지는 확대형이 형성되고 있다. 고점들을 연결한 저항선에 근접해서는 하락절단형과 흑운형이 나타나고 있고 저점들을 연결한 지지선에 근접해서는 반전해머가 나타나고 있다. 이 패턴을 형성하는 과정에서 MACD 지표의 고점이 점점 낮아지고 있어 향후 주가하락 가능성이 예고되고 있다. 이후 지지선을 하향이탈하는 순간 즉, 확대형이 완성되는 순간에 긴 위 그림자가 달린 얼레와 긴 음선들이 발생하고 있다.

⑮ 사례 15

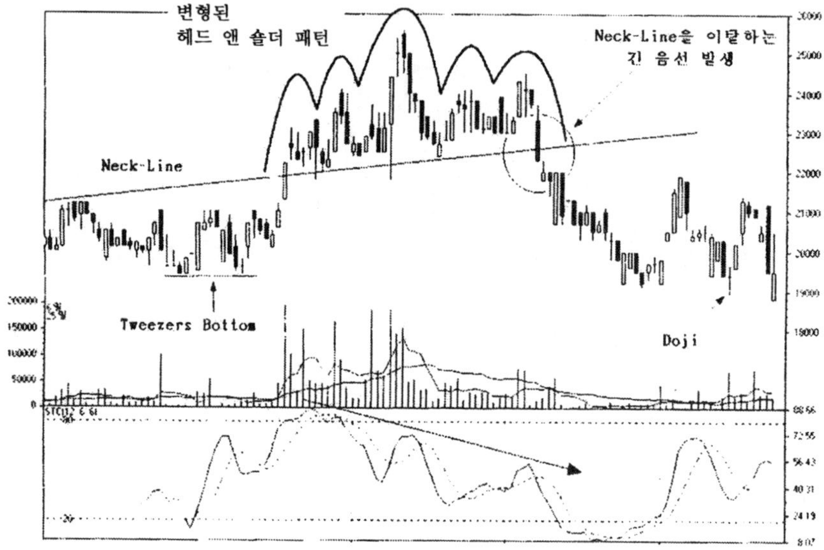

[그림 9-33] 삼환기업 일봉

중앙 상단을 보면 머리와 왼쪽어깨 두 개 그리고 오른쪽어깨가 두 개 달린 변형된 헤드 앤 숄더 패턴이 형성되면서 전체적으로 상승추세가 하락추세로 전환되고 있다. 이 패턴이 진행되는 동안 Stochastics 지표의 고점이 점점 낮아지고 있어 하락추세로의 전환을 미리 예고해 볼 수도 있었다.

이후 긴 음선이 나타나면서 네크라인을 하향이탈하고 있다. 결과적으로 이 네크라인은 저항선에서 지지선으로 작용하였으며 언젠가는 또 다시 저항선으로 작용하리라 예상해 볼 수도 있다.

⑯ 사례 16

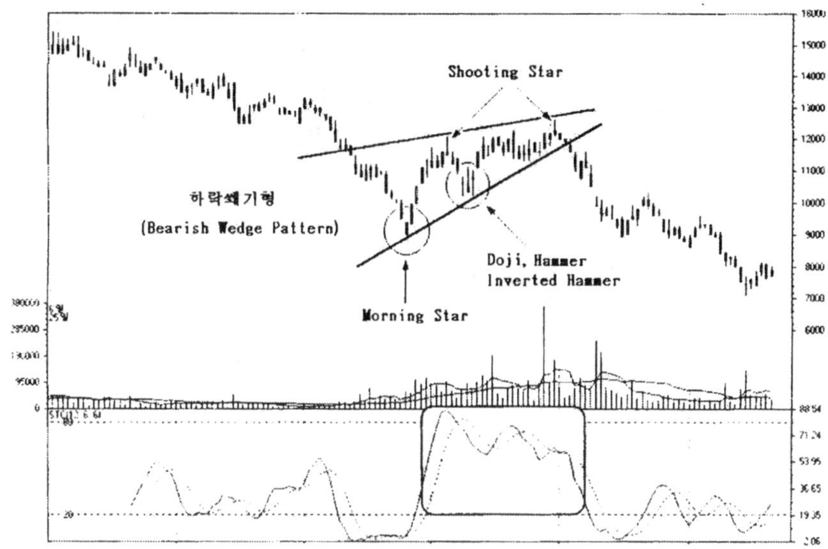

[그림 9-34] 범양건영 일봉

중앙 하단을 보면 완만하게 하락하고 있던 주가가 어느 날 샛별형이 나타나면서 추세가 반전되고 하락쐐기형이 형성되었다. 쐐기형의 저항선에 근접해서는 유성형이 나타나고 있으며 지지선에 근접해서는 얼레, 해머, 반전해머 등이 나타나면서 추세가 전환되고 있다.

쐐기형이 완성되는 동안 Stochastics 지표의 고점이 점점 낮아지고 있어 하락추세가 지속될 것을 예고해 주고 있다. 하락쐐기형은 지속형으로서 저항선의 기울기는 완만하게 상승하는데 비해 지지선의 기울기는 저항선에 비해 경사가 더 급하다.

⑰ 사례 17

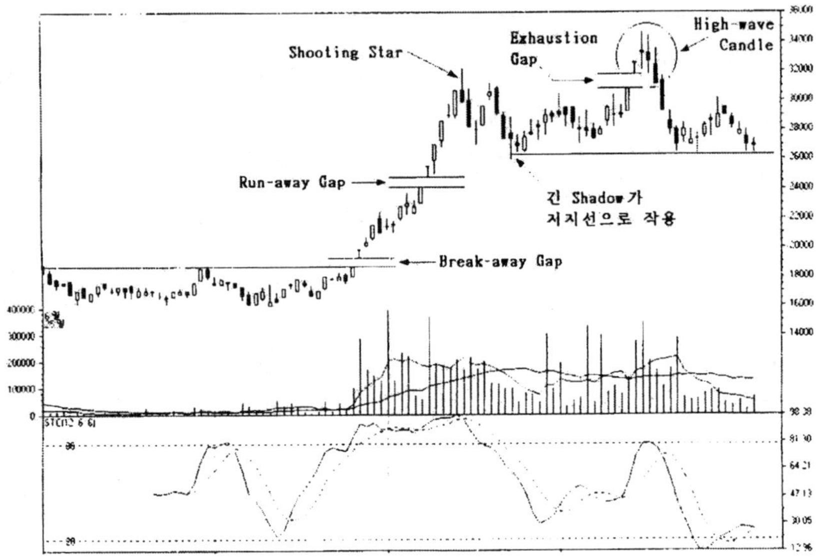

[그림 9-35] 대호건설 일봉

중앙 하단을 보면 횡보하던 주가가 돌파갭이 발생하면서 18,000원대 저항선을 상향돌파하고 있으며 이후 급진갭이 발생하면서 상승추세가 가속되고 있다. 그러나 상승 막바지에 유성형이 나타나면서 상승추세가 더 이상 지속되지를 못하고 있다.

또한 우측 상단을 보면 소멸갭이 발생하면서 전체적인 상승세가 마무리되고 있다. 갭의 종류에는 보통갭, 돌파갭, 급진갭, 소멸갭 등이 있는데 이 중에서 급진갭은 상승추세의 중간에서 종종 발생한다고 해서 중간갭이라 부르기도 한다.

⑱ 사례 18

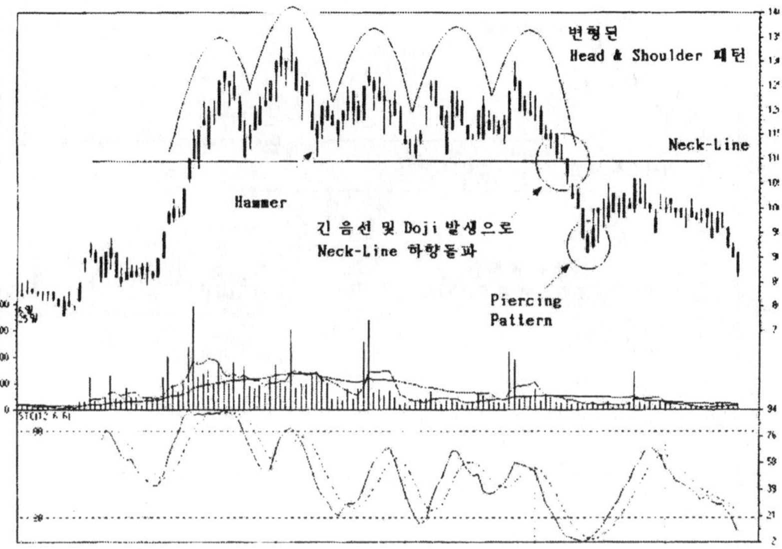

[그림 9-36] 성지건설 일봉

중앙 상단을 보면 장기간에 걸쳐 11,000원~13,000원 내에서 주가가 등락을 거듭하고 있다. 머리와 왼쪽어깨 1개 그리고 오른쪽어깨 3개가 나타나 있다. 긴 음선과 얼레가 발생하며 네크라인을 하향이탈하면서 변형된 헤드 앤 숄더형을 완성하고 있다. 이 과정이 진행되는 동안 Stochastics 지표의 고점이 점진적으로 낮아지고 있고 거래량 역시 서서히 감소하고 있어 향후 주가하락에 대비한 매매전략을 수립하는 것이 바람직해 보인다.

네크라인이 이제까지는 지지선으로 작용을 하였지만 이제부터는 저항선으로 작용하리라 예상된다.

⑲ 사례 19

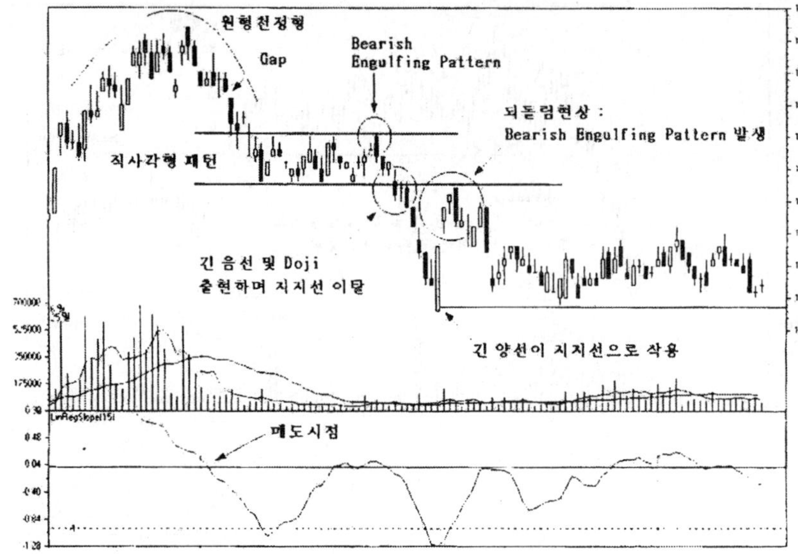

[그림 9-37] LG화학 일봉

원형천정형과 직사각형 패턴이 형성되면서 추세가 반전되고 추세가 지속되고 있음을 보여주고 있다. 원형천정형이 완성되면서 추세가 전환되고 있으며 동시에 거래량이 급속히 감소하고 있다. 또한 LinRegSlope 지표도 기준선(0선)을 하향하며 매도신호를 보여주고 있다. 중앙 부분을 보면 긴 음선과 얼레가 발생하며 직사각형 패턴의 지지선을 하향이탈하고 있으며 이후 10,000원대에서 나타난 긴 양선이 지지선으로 작용하고 있음을 볼 수 있다. 또한 12,000원대에서 되돌림현상이 발생하였으나 하락장악형이 나타나며 추세전환되고 있다.

⑳ 사례 20

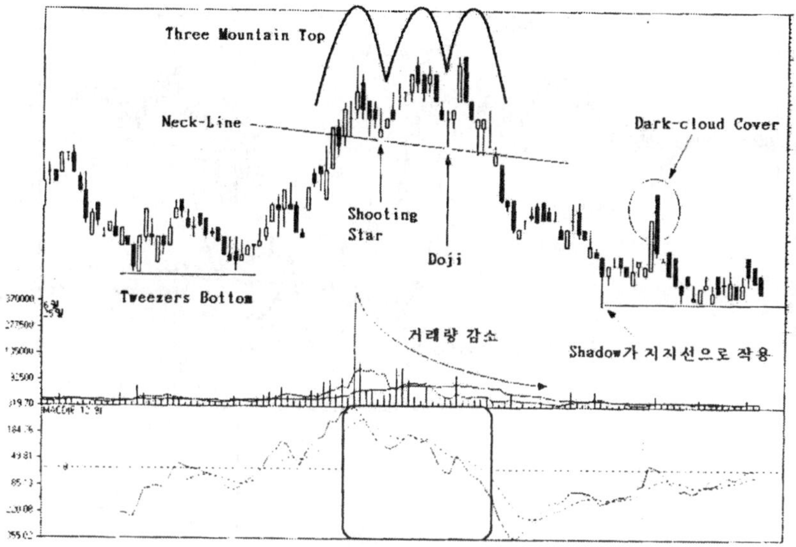

[그림 9-38] 쌍용 일봉

좌측 하단을 보면 8,500원대에서 집게형저점이 출현한 이후 주가가 상승하기 시작하여 11,000원대를 고점으로 삼봉형을 형성하고 있다. 10,000원대를 전후하여 네크라인이 형성되어 있으며 도중에 유성형과 얼레가 출현하면서 추세가 반전되고 있다. 삼봉형이 형성되는 과정에서 거래량이 지속적으로 감소하고 있으며 MACD 지표도 고점이 점진적으로 낮아지고 있어 상승추세에서 하락추세로의 전환과정을 볼 수 있다.

우측 하단에서는 아래 그림자가 지지선으로 작용하고 있다.

㉑ 사례 21

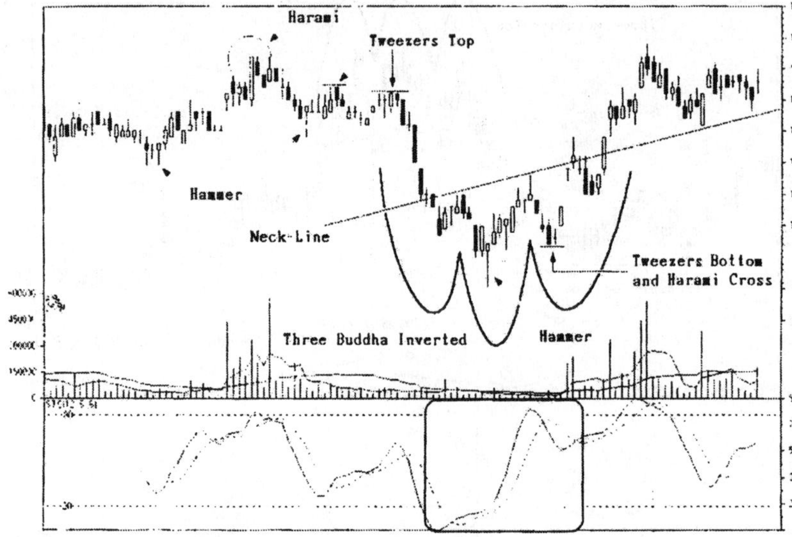

[그림 9-39] 한국씨티은행 일봉

중앙 하단을 보면 머리와 왼쪽어깨 그리고 오른쪽어깨로 구성된 역 헤드 앤 숄더 패턴(일명 three buddha inverted)이 형성되면서 하락추세가 상승추세로 전환되고 있다.

이 패턴이 진행되는 동안 Stochastics 지표의 저점이 높아지고 있으며, 이 패턴이 완성되는 시점에서는 거래량이 큰 폭으로 증가하고 있다. 9,000원대를 저점으로 해머형이 출현하고 있으며 이후 추세가 상승전환되고 있다. 더구나 Stochastics 지표는 그 이전부터 상승추세를 보이고 있어 향후 주가상승에 대한 가능성을 높여주고 있다.

㉒ 사례 22

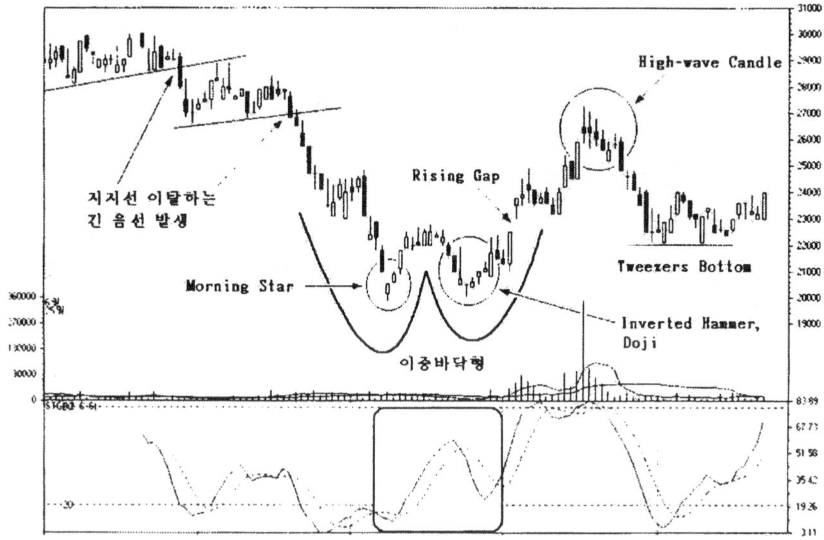

[그림 9-40] 현대종금 일봉

중앙 하단을 보면 30,000원대에서 고점을 형성한 주가가 하락하기 시작하여 20,000원대에 근접하고 있다. 이후 샛별형과 반전해머, 얼레가 나타나면서 저점을 확인하고 있고 이후 상승세를 보이면서 이중바닥형을 형성하고 있다. 형성과정의 말미에 거래량이 증가하고 있으며 Stochastics 지표의 저점이 큰 폭으로 높아지고 있어 향후 상승 가능성을 높여주고 있다.

좌측 상단을 보면 긴 음선이 출현하면서 지지선을 이탈하고 있으며 우측 상단에서는 26,000원대에서 큰 떨림 캔들이 연속으로 나타나면서 더 이상의 상승을 저지하고 있다.

㉓ 사례 23

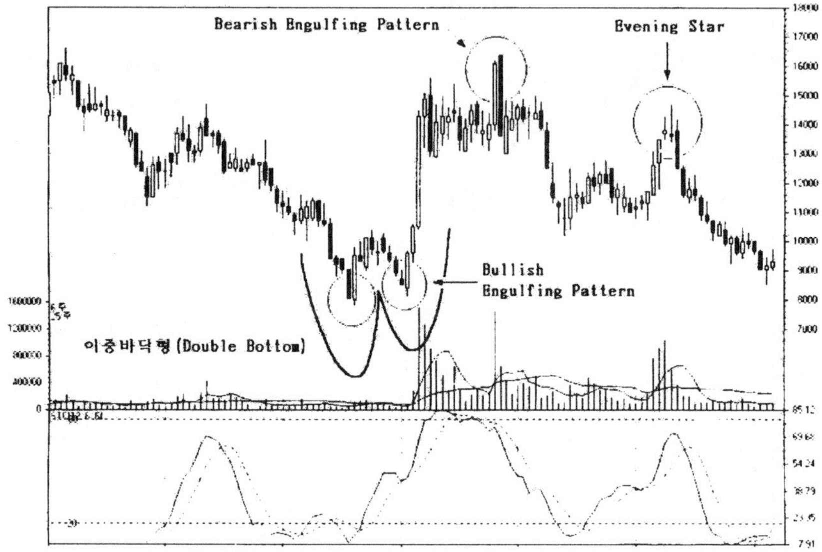

[그림 9-41] 하나증권 주봉

중앙 하단을 보면 작은 음선과 긴 양선으로 결합된 상승장악형이 출현하면서 이중바닥형을 형성하고 있다. 이중바닥형이 형성되면서 하락추세가 상승추세로 전환되고 있으며 첫 번째 바닥보다는 두 번째 바닥이 형성되면서 거래량이 큰 폭으로 증가하고 있다. 또한 Stochastics 지표의 저점이 큰 폭으로 증가하고 있어 향후 주가의 상승 가능성을 높여주고 있다.

중앙 상단을 보면 16,000원대를 고점으로 하락장악형이 형성되어 있으며 우측 상단에서는 저녁별이 출현하면서 거래량 감소와 함께 추세가 전환되고 있다.

제 10 장

지표를 이용한 캔들차트

1. 기준선 돌파시점

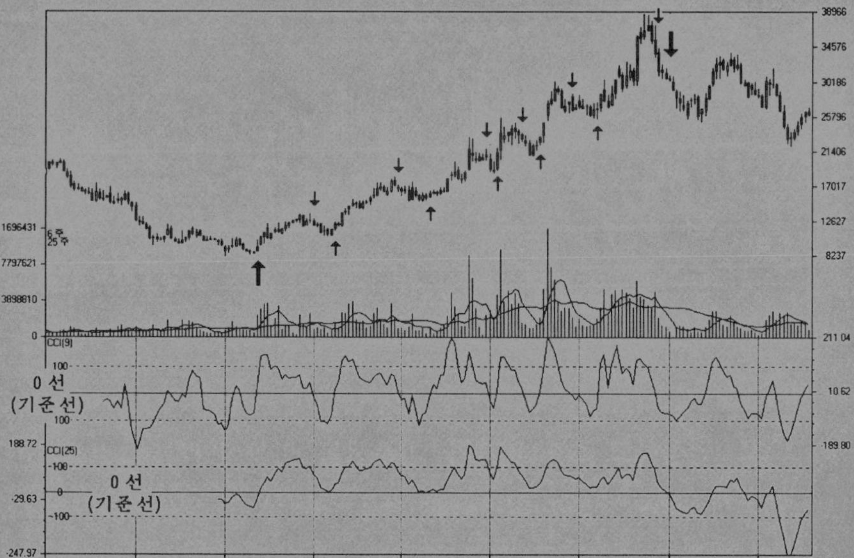

[그림 10-1] LG전자 주봉 : 기준선(0선) 돌파시점 사례 1 (CCI) - 기준선(0선)을 상향돌파시점(↑)을 매수시점으로 기준선을 하향돌파시점(↓)을 매도시점으로 인식하는 매매방법

기준선을 중심으로 지표가 상향돌파하면 강세신호로 판단하고 매수시점으로 반대로 기준선을 중심으로 지표가 하향돌파하면 약세신호로 판단하고 매도시점으로 이용하는 분석방법이다.

① 사례 1

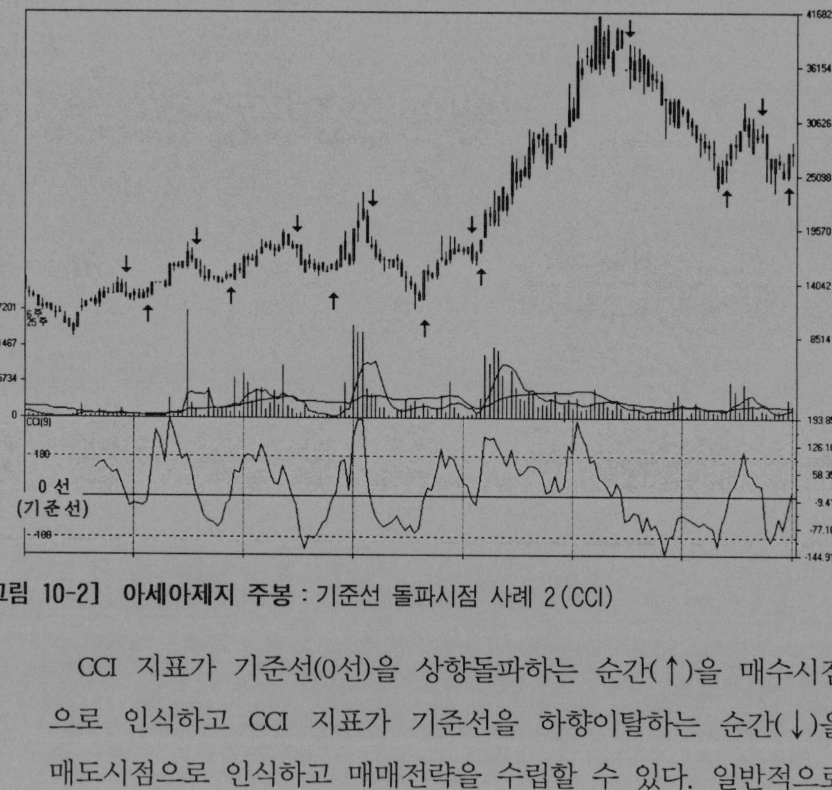

[그림 10-2] 아세아제지 주봉 : 기준선 돌파시점 사례 2(CCI)

CCI 지표가 기준선(0선)을 상향돌파하는 순간(↑)을 매수시점으로 인식하고 CCI 지표가 기준선을 하향이탈하는 순간(↓)을 매도시점으로 인식하고 매매전략을 수립할 수 있다. 일반적으로 CCI 지표가 기준선을 상향돌파하는 순간(↑)에는 거래량이 증가하면서 주가가 상승하고 있으며, CCI 지표가 기준선을 하향이탈하는 순간(↓)에는 거래량이 감소하면서 주가가 하락하고 있다.

② 사례 2

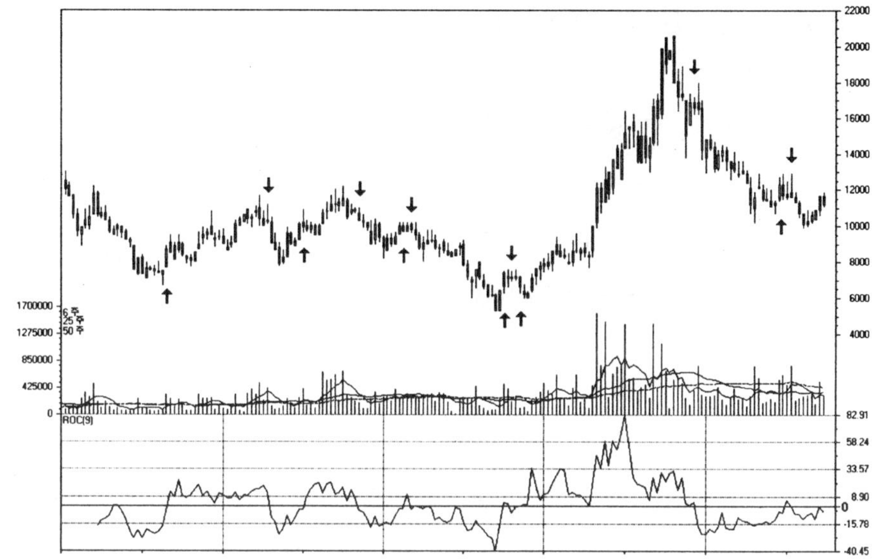

[그림 10-3] **신호제지 주봉** : 기준선 돌파시점 사례 3(ROC)

ROC 지표가 기준선(0선)을 상향돌파하는 순간(↑)을 매수시점으로 인식하고 ROC 지표가 기준선을 하향이탈하는 순간(↓)을 매도시점으로 인식하고 매매전략을 수립할 수 있다.

일반적으로 ROC 지표가 기준선을 상향돌파하는 순간(↑)에는 거래량이 증가하면서 주가가 상승하고 있으며 ROC 지표가 기준선을 하향이탈하는 순간(↓)에는 거래량이 감소하면서 주가가 하락하고 있다.

2. 과열권 및 침체권 돌파시점

분석하고자 하는 지표가 일정수준 이상(과열권)으로 올라갔다가 다시 재하락하는 경우를 매도신호로 인식하고 일정수준 이하(침체권)로 내려갔다가 다시 재상승하는 경우를 매수신호로 인식하는 매매방법이다.

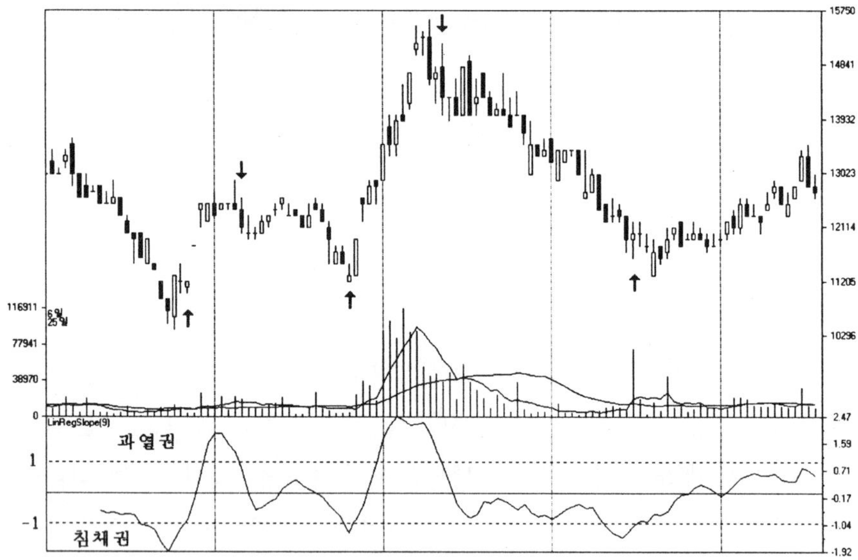

[그림 10-4] 한성기업 일봉 : 과열권 및 침체권 돌파사례 1(LinRegSlope) - 과열권을 벗어나는 순간을 매도시점(↓)으로 침체권을 벗어나는 순간(↑)을 매수시점으로 인식하는 매매방법

① 사례 1

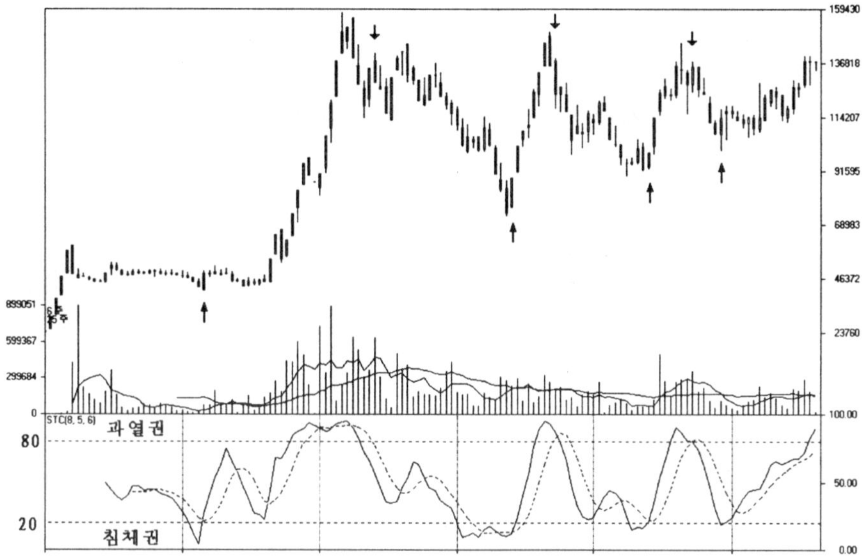

[그림 10-5] 데이콤 일봉 : 과열권 및 침체권 돌파사례 2(Stochastics)

Stochastics 지표가 침체권(일반적으로 20% 이하)을 벗어나는 순간(↑)을 매수시점으로 인식하고 Stochastics 지표가 과열권(80% 이상)을 이탈하는 순간(↓)을 매도시점으로 인식하고 매매전략을 수립할 수 있다.

일반적으로 Stochastics 지표가 침체권을 벗어나는 순간(↑)에는 거래량이 증가하면서 주가가 상승하고 있으며 Stochastics 지표가 과열권을 이탈하는 순간(↓)에는 거래량이 감소하면서 주가가 하락하고 있다.

3. 크로스분석

분석하고자 하는 지표와 그 이동평균선이 서로 교차되는 순간을 매매시점으로 이용하는 분석방법이다. 지표가 그 이동평균선을 상향돌파하는 순간 즉, 골든크로스가 발생한 순간을 매수시점으로 인식하고 또한 지표가 그 이동평균선을 하향돌파하는 순간 즉, 데드크로스가 발생한 순간을 매도시점으로 인식하는 매매방법이다.

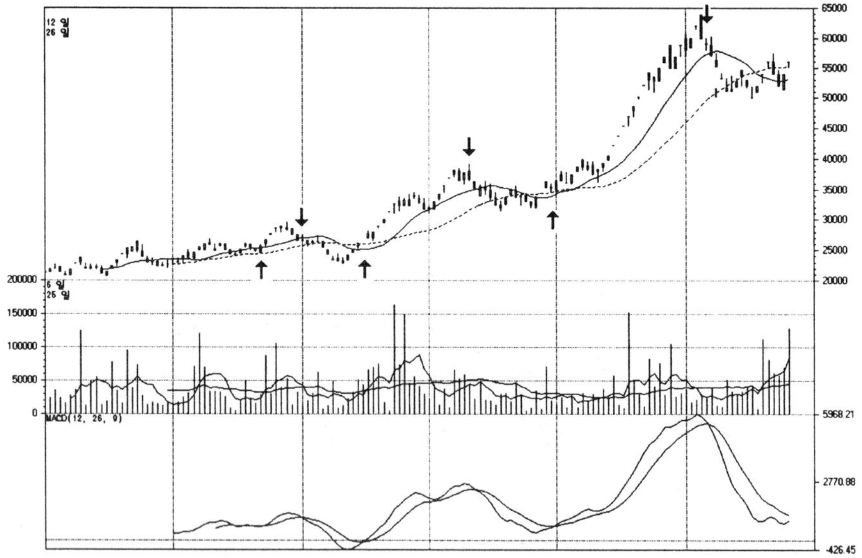

[그림 10-6] 삼양제넥스 일봉 : 크로스 분석을 이용한 매매사례 1(MACD) - 골든크로스가 발생하는 순간(↑)을 매수시점으로 데드크로스가 발생하는 순간(↓)을 매도시점으로 인식하는 매매방법

① 사례 1

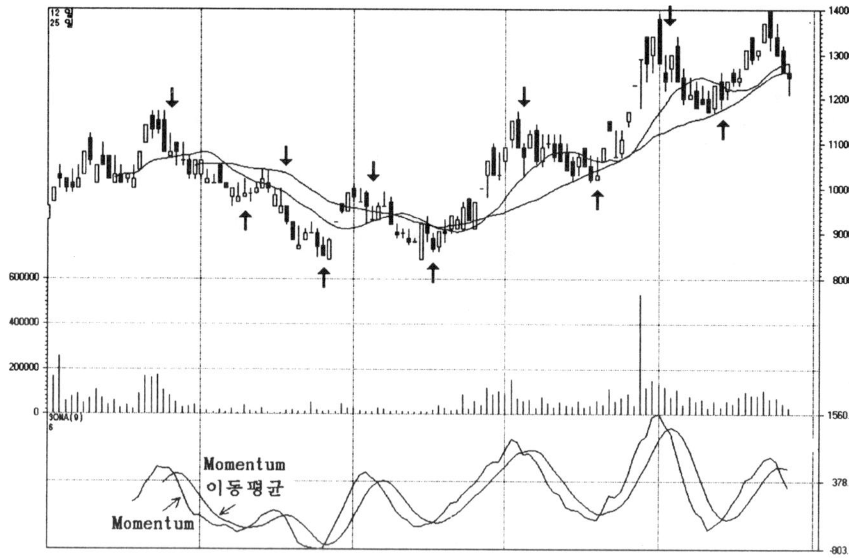

[그림 10-7] **라미화장품 일봉** : 크로스 분석을 이용한 매매사례 2(SONAR)

Sonar 지표가 Sonar 이동평균선을 상향돌파하는 순간 즉, 골든크로스 발생 시(↑)를 매수시점으로 인식하고 Sonar 지표가 Sonar 이동평균선을 하향이탈하는 순간 즉, 데드크로스 발생 시(↓)를 매도시점으로 인식하고 매매전략을 수립할 수 있다. 일반적으로 Sonar 지표가 골든크로스 발생하는 순간(↑)에는 거래량이 증가하면서 주가가 상승하고 있으며 Sonar 지표가 데드크로스 발생하는 순간(↓)에는 거래량이 감소하면서 주가가 하락하고 있다.

② 사례 2

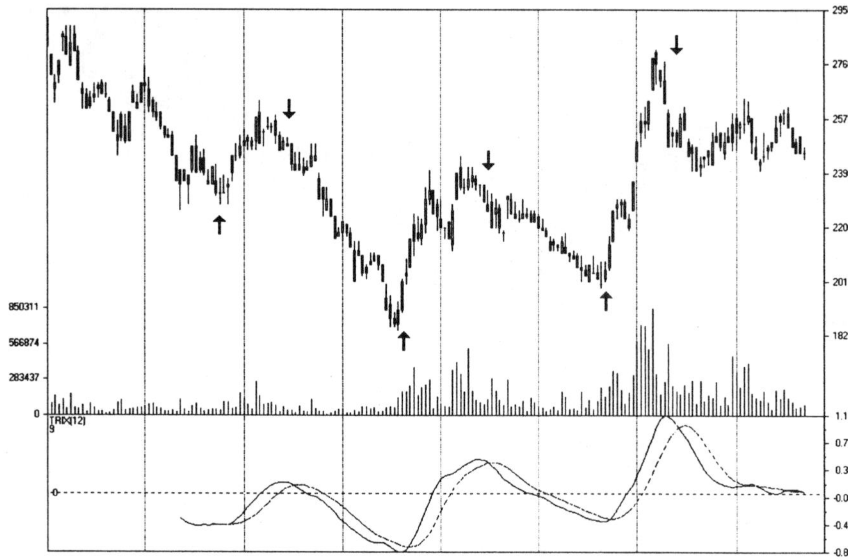

[그림 10-8] **대우증권 일봉** : 크로스 분석을 이용한 매매사례 3(TRIX)

TRIX 지표가 그 이동평균선을 상향돌파하는 순간 즉, 골든크로스 발생 시(↑)를 매수시점으로 인식하고 TRIX 지표가 그 이동평균선을 하향돌파하는 순간 즉, 데드크로스 발생 시(↓)를 매도시점으로 인식하고 매매전략을 수립할 수 있다.

일반적으로 TRIX 지표가 골든크로스 발생하는 순간(↑)에는 거래량이 증가하면서 주가가 상승하고 있으며 TRIX 지표가 데드크로스 발생하는 순간(↓)에는 거래량이 감소하면서 주가가 하락하고 있다.

4. 다이버전스 발생

주가와 지표 사이에 발생한 다이버전스를 분석하여 매매에 이용하는 분석방법이다. 주가의 고점이 점점 높아지는 데 비해 지표의 고점이 점점 낮아지는 경우로 하락 다이버전스가 발생했다고 하며 매도시점으로 인식한다. 또한 주가의 저점이 점점 낮아지는 데 비해 지표의 저점이 점점 높아지는 경우로 상승 다이버전스가 발생했다고 하며 매수시점으로 인식하는 매매방법이다.

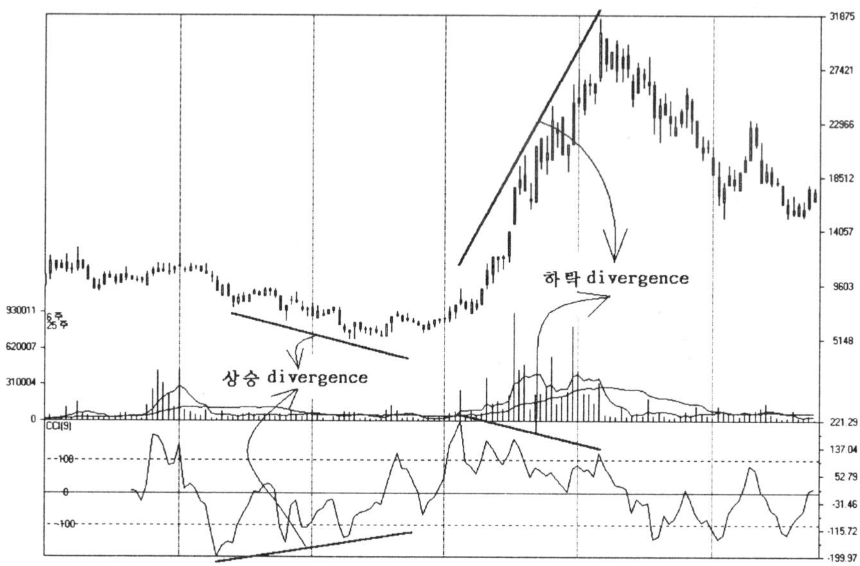

[그림 10-9] 신무림제지 일봉 : 다이버전스 발생을 이용한 사례 1(CCI) - 주가의 저점은 점점 낮아지는데 지표의 저점은 점점 높아지는 상승 다이버전스와 주가의 저점은 점점 높아지는데 지표의 저점은 점점 낮아지는 하락 다이버전스

① 사례 1

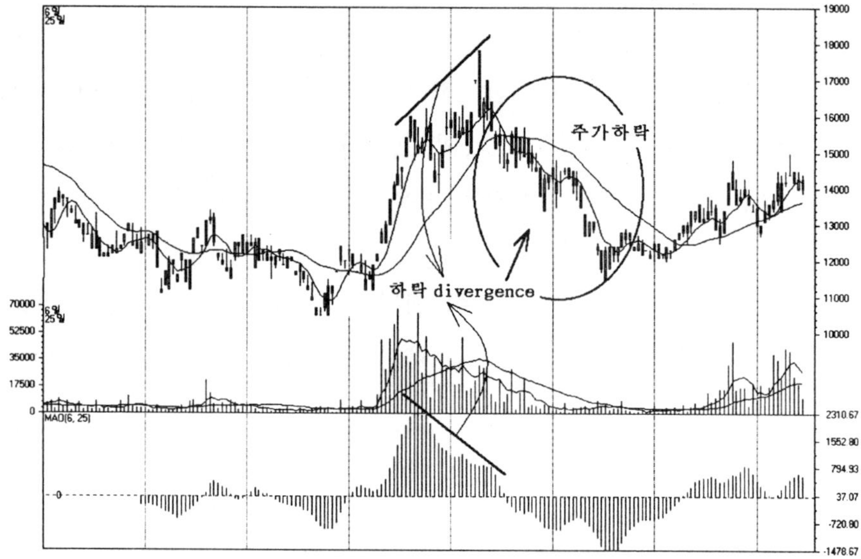

[그림 10-10] **한국폴리우레탄 일봉** : 다이버전스 발생을 이용한 사례 2(MAO)

주가의 고점은 점점 높아지는데 MAO(Moving Average Oscillator)의 고점은 급속히 낮아지는 하락 다이버전스가 발생하고 있다.

일반적으로 하락 다이버전스가 발생하게 되면 거래량이 감소하기 시작하고 조만간 주가도 하락세로 반전된다.

② 사례 2

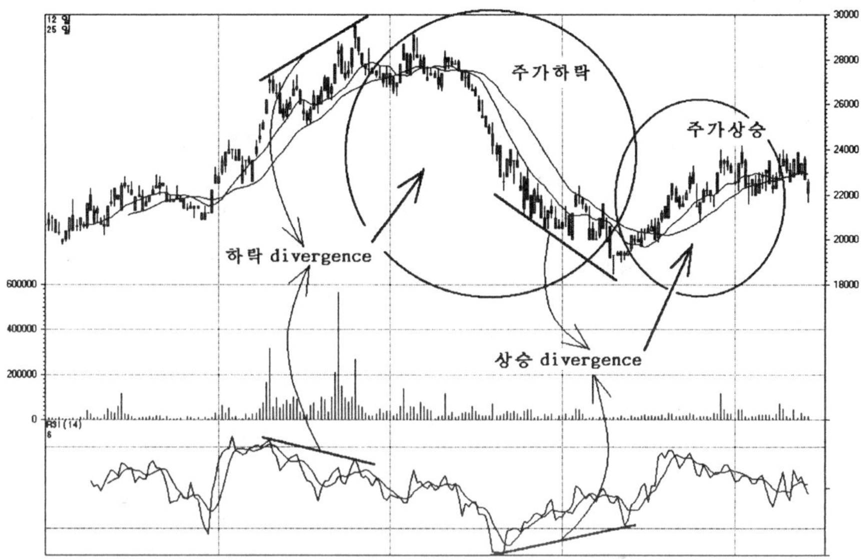

[그림 10-11] **LG산전 일봉** : 다이버전스 발생을 이용한 사례 3(RSI)

주가의 고점은 점점 높아지는데 RSI 지표의 고점은 소폭이나마 낮아지고 있어 하락 다이버전스가 발생하고 있다. 또한 주가의 저점은 점점 낮아지는데 RSI 지표의 저점은 소폭이나마 높아지고 있어 상승 다이버전스가 발생하고 있다.

일반적으로 하락 다이버전스가 발생하게 되면 거래량이 감소하기 시작하고 조만간 주가도 하락세로 반전되며 반대로 상승 다이버전스가 발생하게 되면 거래량이 증가하기 시작하고 조만간 주가도 상승세로 반전된다.

5. 사 례

① 사례 1

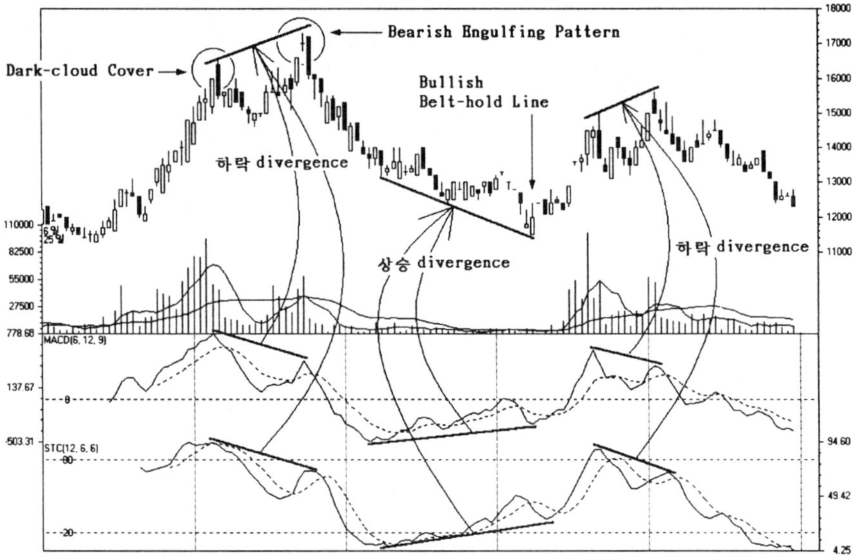

[그림 10-12] 경남모직 일봉

좌측 상단을 보면 큰 폭으로 주가가 상승한 후에 두 개의 고점을 형성하고 있다. 첫 번째 봉우리는 흑운형을 두 번째 봉우리는 하락장악형을 이루며 고점이 소폭 높아가고 있으나 동일시점에서 MACD와 Stochastics 지표의 고점은 큰 폭으로 낮아지고 있어 하락 다이버전스가 발생하고 있다.

이후에도 중앙 하단에서는 상승 다이버전스가, 우측 상단에서는 하락 다이버전스가 발생하고 있음을 볼 수 있다.

② 사례 2

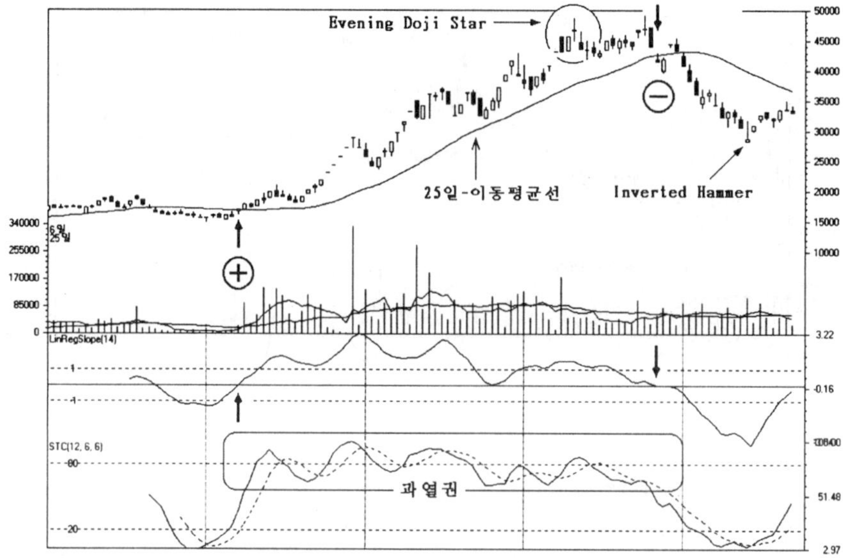

[그림 10-13] 삼진제약(4074) 일봉

좌측 하단을 보면 15,000원대에서 주가가 25일이동평균선을 상향돌파하며 매수시점(⊕)을 보여주고 있으며 우측 상단을 보면 주가가 25일이동평균선을 하향돌파하며 매도시점(⊖)을 보여주고 있다. 동일시점에서 LinRegSlope 지표도 기준선(0선)을 상향돌파(↑)하고 있으며 Stochastics 지표도 과열권에 진입하면서 동시에 매수신호를 보여주고 있다. 또한 동일시점에서 LinRegSlope 지표도 기준선을 하향이탈(↓)하고 있으며 Stochastics 지표도 과열권을 벗어나고 있어 동시에 매도신호를 보여주고 있다. 상승 막바지 고점에 근접하여 +저녁별이 출현하고 있다.

③ 사례 3

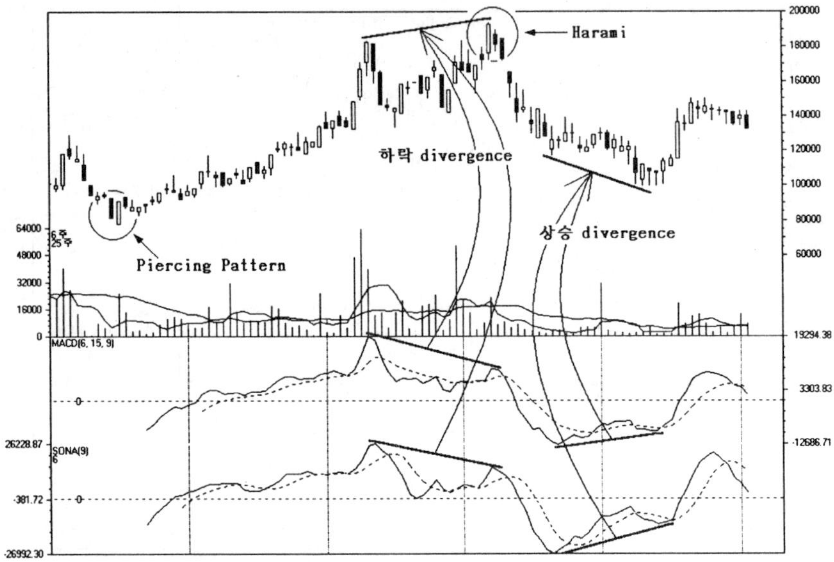

[그림 10-14] 고려제강 주봉

좌측 하단을 보면 8,000원대 저점에서 관통형이 출현하면서 상승하기 시작한 주가가 8,000원대까지 큰 폭으로 상승하였다. 중앙 상단에서는 주가의 고점은 높아가는데 MACD와 Sonar 지표의 고점은 점점 낮아지면서 하락 다이버전스가 발생하고 있다. 이때 두 번째 고점인 18,000원대에서 포아형이 출현하면서 하락추세로 전환되고 있다. 우측 하단에서는 저점은 낮아지는데 MACD와 Sonar 지표의 저점은 높아가고 있어 상승 다이버전스가 발생하고 있다. 이후 하락추세가 상승추세로 전환되었다.

④ 사례 4

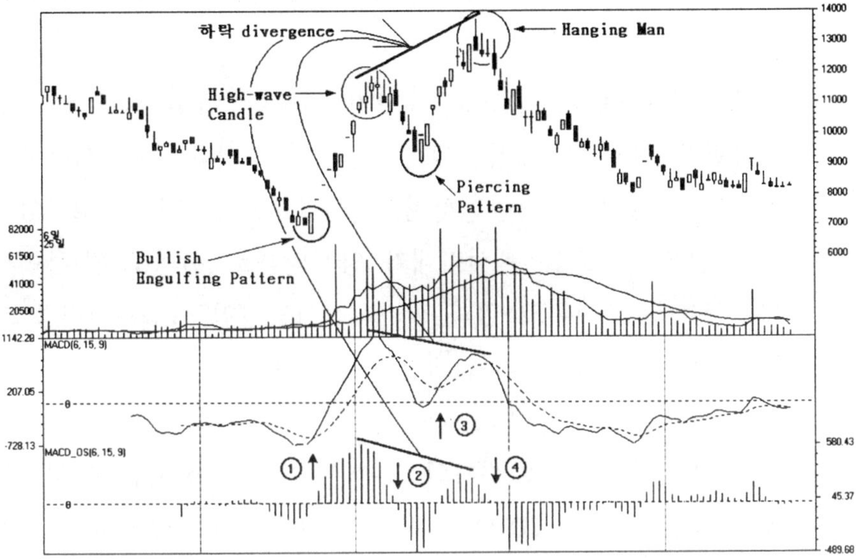

[그림 10-15] 베네데스 일봉

좌측 하단을 보면 상승장악형이 출현하면서 거래량이 큰 폭으로 증가하고 있으며 MACD 지표가 상승반전하며 골든크로스가 발생하고 있고 MACD_OSC 지표는 음선막대가 양선막대로 전환(①번)하면서 매수신호를 보여주고 있다. 이후 큰 폭으로 주가가 상승하고 있다.

중앙 상단을 보면 11,000원대까지 상승한 이후에 큰 떨림 캔들이 연속으로 나타나면서 상승세가 멈추고 있다. 이 시점에서 MACD 지표가 하락반전하며 데드크로스가 발생하고 있고 MACD_OSC 지표는 양선막대가 음선막대로 전환(②번)하면서 매도신호를 보여주고 있다. 이후 추세가 하락전환하고 있다.

중앙 하단에서는 9,000원대까지 하락한 이후 관통형이 출현하면서 하락세가 상승세로 전환하고 있다. 이 시점에서 MACD 지표가 상승반전하며 골든크로스가 발생하고 있고 MACD_OSC 지표는 음선막대가 양선막대로 전환(③번)하면서 매수신호를 보여주고 있다. 이후 직전고점인 11,000원대를 상향돌파하고 나서 13,000원대까지 상승하였다.

그러나 최고점인 13,000원대를 기록하면서 반전형인 행잉맨이 출현하고 있고 주가의 고점은 더 높아졌지만 동일시점에서 MACD와 MACD_OSC 지표의 고점은 더 낮아지고 있어 하락 다이버전스가 발생하고 있다. 향후 주가의 하락전환 가능성을 예고해 주는 신호로 받아들일 수가 있다.

실제로 행잉맨 발생 이후에 거래량이 큰 폭으로 감소하며 거래량 6일과 25일이동평균선이 데드크로스가 발생하면서 하락하고 있다. 또한 이 시점에서 MACD 지표가 하락반전하며 데드크로스가 발생하고 있고 MACD_OSC 지표는 양선막대가 음선막대로 전환(④번)되면서 매도신호를 보여주고 있다. 이후 큰 폭으로 주가가 하락하고 있다.

⑤ 사례 5

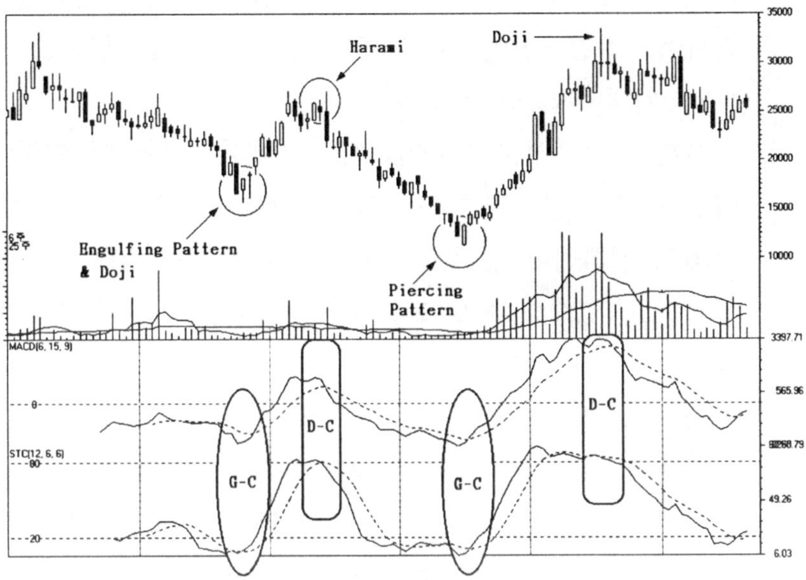

[그림 10-16] 쌍용화재보험 주봉

좌측 하단을 보면 상승장악형과 긴 아래 그림자를 갖는 얼레가 출현하면서 하락세가 상승세로 전환되고 있다. 동일시점에서 거래량이 소폭이나마 증가하고 있으며 MACD와 Stochastics 지표도 상승전환하며 골든크로스가 발생하고 있다. 이후 15,000원대를 저점으로 주가가 상승하기 시작하였다.

중앙 상단에서는 포아형이 출현하면서 상승세가 하락세로 전환되고 있다. 동일시점에서 거래량이 소폭이나마 감소하고 있으며 MACD와 Stochastics 지표도 하락전환하며 데드크로스가 발생하고 있다. 이후 27,000원대를 고점으로 하락하기 시작하여 직전저점인 15,000원대에서 지지를 받지 못하고 11,000원대까지 하락하였다.

우측 하단에서는 주가가 11,000원대까지 하락한 이후에 긴 양선을 포함하는 관통형이 출현하면서 하락세가 진정되고 상승세로 전환하고 있다. 이 시점 이후에 거래량이 큰 폭으로 증가하고 있으며 MACD와 Stochastics 지표도 상승전환하며 골든크로스가 발생하고 있다. 이후 11,000원대를 저점으로 주가가 상승하기 시작하여 직전 고점인 27,000원대를 훨씬 상향하면서 33,000원대까지 상승하였다.

우측 상단에서는 30,000원대 위에서 긴 위·아래 그림자를 갖는 얼레가 연속 출현하면서 매수세력이 서서히 매도세력으로 전환되고 있다. 이 시점을 전후하여 매수세력의 감소로 거래량이 큰 폭으로 감소하고 있으며 MACD와 Stochastics 지표도 하락반전하며 데드크로스가 발생하고 있다. 이후 33,000원대를 고점으로 주가가 완만하게 하락하고 있다.

제 11 장

종합적 개념의 캔들차트

1. 갭의 개념

그래프를 살펴보면 어느 날 갑자기 폭등하거나 폭락함으로써 주가와 주가 사이에 빈 공간이 나타나는데 이 빈 공간을 갭(gap)이라고 한다. 그래프 상에 갭이 발생하는 이유는 지금까지 유지되어 오던 매도세와 매수세 사이의 균형이 어느 한쪽으로 치우친 결과로서 앞으로 주식시장에 예기치 못한 변화가 발생하리라는 것을 예고해 준다.

일반적으로 갭이 발생한 가격대는 앞으로 지지선이나 저항선의 역할을 할 수도 있다. 즉 상승추세에서 발생한 갭은 강력한 지지선 역할을 하며 하락추세에서 발생한 갭은 강력한 저항선 역할을 한다. 그러나 갭이 일단 채워지면 그 갭은 갭으로서 더 이상의 의미가 없어진다.

2. 갭의 종류

갭의 종류에는 보통갭(common gap), 돌파갭(break-away gap), 급진갭(run-away gap), 소멸갭(exhaustion gap) 그리고 갭으로 구성된 섬꼴반전(island reversal)이 있다.

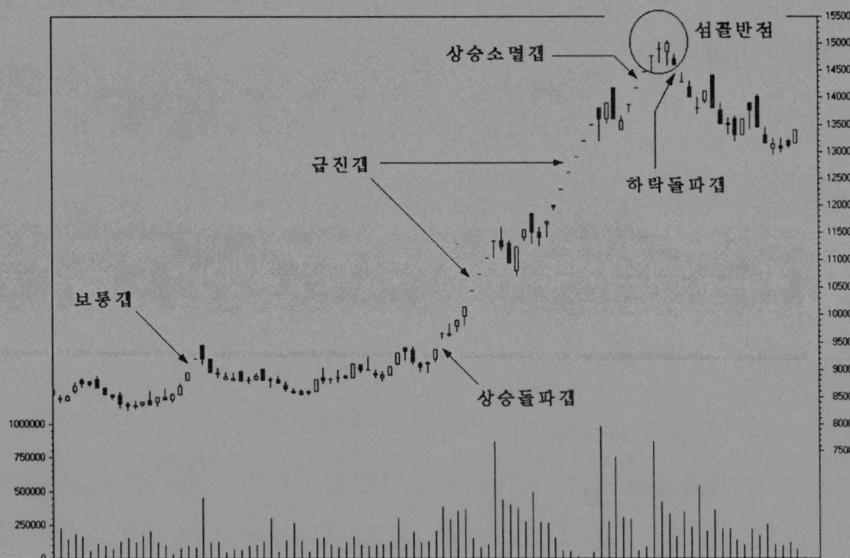

[그림 11-1] **삼성전자 일봉** : 갭의 여러 가지 종류 - 보통갭, 돌파갭, 급진갭, 소멸갭 그리고 갭으로 구성된 섬꼴반전이 있다.

(1) 보통갭

보통갭은 횡보국면에서 자주 나타나는데 큰 의미를 부여하지는 않는다. 일반적으로 거래가 매우 적은 경우에 확인할 수 없는 소문이나 일부 작전세력에 의하여 시가부터 큰 폭의 갭이 발생하는 경우로서, 조만간 소문이 확인되거나 정상적인 거래가 유지되면 갭은 다시 채워지는 것이 보통이다.

(2) 돌파갭

돌파갭은 일반적으로 장기간에 걸친 조정국면이나 횡보국면을 마감하고 주가가 과거 중요한 지지선이나 저항선을 돌파할 때 나타난다. 돌파갭의 발생은 새로운 주가움직임이나 새로운 추세의 시작을 알리는 신호가 되기도 한다. 돌파갭은 많은 거래량을 수반하면서 나타나며 보통갭과 달리 갭이 채워지는 경우가 거의 없다.

(3) 급진갭

급진갭은 주가가 거의 일직선으로 급상승하거나 또는 급하락하는 도중에 주로 발생한다. 급진갭은 주가움직임이 급속히 가열되거나 냉각되면서 이전의 추세가 더욱 가속화되고 있음을 확인시켜 주는 갭으로 볼 수 있다.

주가의 상승 및 하락 분위기가 서서히 막바지에 이르고 있음을 시사하는 급진갭은 주가의 예상목표치의 중간지점에서 주로 발생하기 때문에 또한 급진갭을 확인할 수만 있다면 향후 주가움직임을 미리 알 수 있기 때문에, 급진갭을 중간갭 또는 측정갭이라 부르기도 한다.

(4) 소멸갭

주가가 장기간에 걸쳐 급격한 수직상승을 지속하는 도중에 나타난다. 주가의 상승추세가 가속화되면 시장은 완전히 과열된 강세시장으로 진입하게 된다. 이렇게 되면 모험적인 투자가들이 공매를 시도하게 되는데 그들의 예상이 빗나가고 주가가 계속 상승하게 되는 경우나 또는 이제까지 주식시장의 수직상승에 불안감을 느끼던 잠재매입세력(초보 및 소액투자가)들이 서둘러 매수에 참여한다.

이들 매입세력에 의하여 주가 상승막바지에 한두 갭이 발생하는데 그 후 바로 주가상승이 멈추고 하락(자율반락 포함)으로 반전되는 경우 바로 앞에서 발생한 갭을 소멸갭이라 한다. 따라서 일단 소멸갭이 발생하면 주가는 곧 기존의 상승추세가 반전된다고 예상할 수 있다.

(5) 섬꼴반전

주가가 장기간 상승세를 유지하다가 하락세로 반전되면서 갭이 발생한 경우 상승추세가 마무리되면서 발생한 갭을 상승소멸갭이라 하고 반전되어 하락추세가 시작되면서 발생한 갭을 하향돌파갭이라 하는데 그 사이에 나타난 작은 섬 모양의 주가들을 섬꼴반전이라 한다.

섬꼴반전은 상승소멸갭에 의해 발생한 갭 상승과 뒤이어 하향돌파갭에 의해 발생한 갭 하락이 동시에 나타나면서 형성된 모양이다.

그래프 상에서 섬꼴반전을 분석하는 중요성은 이제까지의 상승추세가 끝나고 새로운 하락추세가 시작된다는 반전신호로 인식하는 데 있다.

3. 반 전 일

어느 날 대량거래를 수반한 주가가 최고치 또는 최저치를 기록하면서 그날 이후로 주가흐름이 갑자기 반전하게 되는데 추세반전이 일어나는 바로 그 날을 반전일(key reversal day)이라 한다. 반전일은 하락반전일과 상승반전일로 구분된다.

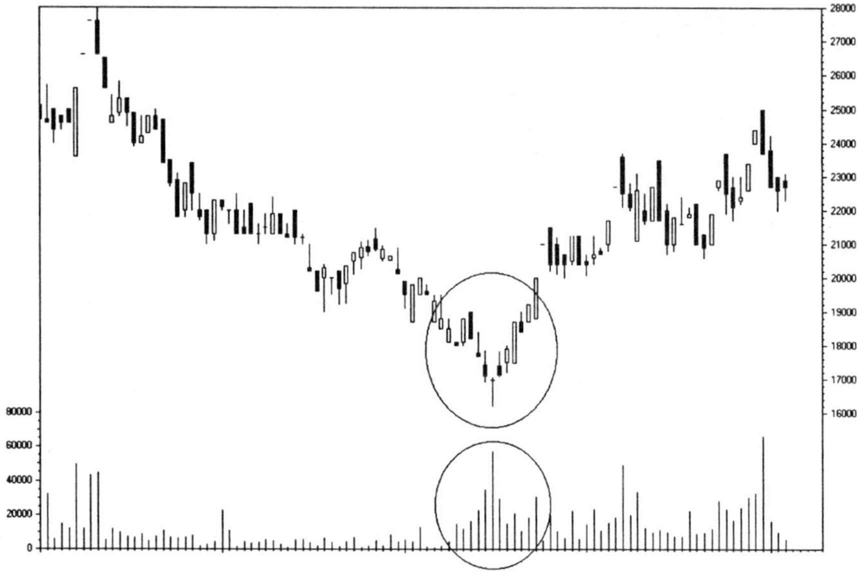

[그림 11-2] 1일반전일 사례

때로는 추세의 반전이 하루가 아닌 이틀에 걸쳐 이루어지는 때도 있는데 이때는 마치 반전일이 둘로 분리된 것과 같다고 생각하면 된다. 반전일이 이틀에 걸쳐 이루어지려면 첫째 날은 주가가 최고치를 기록하며 종가도 최고치 근처에서 형성되지만 둘째 날은 주가가 더 이상 상승하지 못하고 눈에 띄게 약화되면서 2일 전의 종가보다도 현저히 낮은 수준에서 종가를 형성하게 된다.

1일반전이나 2일반전은 기본적인 전환패턴으로서 일반적으로 대량거래가 수반되고 있으며 상승추세의 천정에서뿐만 아니라 하락추세의 바닥에서도 종종 나타난다. 또한 주가가 바닥을 확인하고 상승추세로 돌아설 경우에는 비교적 서서히 상승하지만 반대로 천정을 확인하고 하락추세로 돌아설 경우에는 그 움직임이 비교적 빠르다.

4. 되 돌 림

주가움직임은 일방적으로 상승이나 하락만을 지속할 수 없으며 시간이 지나면서 상승과 하락을 되풀이하며 순환한다. 이와 같이 지속적인 상승에 반발하여 자율반락하는 현상을 되돌림(retracement)이라 한다. 또한 다른 말로 Pull-Back현상이라 부르기도 한다.

주가움직임은 일방적인 상승이나 하락만을 반복할 수 없으므로 일단 되돌림 현상이 확인되면 그동안 상승폭(또는 하락폭)의 어느 특정 비율 부근에 강력한 지지선이나 저항선이 형성될 것임을 미리 예측해 볼 수 있다.

일반적으로 중요하다고 알려진 되돌림의 비율은 25%(1/4), 33%(1/3), 50%(1/2), 66%(2/3), 그리고 75%(3/4)이며 이러한 비율은 여러 분석가들에 의하여 매우 중요한 지지선이나 저항선으로 작용하고 있다고 알려져 왔다.

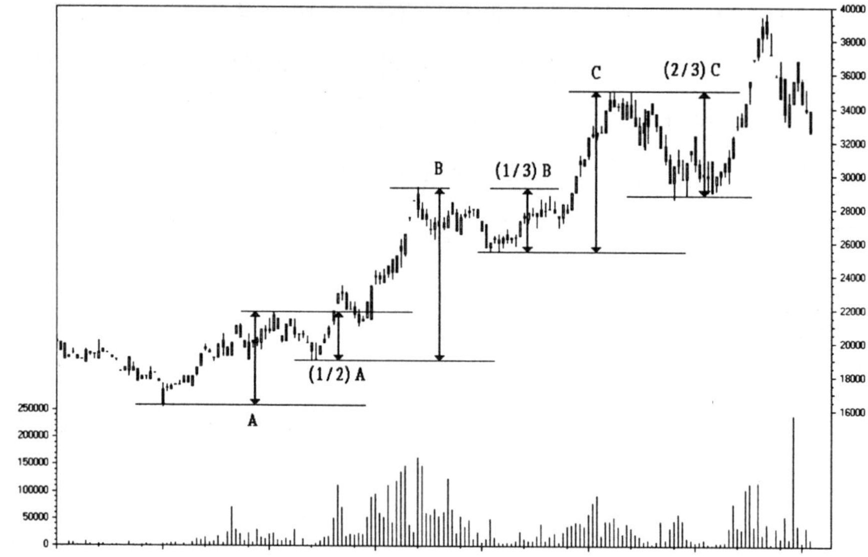

[그림 11-3] 금호전기 일봉 : 되돌림의 사례 - 주가의 움직임은 일방적인 방향으로 상승이나 하락만을 계속할 수 없고, 반드시 움직이던 추세와 반대방향으로 되돌림 현상이 나타난다. A폭 상승한 주가가 (1/2)A폭만큼, B폭 상승한 주가가 (1/3)B폭만큼, C폭 상승한 주가가 (2/3)C폭만큼 되돌림 현상이 나타난 것을 볼 수 있다.

5. 사 례

① 사례 1

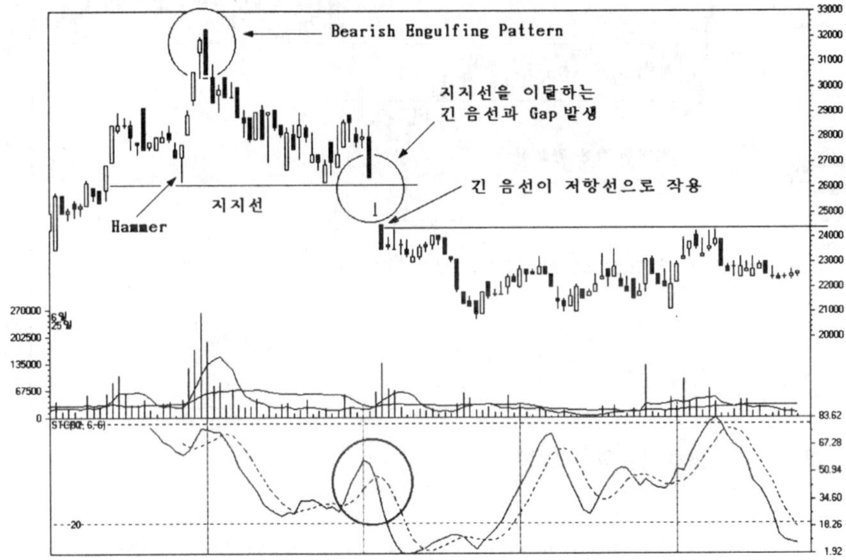

[그림 11-4] 효성 일봉

좌측 상단을 보면 32,000원대 고점에서 대량거래를 동반하고 하락장악형이 출현하고 있다. 이후 거래량이 큰 폭으로 감소하면서 주가 하락세가 지속되어 오다 긴 음선과 큰 폭의 하락갭이 발생하면서 직전저점을 연결한 지지선을 하향이탈하고 있다. 중앙에서 우측을 보면 하락과정에서 발생한 24,000원대 긴 음선이 이후 장기간에 걸쳐 저항선으로 작용하고 있다.

② 사례 2

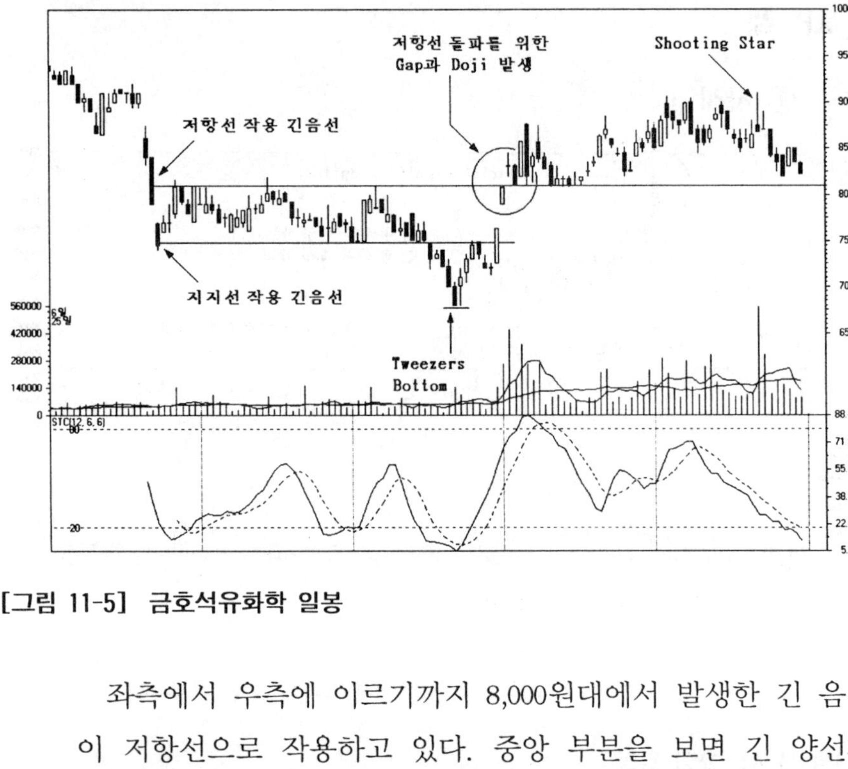

[그림 11-5] 금호석유화학 일봉

좌측에서 우측에 이르기까지 8,000원대에서 발생한 긴 음선이 저항선으로 작용하고 있다. 중앙 부분을 보면 긴 양선과 상승갭 그리고 위·아래 그림자가 달린 얼레가 나타나면서 저항선을 상향돌파한 이후에는 다시 지지선으로 역할이 변경되고 있다. 또한 7,500원대에서 발생한 긴 음선은 지지선으로 작용하고 있다. 중앙 하단에서는 6,700원대를 저점으로 집게형저점이 출현하면서 하락추세가 상승추세로 전환하고 있으며 이후 거래량이 증가하고 있다. 이 시점에서 Stochastics 지표도 상승추세로 전환되면서 상승세를 유지하고 있다.

③ 사례 3

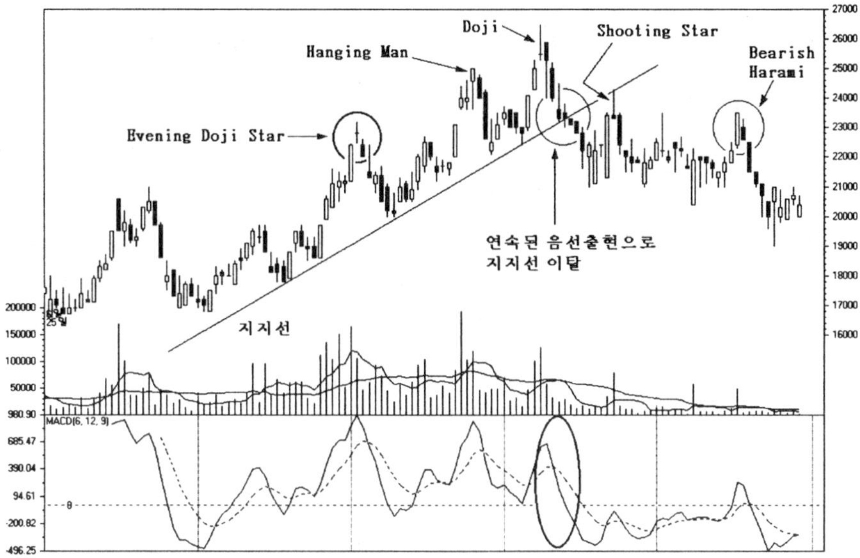

[그림 11-6] 한국폴리올 일봉

17,000원대부터 26,000원대까지 지속적으로 상승하면서 상승지지선을 형성하고 있다. 이 상승과정에서 +저녁별과 행잉맨 그리고 긴 위 그림자를 갖는 고점들이 연속해서 출현하고 있다. 중앙 상단의 상승 막바지에서는 음선들이 연속해서 발생하면서 지지선을 하향이탈하고 있다. 이 시점 이후 거래량이 감소하고 있으며 MACD 지표도 하락세를 보이고 있다.

이후 작은 되돌림현상이 나타나고 있으나 지지선에 근접하면서 유성형의 출현으로 더 이상의 반등이 의미가 없어 보인다.

④ 사례 4

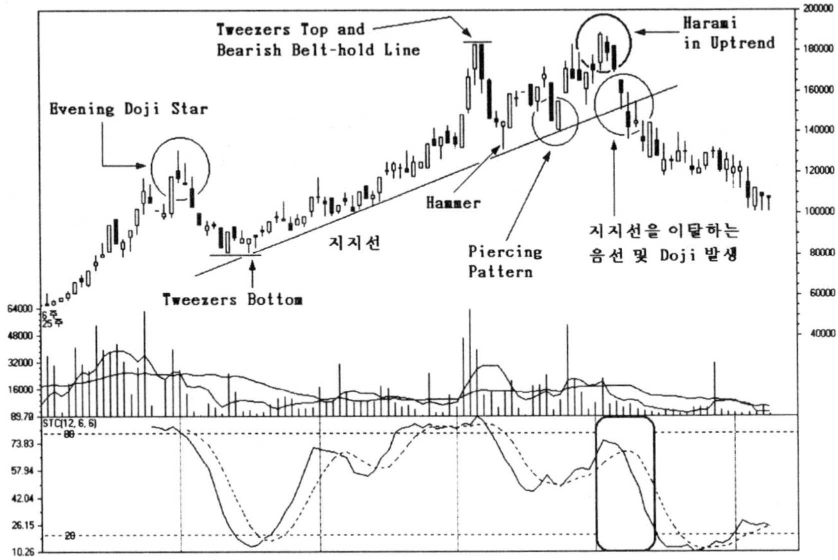

[그림 11-7] 고려제강 주봉

좌측 하단을 보면 8,000원대에서 집게형저점이 출현하며 바닥을 확인한 이후 상승추세로 전환되고 있다. 이때 장기간에 걸쳐 상승지지선이 형성되고 있다. 상승추세가 지속되고 나서 첫 번째 고점에서 집게형고점이 출현하고 있고 두 번째 고점에서는 포아형이 출현하면서 18,000원대 고점을 두 번에 걸쳐 형성하고 있다. 주가가 지지선에 근접하면서 해머나 관통형이 출현하며 재반등을 시도하고 있으나 우측 중간부분을 보면 긴 음선과 하락갭이 발생하면서 지지선을 하향이탈하고 있다. 이 시점에서 Stochastics 지표를 보면 추세가 하락전환하며 큰 폭으로 하락하고 있다.

⑤ 사례 5

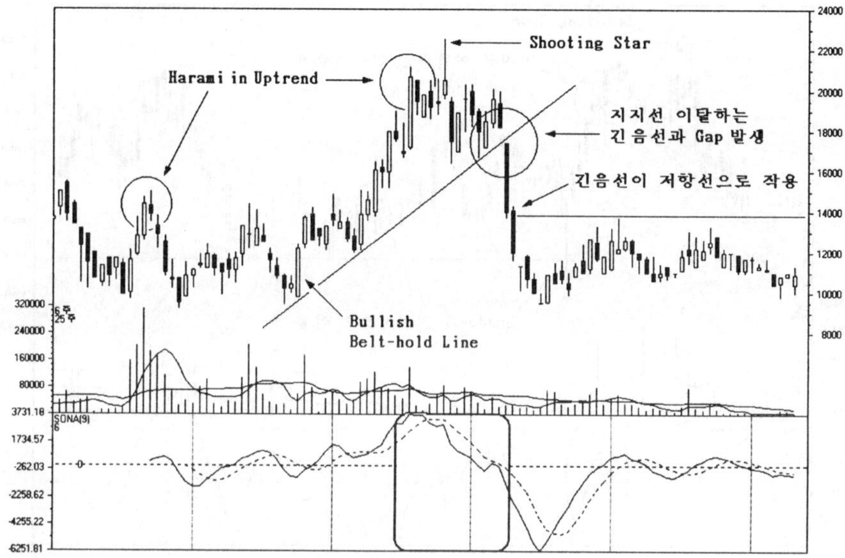

[그림 11-8] 대경기계 주봉

좌측 하단을 보면 10,000원대를 저점으로 상승절단형이 출현하면서 상승추세로 전환되고 있다. 이후 20,000원대를 넘어서며 포아형이 출현하면서 상승세가 멈추고 있다. 또한 긴 위 그림자를 갖는 유성형이 출현하면서 고점을 형성하고 있다. 이후 큰 폭의 하락갭과 긴 음선이 발생하면서 지지선을 하향이탈하고 있다. 이 무렵 Sochastics 지표의 추세를 살펴보면 고점이 점차적으로 낮아지고 있어 추세전환을 미리 예고해 주는 듯하다. 우측을 보면 긴 음선이 저항선으로 작용하고 있다.

⑥ 사례 6

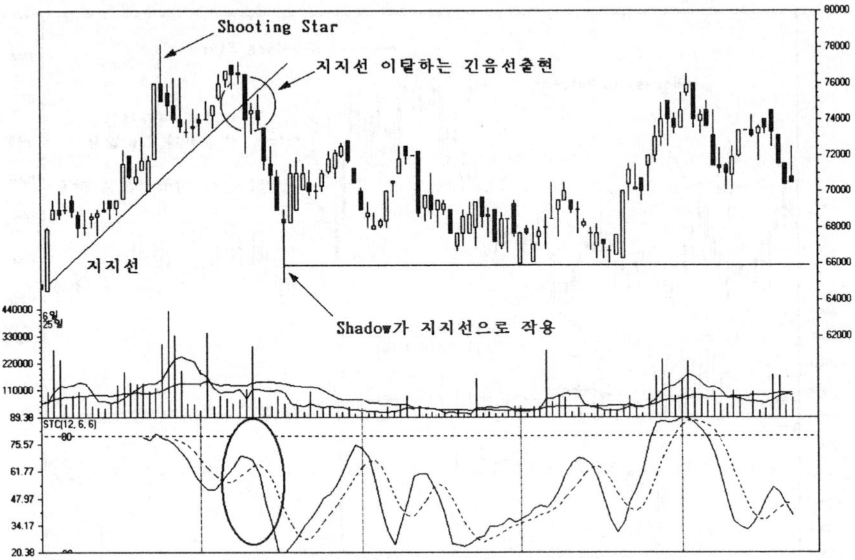

[그림 11-9] 삼성SDI 일봉

좌측을 보면 상승지지선이 형성되어 있으나 76,000원대부터 긴 음선이 연속해서 출현하면서 지지선을 하향이탈하고 있다. 이 시점 이후 거래량이 급속히 감소하고 있으며 Stochastics 지표도 추세가 급속히 하락전환되고 있다. 66,000원대까지 하락한 이후 긴 아래 그림자를 갖는 얼레가 발생하고 있다. 이 시점 이후 긴 아래 그림자가 장기간에 걸쳐 지지선으로 작용하고 있다. 우측 하단을 보면 조정의 막바지 무렵 거래량이 소폭이나마 증가하고 있어 매수세력이 서서히 생성되고 있음을 보여주고 있다.

⑦ 사례 7

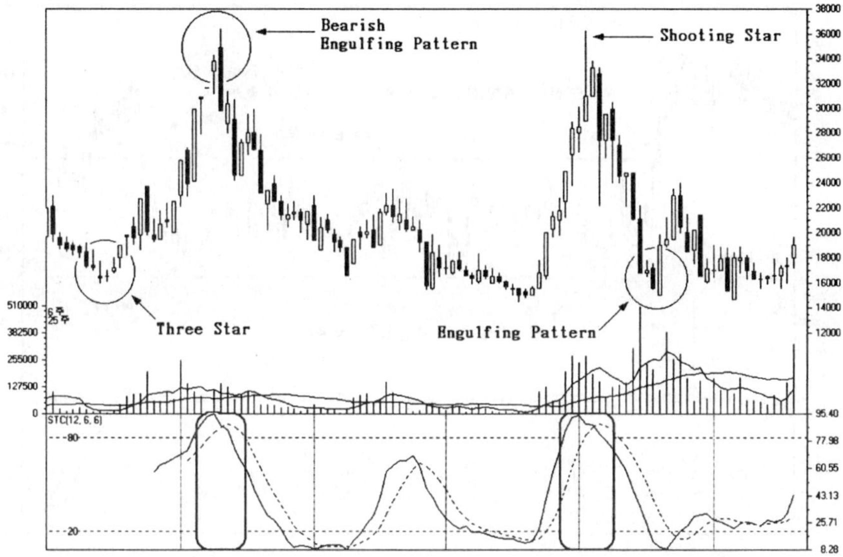

[그림 11-10] 한국KDK 주봉

좌측 하단을 보면 여러 개의 얼레가 나타나면서 Three Star가 출현하고 있다. Three Star 출현으로 하락추세가 16,000원대를 저점으로 상승전환되고 있다. 좌측 상단에서는 하락장악형이 출현하고 있으며 우측 상단에서는 유성형이 출현하면서 전체적으로 역V형 반전패턴을 보이며 상승추세가 하락추세로 전환되고 있다. 동일시점에서 Stochastics 지표를 보면 추세가 급속히 하락전환되면서 하락세가 이어지고 있어 향후 주가하락에 대한 가능성이 커지고 있다. 우측 하단에서는 상승장악형이 출현하면서 하락세가 멈추고 있다.

⑧ 사례 8

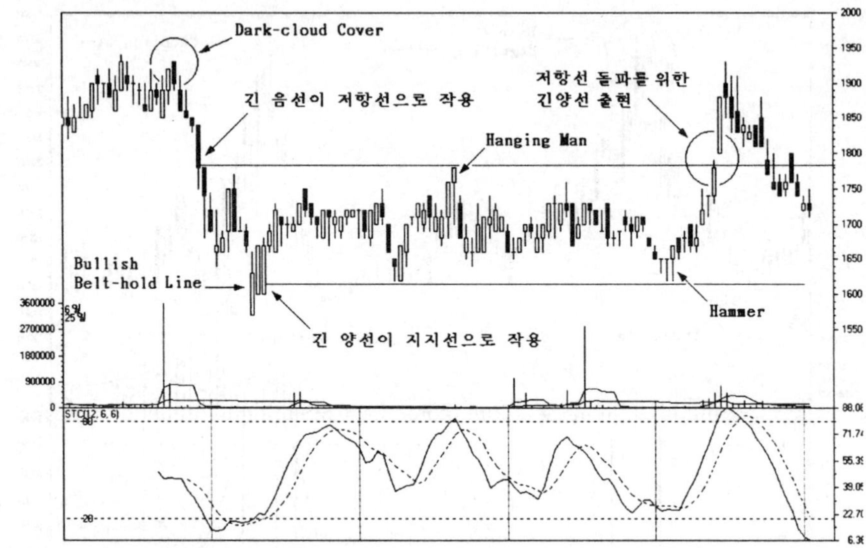

[그림 11-11] 기아자동차 일봉

좌측 상단에서는 19,000원대에서 흑운형이 출현하면서 하락하기 시작한 주가가 연속으로 음선이 출현하며 16,000원대까지 하락하였다. 이후 18,500원대를 전후하여 발생한 긴 음선이 저항선으로 작용하고 있으며 16,000원대를 전후하여 발생한 긴 양선이 지지선으로 작용하고 있음을 보여주고 있다.

저항선과 지지선에 근접할 때마다 반전형패턴이 발생하면서 추세가 전환되고 있으나 우측을 보면 연속된 긴 양선과 상승갭이 발생하면서 18,000원대 저항선을 상향돌파하고 있다.

⑨ 사례 9

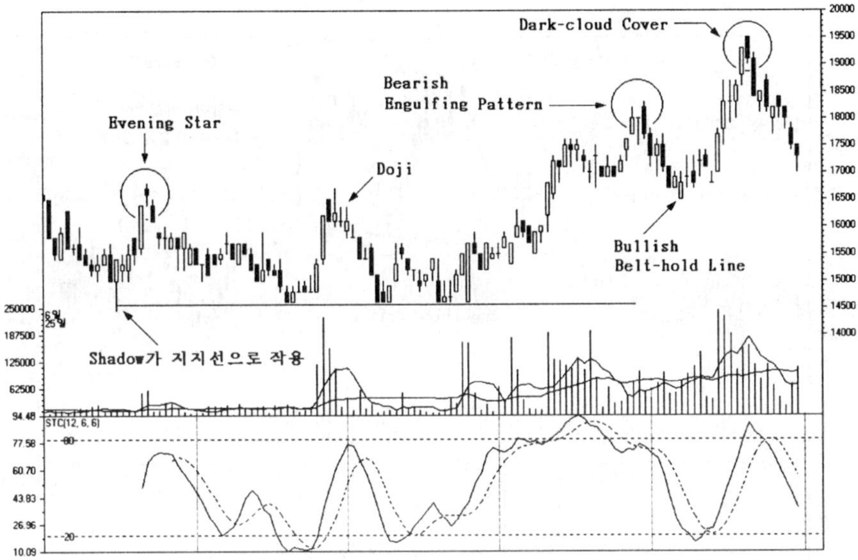

[그림 11-12] 현대모비스 일봉

좌측 하단을 보면 14,500원대에서 발생한 긴 아래 그림자가 지지선으로 작용하고 있다. 또한 저녁별과 얼레가 나타나면서 16,500원대가 저항선으로 작용하고 있으며 우측 하단에서는 상승절단형이 나타나면서 16,500원대가 지지선으로 작용하고 있다.

14,500원대를 저점으로 상승하기 시작한 주가가 18,000원대를 고점으로 하락장악형이 출현하고 있으며 이후 19,000원대를 고점으로 흑운형이 출현하면서 하락추세로 전환되고 있다.

⑩ 사례 10

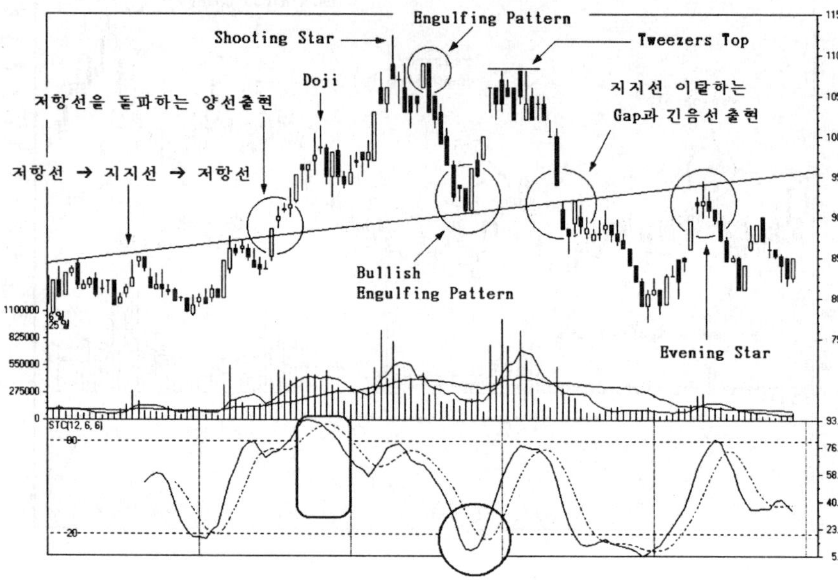

[그림 11-13] LG건설 일봉

좌측에서 우측에 이르기까지 저항선에서 지지선으로 또 지지선에서 저항선으로 역할이 변경되고 있는 추세선이 형성되어 있다.

좌측 중간부분을 보면 9,000원대를 전후하여 긴 양선과 상승갭이 발생하면서 추세선을 상향돌파하고 있다.

이후 얼레가 출현하고 유성형과 하락장악형이 출현하면서 또한 집게형고점이 출현하면서 상승추세가 하락추세로 전환되고 있으며 이 시점 이후 거래량도 감소하고 있다.

중앙 하단에서는 추세선 가까이 근접한 주가가 상승장악형이 출현하면서 상승반전하고 있으나 머지않아 긴 음선과 큰 폭의 하락갭이 발생하면서 추세선을 이탈하고 있다.

우측에서는 8,000원대를 일시적으로 하락이탈한 주가가 재반등하면서 추세선에 근접하고 있으나 저녁별이 출현하면서 더 이상 상승하지 못하고 있다.

동일시점에서 Stochastics 지표의 움직임을 살펴보면 주가의 추세변화와 시점을 같이하고 있어 주가예측에 많은 도움을 주고 있다.

장기간에 걸쳐 지지선으로 작용한 9,000원대 추세선이 언제까지 저항선으로 작용할지가 향후 관심사항이다.

⑪ 사례 11

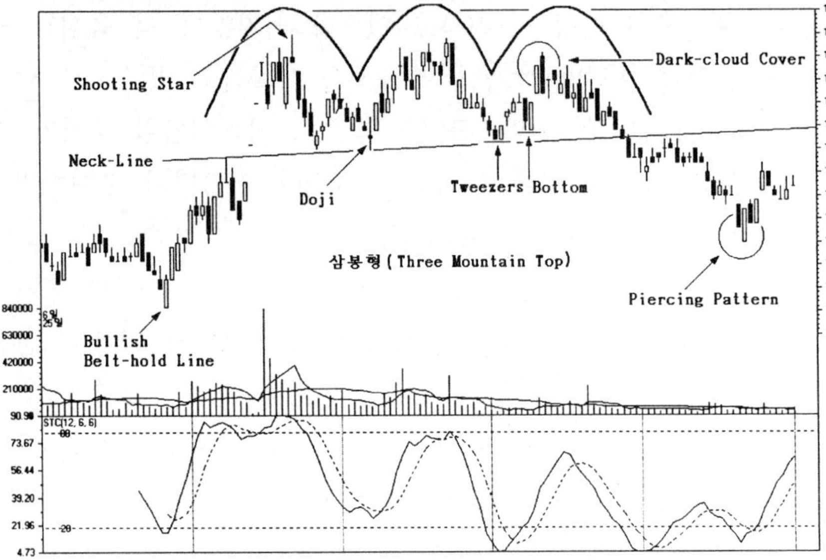

[그림 11-14] 일성건설 일봉

12,000원대를 저점으로 상승절단형이 출현하면서 상승하기 시작하여 18,000원대까지 큰 폭으로 상승하였다. 이후 3개의 고점을 형성하면서 전체적으로 삼봉형을 형성하고 있다.

삼봉형을 형성하는 과정에서 16,000원대 저점(골)을 연결한 네크라인을 볼 수가 있다. 두 번에 걸쳐 주가가 하락하며 네크라인에 근접해서는 얼레와 집게형저점이 출현하면서 추세가 전환되고 있다.

우측 하단에서는 13,500원대까지 하락한 주가가 관통형이 출현하면서 하락세가 멈추고 있다.

⑫ 사례 12

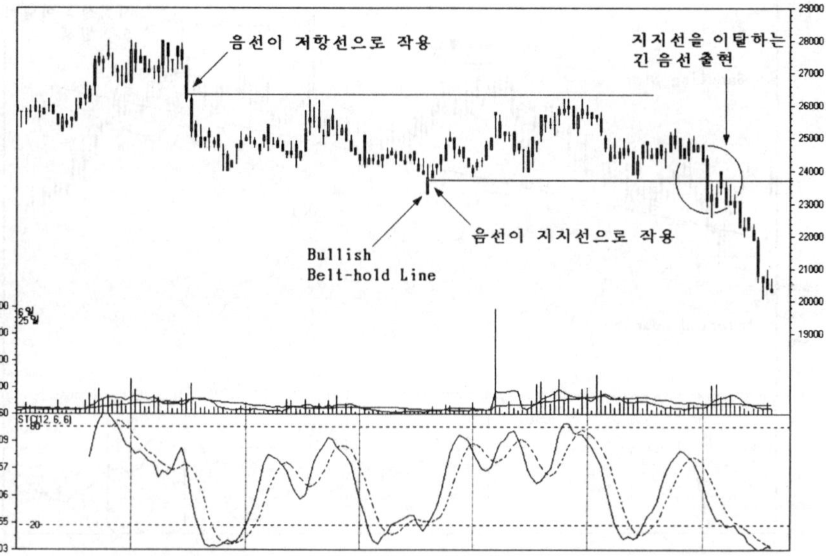

[그림 11-15] 대한항공 일봉

좌측 상단에서는 28,000원대를 고점으로 긴 음선이 두 개 연속 나타나면서 24,000원대까지 하락하고 있다. 이때 발생한 긴 음선이 이후 장기간에 걸쳐 26,000원대에서 저항선으로 작용하고 있다. 중앙 하단에서는 직전저점인 24,000원대를 일시적으로 이탈하며 긴 음선의 상승절단형이 형성되고 있다. 이때 발생한 긴 음선의 절단형이 이 이후 24,000원대에서 지지선으로 작용하고 있다. 우측에서는 긴 음선이 연속 발생하면서 지지선을 하향이탈하고 있다. 이 시점 이후 Stochastics 지표의 하락폭이 커지고 있다.

⑬ 사례 13

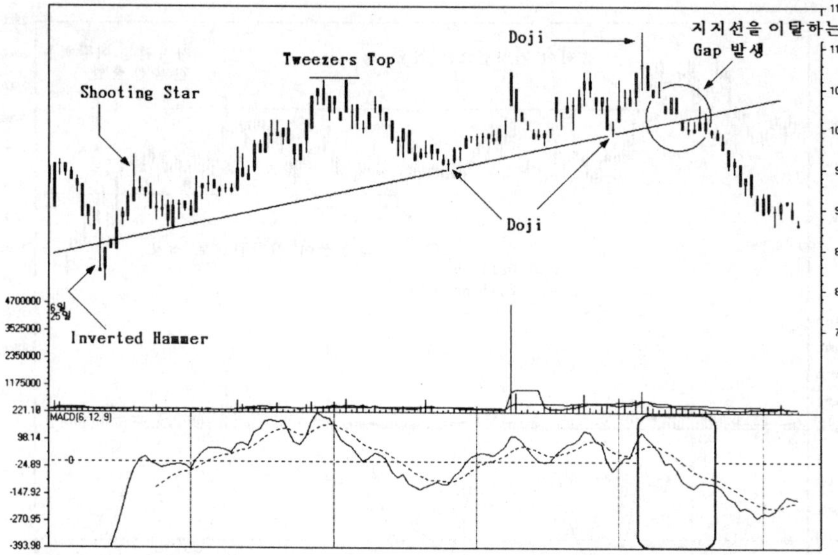

[그림 11-16] 신한은행 일봉

좌측 하단을 보면 8,000원대에서 반전해머가 출현하면서 상승추세로 전환되고 있다. 이때부터 상승지지선이 형성되면서 지속적으로 상승세가 이어지고 있다. 우측 상단을 보면 10,500원대에서 집게형고점이 출현하면서 상승세가 멈추며 하락세로 반전되고 있다. 상승 도중 두 번에 걸쳐 얼레가 출현하면서 하락추세가 상승추세로 반전되고 있다. 상승 막바지에서는 긴 위·아래 그림자가 달린 얼레가 출현하면서 11,000원대 고점을 형성하고 있다. 이후 큰 폭의 하락갭이 발생하면서 지지선을 하향이탈하고 있다. 이 시점에서 MACD 지표가 강하게 하락하고 있다.

⑭ 사례 14

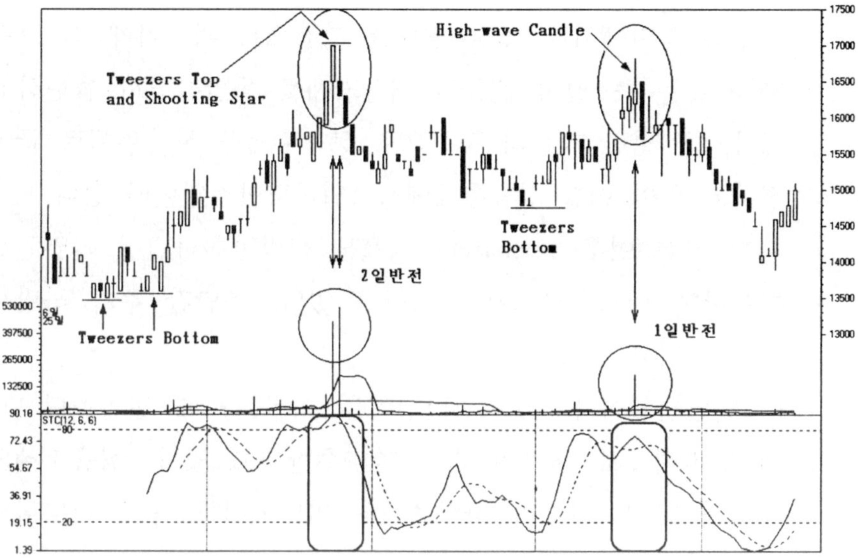

[그림 11-17] 하나은행 일봉

좌측 하단과 우측 하단을 보면 13,000원대에서 집게형저점이 출현하고 있으며 14,500원대에서 집게형저점이 출현하면서 주가바닥이 확인되고 있다. 이후 하락세가 상승세로 전환되고 있으며 단기간에 큰 폭 상승을 하고 있다.

중앙 상단에서는 17,000원대 고점에서 2일에 걸쳐 집게형고점과 유성형이 출현하면서 대량거래를 동반하고 있다. 이로 인해 상승추세가 하락추세로 급반전하고 있어 이를 상승추세에서 2일하락반전일이라 한다.

이 시점에서 Stochastics 지표도 과열권을 벗어나면서 급속하게 하락전환하고 있다. 주가 하락세가 예고되는 시점이다.

우측 상단에서는 16,500원대를 고점으로 위·아래 긴 그림자를 갖는 큰 떨림 캔들이 대량거래를 동반하면서 출현하고 있다. 큰 떨림 캔들의 출현으로 상승추세가 하락추세로 급반전하고 있어 이를 상승추세에서 1일하락반전일이라 한다.

이 시점 이후 Stochastics 지표도 하락반전하면서 과열권을 벗어나며 데드크로스가 발생하고 있다. 조만간 주가 하락세가 예고되고 있다.

2일반전일이나 1일하락반전일은 기본적으로 전환패턴으로서 일반적으로 대량의 거래량이 수반되고 있다. 상승추세의 천정에서뿐만 아니라 하락추세의 바닥에서도 종종 나타나기도 한다.

부 록

본문에 나오는 지표 소개

1. CCI (Commodity Channel Index)
2. MACD (Moving Average Convergence and Divergence)
3. RSI (Relative Strength Index)
4. Stochastics (Stochastics Oscillator)
5. EOM (Ease of Movement)
6. MFI (Money Flow Index)
7. TRIX (TRIX Indicator)
8. SONAR (SONAR Movement)
9. LinerRegSlope (Liner Regression Slope)

1. CCI

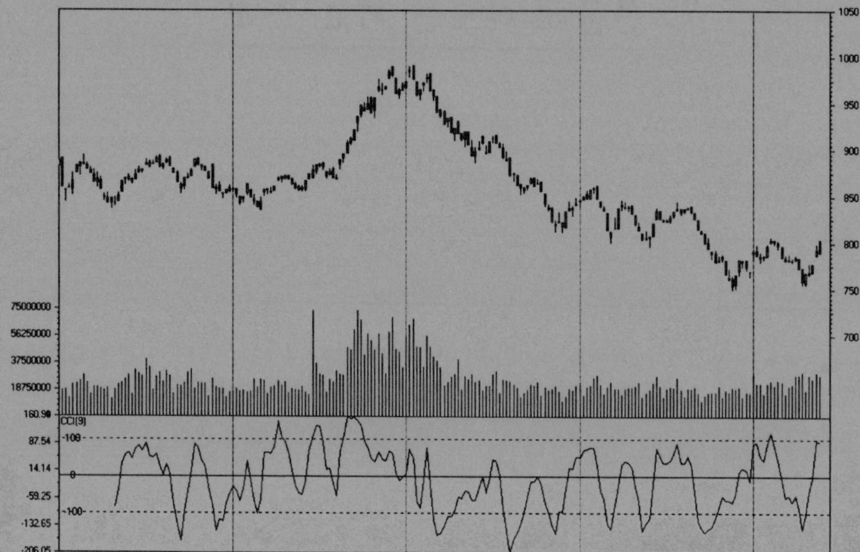

[그림 1] 종합주가지수 : CCI 지표

CCI는 주가평균과 현재주가 사이의 편차를 측정하는 지표이다. CCI 값이 높게 나오면 현재주가 수준이 주가평균과 비교하여 현저하게 높다는 것을 의미하며, 값이 낮으면 현재주가 수준이 주가평균과 비교하여 현저하게 낮다는 것을 의미한다.

CCI는 Donald Lambert에 의해 개발되었다.

CCI의 계산방법은 다음과 같다.

$$\mathbf{CCI} = \frac{M - m}{d \times 0.015}$$

단, M : (고가 + 저가 + 종가) / 3

m : M의 n일 단순이동평균

d : 절대값(|M – n|)의 n일 단순이동평균

CCI를 이용하는 방법에는 다음과 같이 다이버전스와 과매수/과매도 상태를 분석하는 방법 등이 있다.

첫 번째, CCI는 일반적으로 ±100 사이에서 진동을 한다. CCI를 이용하여 과매수/과매도 상태를 파악하는 방법으로는, CCI가 +100 이상인 경우에는 과매수상태로 보며, CCI가 −100 이하인 경우에는 과매도상태로 볼 수 있다.

두 번째, 0선을 기준으로 CCI가 상향돌파하면 강세신호로 인식하고 매수시점으로, 반대로 0선을 기준으로 CCI가 하향돌파하면 약세신호로 인식하고 매도시점으로 판단하는 분석방법이다.

세 번째, 다이버전스를 이용하여 분석하는 매매방법이다. 주가의 저점이 점점 낮아지며 신저가를 경신하고 있는데 CCI의 저점은 직전저점 이하로 더 이상 내려가지 못하는 경우로서 이때는 매수세력이 축적되고 있다고 판단하고 매수신호로 인식한다. 매도신호는 반대의 경우이다.

2. MACD

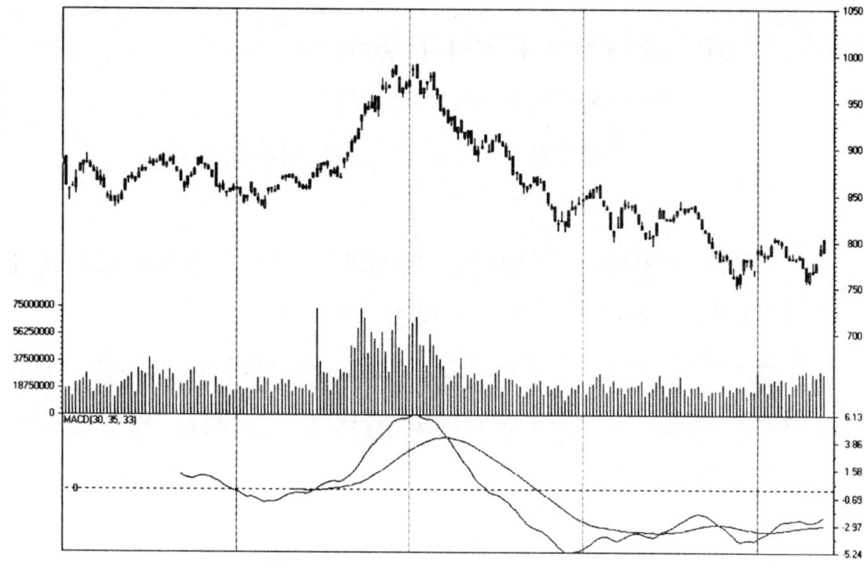

[그림 2] 종합주가지수 : MACD 지표

MACD는 장기 · 단기 두 이동평균 사이의 관계를 보여주는 운동량 지표로서 Gerald Appel에 의해 개발되었다. 장기지수이동평균과 단기지수이동평균의 차이를 MACD라 하며 이 MACD의 지수이동평균을 'signal'이라 부르는데, 이 두 곡선의 교차점과 주가와의 다이버전스를 이용하여 매매시점을 포착하고자 한다.

MACD의 계산방법은 다음과 같다.

MACD = 단기지수이동평균 − 장기지수이동평균
signal = n일 MACD 지수이동평균

• **지수이동평균 산출공식**

금일지수이동평균 = 전일지수이동평균
+ a(금일종가지수 − 전일지수이동평균)
(단, $0 < a < 1$)

MACD를 이용하는 방법은 다음과 같다.

MACD의 원리는 장기와 단기 두 이동평균선이 서로 멀어지게 되면 언젠가는 다시 가까워져 어느 시점에서 서로 교차하게 된다는 성질을 이용하여 두 개의 이동평균선이 멀어지게 되는 가장 큰 시점을 찾고자 하는 것이다. 이 방법은 단순히 두 이동평균선의 교차점을 매매신호로 보는 이동평균기법의 단점인 시차 문제를 극복할 수 있는 장점을 지닌다.

MACD를 이용하여 매매에 적용하는 방법은 다음과 같다. MACD 곡선과 signal 곡선이 서로 교차하는 경우로서 이 방법은 MACD를 이용하는 가장 기본적인 기법으로서 MACD 곡선이 signal 곡선을 아래에서 위로 교차할 때를 매수시점으로, MACD 곡선이 signal 곡선을 위에서 아래로 교차할 때를 매도시점으로 인식하는 방법이다. 또한 다이버전스를 이용하는 매매방법이 있다.

3. RSI

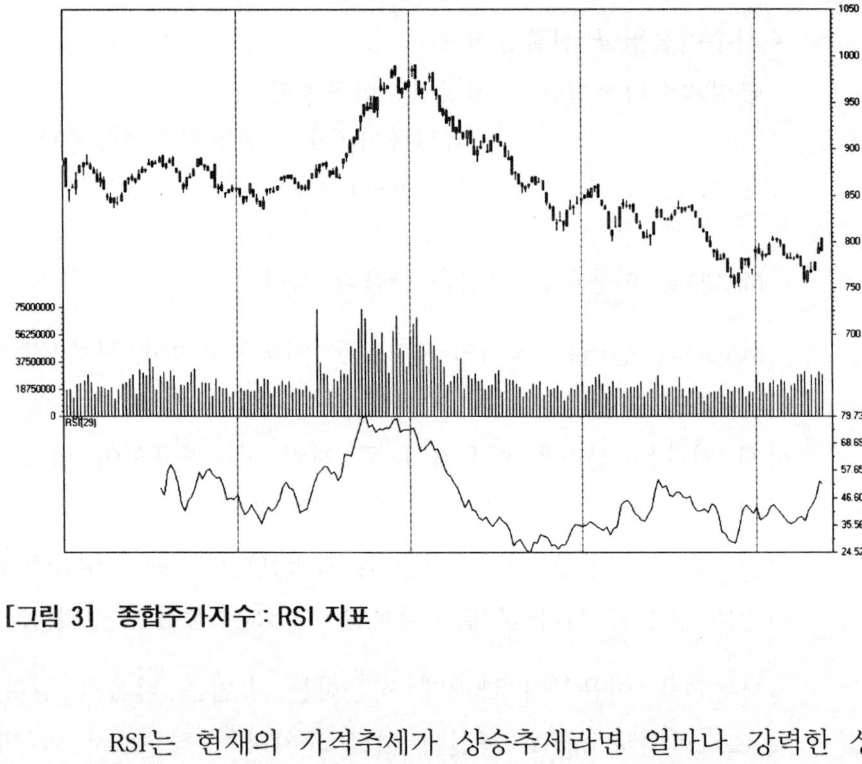

[그림 3] 종합주가지수 : RSI 지표

RSI는 현재의 가격추세가 상승추세라면 얼마나 강력한 상승추세인지 혹은 하락추세라면 얼마나 강력한 하락추세인지를 백분율로 나타내는 지표로서, 1978년 월레스 월더(Welles Wilder)가 개발하였다. RSI는 현재의 추세 강도를 객관적으로 나타내어 언제 주가추세가 전환될 것인가를 정확히 예측하는데 유용한 지표이다.

RSI의 계산방법은 다음과 같다.

$$\mathrm{RSI} = \frac{\text{n일간의 주가상승폭합계}}{\text{n일간의 주가상승폭합계} + \text{n일간의 주가하락폭합계}} \times 100$$

(일반적으로, n일은 9～14일 또는 22일이 사용된다.)

75% 이상 : 강세, 50% 정도 : 보통, 25% 이하 : 약세

RSI를 이용하는 방법은 다음과 같다.

① RSI값에 의한 판단법으로 RSI의 값은 이론적으로 100에서 0까지 나올 수 있지만 실제로 과열권은 70% 이상에서 형성되고 침체권은 30 이하에서 형성되는 것이 일반적이다. 그러므로 RSI의 값이 70 이상으로 나타나면 과도매수상태로 판단하여 매도기회를 포착할 수 있고, RSI의 값이 30 이하로 나타나면 과도매도상태로 판단하여 매수기회를 포착할 수 있다.

② RSI와 시장가격의 다이버전스 : 다이버전스는 시장가격의 움직임과 RSI의 움직임이 서로 일치하지 않고 그 방향이 서로 다르게 나타나는 경우를 말하는데 RSI의 값이 30 이하로 결정될 때나 또는 70 이상에서 결정될 경우 다이버전스가 나타나면 이는 강력한 추세 반전신호로 간주된다.

RSI의 failure swing을 이용하는 방법으로 RSI의 값이 직전에 나타났던 최고점 또는 최저점 기록을 초과하지 못하고 진행방향을 바꾸는 경우에 RSI의 값이 70% 이상일 때는 top failure swing이 나타나게 되고 RSI의 값이 30% 이하일 때는 bottom failure swing이 나타나게 되어 주가의 추세반전이 임박했다는 강력한 신호로 간주할 수 있다.

주가가 상승추세를 보이고 있을 때 RSI의 값이 직전 최고수준을 돌파하지 못하고 하락하다가 직전저점을 하향이탈하는 순간이 매도시점이 되며 반대로 주가가 하락추세를 보이고 있을 때 RSI의 값이 직전 최저수준을 돌파하지 못하고 상승하다가 직전고점을 상향돌파하는 순간이 매수시점이 된다.

4. Stochastics

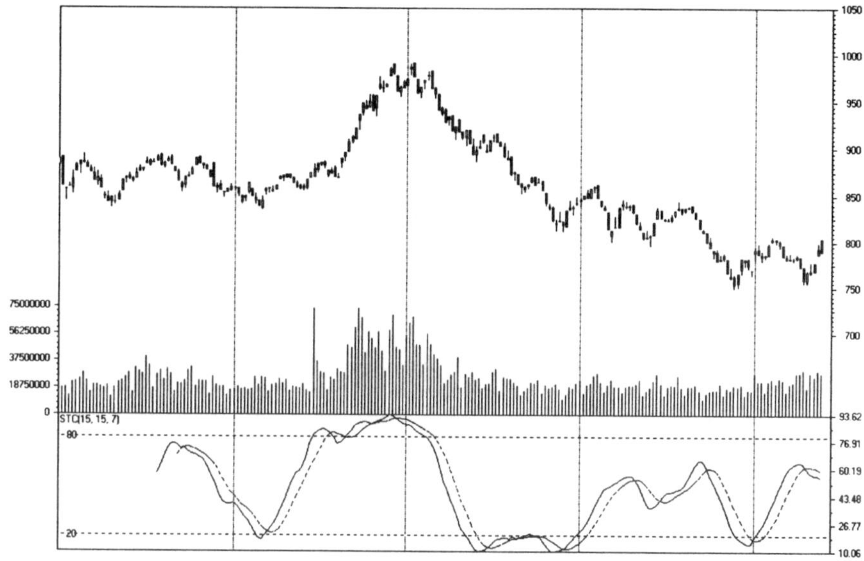

[그림 4] 종합주가지수 : Stochastics 지표

Stochastics은 주가가 움직이는 특성을 가장 잘 반영하는 지표 중 하나로서 George Lane에 의해 개발되었다. 일정기간 동안의 주가변동폭 중 금일종가의 위치를 백분율로 나타내는 것으로서 상승 중일 때에는 금일종가가 주가변동폭의 최고가 부근에, 하락 중일 때에는 금일종가가 주가변동폭의 최저가 부근에서 형성된다.

Stochastics의 계산방법은 다음과 같다.

$$\%K = \frac{\text{금일 종가} - \text{최근 n일 중 최저가}}{\text{최근 n일 중 최저가}} \times 100$$

(단, 최근 n일 : %K를 구하고자 하는 기간)

%D : %K의 이동평균

Stochastics를 이용하는 방법은 다음과 같다.

Stochastic Oscillator는 %K와 %D 두 지표로 나타낸다. 주요선은 %K이며 %K의 이동평균선을 %D라 부른다. Stochastics를 이용하여 분석하는 방법은 다음과 같이 설명할 수 있다.

첫 번째, 주가가 Oscillator의 일정수준(20%) 이하로 내려갔다가 다시 재상승하게 되는 경우에는 매수신호이다. 주가가 Oscillator의 일정수준(80%) 이상으로 올라갔다가 다시 재하락하게 되는 경우에는 매도신호이다.

두 번째, %K선이 %D선을 상향돌파하여 상승하게 되면 매수신호이고, %K선이 %D선을 하향이탈하여 하락하게 되면 매도신호이다.

세 번째, 다이버전스를 이용한 매매방법이다. 주가의 고점은 점점 높아지며 신고가를 경신하는데 Oscillator의 고점은 직전고점을 돌파하지 못하는 경우에 다이버전스가 발생했다 하며 매도신호로 인식한다. 매수신호는 반대의 경우이다.

네 번째, Failure를 분석하는 방법이다. %K값이 일정수준 이상(80%)이거나 이하(20%)인 상황에서 %K선과 %D선이 서로 교차하여 매매신호가 발생한 후 머지않아 %K와 %D선이 다시 교차하는 경우가 종종 발생하는데, 이를 failure라 부른다. Failure가 발생하면 기존추세가 더욱 강화된다고 볼 수 있다.

끝으로 Stochastic Oscillator는 항상 0%~100% 사이에서 변동하게 된다. Oscillator가 0%이면 금일종가가 일정기간 동안의 주가변동폭 중 최저가임을 나타내는 것이며, Oscillator가 100%이면 금일종가가 일정기간 동안의 주가변동폭 중 최고가에서 형성된 것을 뜻한다.

5. EOM

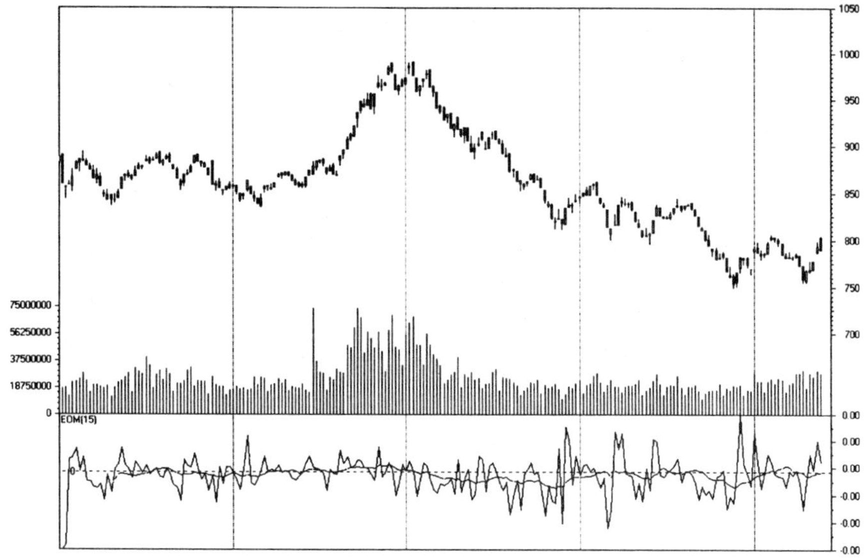

[그림 5] 종합주가지수 : EOM 지표

EOM은 거래량과 주가의 상관관계를 나타내고 있다. Equivolume처럼 이 지표도 주가가 움직이기 위해서는 얼마나 많은 거래량이 동반되어야 하는가를 보여준다. EOM은 Equivolume을 창안한 Richard W. Arms, Jr.에 의해 개발되었다.

EOM의 계산방법은 다음과 같다.

EOM을 계산하기 위해서는 먼저 다음과 같이 Midpoint

Move를 먼저 계산해야 한다.

$$\text{Midpoint Move} = \frac{\text{금일고가} + \text{금일저가}}{2} - \frac{\text{전일고가} + \text{전일저가}}{2}$$

$$\text{Box Ratio} = \frac{\text{거래량(in 10,000s)}}{\text{고가} - \text{저가}}$$

EOM은 Midpoint Move & Box Ratio를 가지고 계산한다.

$$\text{EOM} = \frac{\text{Midpoint Move}}{\text{Box Ratio}}$$

EOM을 분석하기 위해서는 그 지표 자체보다는 항상 이동평균을 구하여 함께 분석하는 것이 좋다.

Midpoint Move를 이용하는 방법은 다음과 같다.

첫 번째, EOM은 거래량이 적은 상황에서 주가가 상승 중일 때 높은 수치를 나타낸다. 또한 거래량이 적은 상황에서 주가가 하락 중일 때는 낮은 수치를 나타낸다. 주가가 움직이지 않거나 또는 주가가 움직이는 데 대량의 거래량이 동반된다면 EOM의 수치는 거의 0선 가까이 머물 것이다.

두 번째, EOM은 0선을 상향돌파하게 되면 매수신호를 나타내게 되는데, 이후 주가가 더욱 쉽게 상승할 수 있음을 나타낸다. 또한 EOM이 0선을 하향돌파하게 되면 매도신호를 나타내게 되는데, 이후 주가가 더욱 쉽게 하락할 수 있음을 나타낸다.

6. MFI

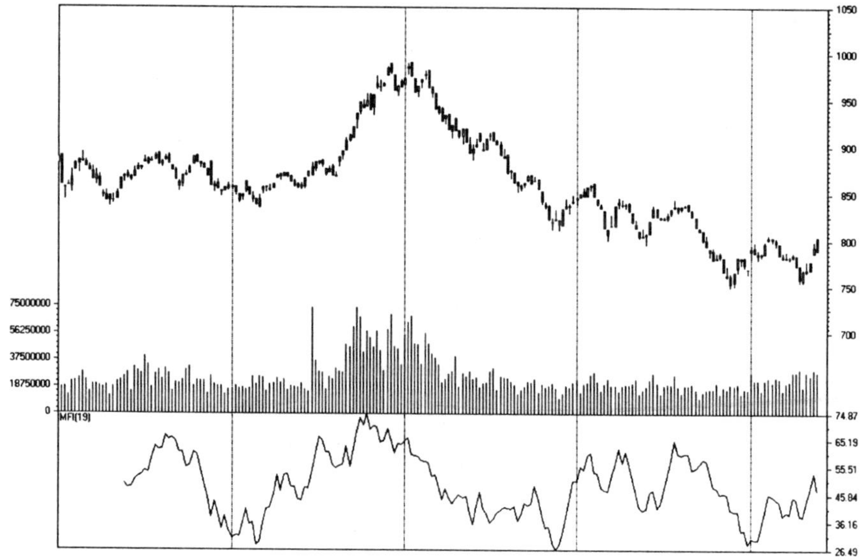

[그림 6] 종합주가지수 : MFI 지표

MFI는 특정 주식을 매수 또는 매도하기 위한 자금이 어느 정도 유입 또는 유출되고 있는가를 측정해 주는 지표로서, 추세전환시기를 예측하거나 시세의 과열 및 침체 정도를 파악하는 데 유용한 지표이다. 계산방법을 보면 RSI와 유사하나 RSI가 주가만을 사용한 지표인 데 비해 MFI는 주가와 거래량을 동시에 사용하고 있는 특징이 있다.

MFI의 계산방법은 다음과 같다.

① 먼저 특정일의 Typical Price를 다음과 같이 계산한다.

$$\textbf{Typical Price} = \frac{\text{고가} + \text{저가} + \text{종가}}{\textbf{3}}$$

② Typical Price에 당일의 거래량을 곱하여 Money Flow를 구한다.

$$\textbf{Money Flow} = \text{Typical Price} \times \text{거래량}$$

이때 당일의 Typical Price가 전일의 Typical Price에 비해 높다면 PMF(Positive Money Flow)를 의미하고, 이와 정반대이면 NFM(Negative Money Flow)를 뜻한다.

③ Money Ratio를 구한다.

PMF는 일정기간 동안의 Positive Money의 합을 나타내고, Negative Money Flow는 Negative Money의 합을 나타내는데 그 기간 동안의 Money Ratio는 다음과 같이 표현된다.

$$\textbf{Money Ratio} = \frac{\text{Positive Money Flow}}{\text{Negative Money Flow}}$$

④ 끝으로, MFI를 구한다.

$$\mathbf{MFI} = -\left[\frac{100}{1 + \text{Money Ratio}}\right]$$

MFI를 이용하는 방법은 다음과 같다.

첫 번째, MFI와 주가와의 다이버전스를 이용하여 추세전환을 예측한다. 즉, MFI는 상승하는데 주가는 하락하는 경우와 그 반대되는 경우에는 조만간 주가의 추세전환이 임박했음을 알 수 있다.

두 번째, MFI값으로 과열 · 침체를 판단하는 방법으로는 보통 MFI값이 80 이상이면 과열, 20 이하이면 침체로 본다.

7. TRIX

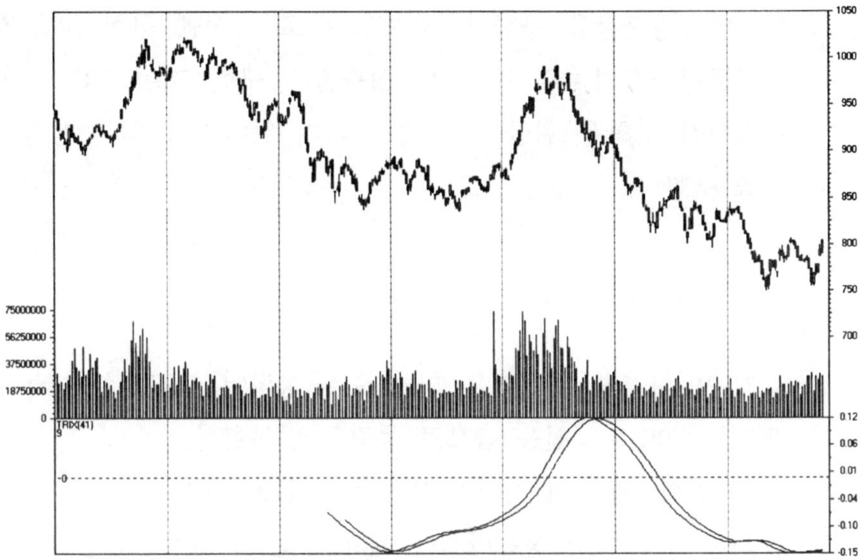

[그림 7] 종합주가지수 : TRIX 지표

TRIX는 종가에 대해 3번 지수이동평균한 후 이 값의 모멘텀 즉, 상승률을 이용하여 매수·매도 시점을 포착하는 지표이다. 이 지표는 주가의 추세기간을 정해진 기간보다 짧거나 같도록 고안되었기 때문에 이 추세를 감지해 냄으로써 거래 시점을 파악하는 것이다.

TRIX의 계산방법은 다음과 같다.

먼저 종가의 n일 지수이동평균값을 구한다. 다음에 앞에서 구한 이동평균값에 대해 다시 n일 지수이동평균값을 구한다. 또 다시 앞에서 구한 n일 지수이동평균값에 대해 다시 n일 지수이동평균값을 구한다. 끝으로 바로 직전에 구한 n일 지수이동평균값의 1일 전 대비 상승률을 구한 것이 TRIX이다. 거래시점 포착을 위한 signal을 구하기 위해 TRIX의 이동평균값을 구한다.

TRIX를 이용하는 방법은 다음과 같다.

첫 번째, 3중 지수이동평균으로 구성되어 불필요한 변동을 제거한 TRIX는 0선을 축으로 등락을 반복한다.

두 번째, TRIX의 방향이 바뀌는 시점을 거래시점으로 파악한다. 즉, TRIX가 상승반전될 때 매수신호, 하락반전될 때 매도신호로 나타낸다.

세 번째, TRIX의 n일 이동평균을 'signal'이라 하며, TRIX가 signal선을 상향돌파하는 순간이 매수시점, 하향돌파하는 순간이 매도시점이 된다.

네 번째, TRIX와 주가 사이에 발생한 다이버전스는 주가의 추세전환시점을 예측하는 데 이용된다.

8. SONAR

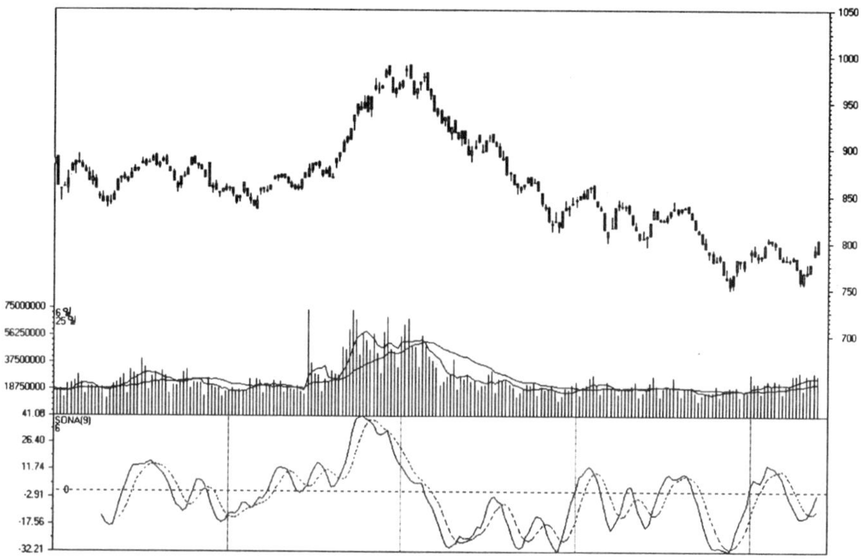

[그림 8] 종합주가지수 : SONAR

SONAR Momentum은 1979년 일본 노무라 증권의 기술적 분석가인 오카모도에 의해 개발된 지표로서 주가 사이클의 전환점을 파악하기 위해 개발된 시계열 차트이다. Momentum이란 기하학적으로는 곡선 위의 한 점의 기울기를, 경제학적으로는 한계변화율을 의미한다. 따라서 SONAR Momentum은 기울기의 변화를 통해 주가의 상승·하락의 강도를 사전에 알 수 있게 해준다. 즉 주가가 상승하더라도 기울기가 둔화되면 향후의 주가는 하락할 가능성이 커지며 반대로 주가가 하락하더라도 기울기가 상승하면 주가는 상승할 가능성이 높다는 것이다.

SONAR Momentum을 구하는 계산방법은 다음과 같다.

- **지수이동평균 산출공식**

금일지수이동평균 = 전일지수이동평균
+ a(금일종가지수 − 전일지수이동평균)
(단, $0 < a < 1$)

- **SONAR Momentum 산출공식**

금일의 n일 SONAR Momentum(SONA(n))
= 금일지수이동평균 − n일 전 지수이동평균

SONAR Momentum을 이용하는 매매방법은 다음과 같다.

첫 번째, SONAR Momentum의 0선을 교차하는 순간이 매수·매도를 결정하는 시점이 된다. 즉, Momentum이 음(−)에서 0선을 교차하여 양(+)으로 전환하면 매수신호가 되고, 역으로 양(+)에서 0선을 교차하여 음(−)으로 전환하면 매도신호가 된다.

두 번째, SONAR Momentum과 Momentum 이동평균이 서로 교차하는 순간을 매매시점으로 이용하는 방법이 있다. 즉, Momentum이 Momentum 이동평균을 아래에서 위로 교차했을 경우 매수신호로, Momentum이 Momentum 이동평균을 위에서 아래로 교차했을 경우는 매도신호로 인식한다. 이 방법은 주가가 급격하게 변할 때 이용하는 매매방법이다.

9. LinerRegSlope

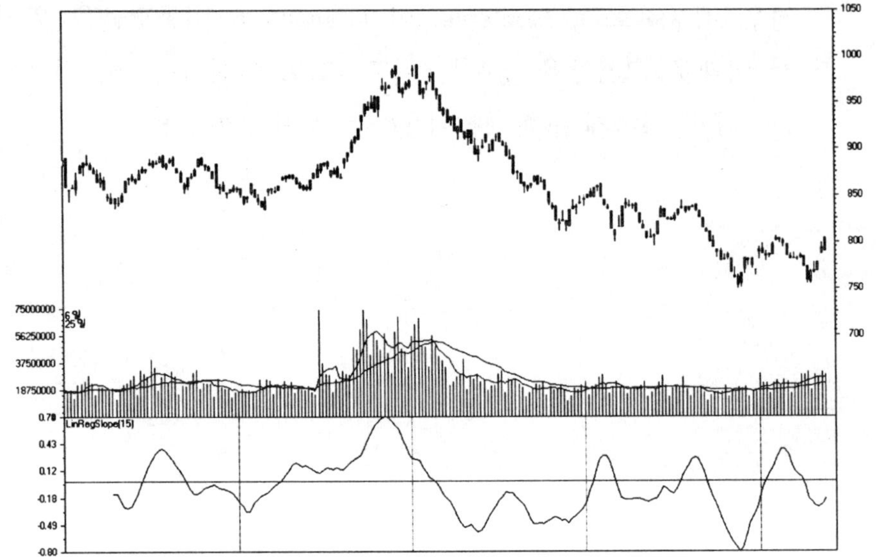

[그림 9] **종합주가지수** : LinerRegSlope

Linear Regression Slope는 분석하고자 하는 최근 n일간의 주가를 회귀선으로 산출한 후 매일매일의 회귀선 기울기를 나타내는 지표이다. 지표의 기울기와 움직이는 추세를 분석하여 미래의 주가변동을 예측하는 데 유용하다.

Linear Regression Slope를 이용하여 매수·매도 시점을 파악하는 일반적인 방법은 다음과 같다.

첫 번째, Linear Regression Slope가 +1선 위로 상승한 후 하락전환되어 +1선을 하향돌파하는 순간을 매도시점으로, 반대로 Linear Regression Slope가 −1선 아래로 하락한 후 상승전환되어 −1선을 상향돌파하는 순간을 매수시점으로 인식한다.

두 번째, Linear Regression Slope가 0선을 상향 또는 하향 돌파하는 시점을 매수·매도 시점으로 인식하는 매매방법이 있다.

Linear Regression Slope는 회귀모형에 의한 기울기를 추정하는 것으로서 0선을 기준으로 지속적으로 양(+)의 값을 보이면 주가의 상승을, 지속적으로 음(−)의 값을 보이면 주가의 하락을 의미하며, 0선에 가까우면 주가의 횡보 혹은 추세전환이 임박했다고 볼 수 있다.

□ 찾아보기

[한글]

[기호]

[영문]

▮▮▮ 저자약력 ▮▮▮

■ **최 정 일**

- 배재고등학교
- 서강대학교 이공대학 수학과
- 서강대학교 대학원 수학과
- 서강대학교 경영대학원(경영학석사)
- 명지대학교 대학원(경영학박사)
- 공군기상전대 기상예보장교
- 동서경제연구소 증권조사부 책임연구원
- 동서증권 및 동서투자자문사 펀드매니저
- 교보증권 리서치센터 투자분석팀장
- 국민은행 파생상품사업본부 자문위원
- 증권투자상담사 및 선물거래상담사 자격시험 출제위원
- (현재) 성결대학교 경영학부 교수
- (현재) 한국증권업협회 연수원 및 투자자교육실 강사
- 주요저서
  - 경영수학의 이해(2007)
  - 증권투자론(2006)
  - 증권분석의 이해(2005)
  - 증권시장의 이해(2005)
  - 캔들차트 분석(2001)
  - 증시대탐험! 최정일의 주식이야기(2001)
  - 주식 · 선물시장의 기술적 분석(1999)
  - 2000년대 최첨단 기술적 지표(1996) 등

증권투자의 길잡이

1판 1쇄 발행　2008년 1월 10일

저　자 | 최 정 일
발행인 | 남 승 우

발행처 | 남두도서
주　소 | 서울특별시 동작구 사당3동 220-43
전　화 | 02) 595-1692~4
팩　스 | 02) 595-1394
메　일 | namdoo6@unitel.co.kr
신　고 | 5-76호 (1998. 11. 4)

ISBN　978-89-5780-056-0　03320

값 20,000원